한 권으로 배우는
게임 프로그래밍

한 권으로 배우는 게임 프로그래밍

수학과 물리, 자료구조와 알고리즘, 디자인 패턴으로 익히는 게임 개발 필수 지식

초판 1쇄 발행 2024년 10월 28일

지은이 박태준, 박효재, 윤하연 / **감수자** 오영욱 / **펴낸이** 전태호
펴낸곳 한빛미디어(주) / **주소** 서울시 서대문구 연희로2길 62 한빛미디어(주) IT출판2부
전화 02-325-5544 / **팩스** 02-336-7124
등록 1999년 6월 24일 제25100-2017-000058호 / **ISBN** 979-11-6921-303-5 93000

총괄 송경석 / **책임편집** 홍성신 / **기획** 김민경 / **편집** 박혜원 / **교정** 강신원
디자인 표지 박정우 내지 최연희 / **일러스트** 윤하연 / **전산편집** 다인
영업 김형진, 장경환, 조유미 / **마케팅** 박상용, 한종진, 이행은, 김선아, 고광일, 성화정, 김한솔 / **제작** 박성우, 김정우

이 책에 대한 의견이나 오탈자 및 잘못된 내용은 출판사 홈페이지나 아래 이메일로 알려주십시오.
파본은 구매처에서 교환하실 수 있습니다. 책값은 뒤표지에 표시되어 있습니다.

한빛미디어 홈페이지 www.hanbit.co.kr / 이메일 ask@hanbit.co.kr

Published by Hanbit Media, Inc. Printed in Korea
Copyright © 2024 박태준, 박효재, 윤하연 & Hanbit Media, Inc.

이 책의 저작권은 박태준, 박효재, 윤하연과 한빛미디어(주)에 있습니다.
저작권법에 의해 보호를 받는 저작물이므로 무단 복제 및 무단 전재를 금합니다.

지금 하지 않으면 할 수 없는 일이 있습니다.
책으로 펴내고 싶은 아이디어나 원고를 메일(writer@hanbit.co.kr)로 보내주세요.
한빛미디어(주)는 여러분의 소중한 경험과 지식을 기다리고 있습니다.

한 권으로
배우는

박태준, 박효재, 윤하연 지음

게임
프로그래밍

한빛미디어

추천의 말

우리는 터치 몇 번이면 원하는 정보를 바로 볼 수 있는 시대에 살고 있습니다. 하지만 게임 개발자를 준비하는 이들은 무엇을 어떻게 준비해야 할지 잘 모르는 경우가 아직도 많습니다. 수년간 개발자를 채용하고 신입 개발자들의 기초 교육을 담당하면서 어떻게 커리큘럼을 짜야 할지, 어떤 부분을 중점적으로 공부하라고 알려줘야 할지 고민이 많았습니다. 게임 서비스는 워낙 트렌드가 빠르게 바뀌기도 하고 플랫폼 등의 환경도 다양하기 때문입니다. 하지만 그럼에도 플랫폼, 트렌드와 관계없이 필수가 되는 기초 이론은 분명히 존재합니다. 이 책에서는 이런 기본이 되는 이론을 한데 모아서 알려줍니다.

이 책은 게임 개발(특히 클라이언트)을 하기 위해서 기초적으로 알아야 할 수학과 물리 이론을 이해하기 쉽게 안내합니다. 그리고 컴퓨터 공학의 필수 과목인 자료구조와 알고리즘이 게임 개발에서 어떻게 응용되는지 체계적으로 보여줍니다. 또한 객체지향 프로그래밍과 디자인 패턴이 실무에서 활용되는 방법도 알려줍니다. 이 모든 내용이 지금 컴퓨터 공학을 전공하고 있거나, 이제 막 게임 개발자의 길로 들어선 이들이 읽기 쉽게 정리되어 있습니다. 그리고 누구나 쉽게 접할 수 있는 게임 엔진인 유니티를 활용한 예제를 통해 독자들이 게임 개발에 한 발 더 가까이 다가설 수 있도록 도와줍니다.

게임 개발자를 꿈꾸고 있거나 이제 막 시작한 이들은 이 책을 토대로 개념을 확장해서 공부할 것을 추천합니다. 게임 업계 취업을 준비하고 있는 지망생에게도 이 책의 내용이 포트폴리오를 준비하거나 면접을 준비하는 데 많은 도움이 될 것이라고 확신합니다.

박현석 컴투스 ECO실 팀장

스마트폰의 발전으로 사진과 영상을 이용해 재미있는 콘텐츠를 손쉽게 만드는 시대가 되었습니다. 게임을 즐기는 것 또한 일상이 된 지금, 많은 사람이 사진을 찍듯이 게임을 직접 만들고 싶어 하고 전문적인 개발자가 되기를 꿈꾸기도 합니다. 이 책은 게임 개발을 하고 싶지만 어떻게 시작할지 몰라 망설이고 있거나 입문 단계에 있는 사람들에게 빠르고 훌륭한 길잡이가 되어줄 것입니다.

이 책은 게임 개발의 모든 과정을 하나하나 자세하게 다루기보다는 게임 개발에 필요한 기본적인 지식이 무엇인지, 어떤 과정을 통해서 만들어지는지 쉽게 학습할 수 있는 내용을 담고 있습니다. 때로는 전공 지식이 필요한 어려운 부분도 있지만 실습을 위한 샘플 코드가 준비되어 있으니 본인이 평소에 즐겼던 게임을 대입해본다면 어렵다고 생각한 부분도 쉽게 이해가 될 것입니다. 이 책의 도움을 받아 많은 사람이 포기하지 않고 원하는 게임을 개발하는 즐거운 순간을 맞이하길 바랍니다.

여승환 스마일게이트 이사

베타리더의 말

이제 막 프로그래밍 언어를 하나쯤 배웠다면 "대체 'Hello World'를 출력하는 툴로 어떻게 게임을 만든다는 거야?"라는 의문이 생길 텐데, 이에 대답을 해주는 책입니다. 이 책이 앞으로 무엇을 배워야 하는지, 어떻게 생각해야 하는지 등 사고를 넓히는 기회를 열어줄 것입니다. 또한 프로그래머가 아니어도 그들의 사고방식을 이해하고 원활하게 협업하는 데 도움이 될 것입니다.

김영무 게임 기획 관리팀장

게임 개발 관련 도서가 많지 않은 현실에 누구나 가볍게 시작할 수 있게 돕는 훌륭한 책입니다. 유니티 엔진과 게임 개발 필수 지식을 배울 수 있도록 다양한 경험을 선사합니다.

김영익 프리랜서 개발자

요람에서 무덤까지, 즉 유니티 설치부터 프로그래밍 방법론까지 말 그대로 모든 걸 알려줍니다. 게임 개발이 처음인 입문자에게는 훌륭한 가이드라인을, 게임 개발 경험자에게는 한층 더 발전할 기회를 제공해줍니다.

김이현 아트앤테크놀로지학과 학생

실제 작동하는 코드 예제와 친절한 주석은 물론 상세한 부가 설명으로 게임 개발을 쉽게 이해할 수 있습니다. 자바로 프로그래밍에 입문하고, 유니티를 통해 C#의 세계로 넘어오며 겪었던 고민들의 해답을 이 책에서 찾았습니다.

김태규 인디 게임 개발자

단순 게임 개발이 아닌 '유니티를 활용한' 게임 개발을 알 수 있는 책입니다. 유니티를 기반으로 게임 개발 전에 알아야 하는 기초 수학부터 GUI의 이해, 실전 개발까지 순차적으로 이해도를 높여가는 방식으로 작성되어 있어 입문자도 차근차근 따라가며 개발 지식을 쌓을 수 있습니다.

박태진 인디 게임 개발자

물고기를 잡는 방법을 알려주는 책은 많습니다. 하지만 물고기를 '맛있게 먹는' 방법을 알려주는 책은 부족합니다. 이 책은 게임이라는 물고기를 맛있게 먹는 방법을 알려줍니다. 그저 기능을 구현하는 데만 급급했던 게임 개발자에게 적극 추천합니다.

손기령 컴퓨터공학과 학생

비전공자도 쉽게 이해할 수 있도록 기초 게임 개발에 대해 설명합니다. 유니티 내 존재하는 숏컷 정보와 이를 직접 풀이하여 코드를 해석하는 방법을 알려줌으로써 프로그래머적 사고를 길러줍니다. 또한 모든 챕터에 간단하면서도 실용적인 캐릭터 구동 코드를 제공합니다. 이를 통해 게임 개발에 첫발을 내디딘 이에게는 어려울 수 있는 과제도 한 단계씩 천천히 풀이해줘 체계적인 이해를 돕습니다.

우승찬 비전공 게임 기획자 지망생

게임 개발에 관심이 있으나 어디서부터 시작해야 할지 모르는 이들에게 가이드가 되는 책입니다. 게임 개발에 필요한 지식을 글로만 설명하지 않고 그림과 예시를 통하여 쉽고 재밌게 전달하는 책으로, 특히 입문자에게 추천합니다.

윤동환 블루투스 미들웨어 개발자

게임 개발에 대한 의지가 있는 프로그래머라면 두고두고 다시 읽을 책입니다. 오래 전 학교에서 배웠던 것들이 실제 게임 프로그래밍에서 어떻게 쓰이는지 상세하게 설명해줍니다. 게임 프로그래머가 되기로 결심했다면 시작하기 전에 꼭 읽어보라고 권하고 싶습니다.

정해빈 컴투스프로야구V24 클라이언트 프로그래머 게임 제작에 필요한 이론과 실습을 실제 유니티 엔진에서 사용되는 코드를 기반으로 배울 수 있는 교과서 같은 책입니다. 게임 이론은 분명 어렵지만 엔진에서 직접 움직여보고 변화를 관찰하다 보면 코드를 볼 수 있게 됩니다. 한 번만 읽고 덮는 게 아닌 다시 궁금해지고 생각날 때 참고서처럼 찾아볼 수 있는 책입니다.

최민규 비전공 게임 개발자 지망생

게임 프로그래밍에 필요한 모든 것을 입문자 눈높이에 맞춰 최대한 자세하고 친절하게 설명하려 고민한 과정이 느껴집니다. 또한 그림으로 부가 설명을 하는 등 구체적으로 상상해보기 쉬워서 지루함이 없고 빨리 다음 내용을 읽고 싶어집니다. 수학이 게임 개발에 왜 필요한지 명확한 이유를 몰랐던 개발자라면 이 책을 꼭 읽어보길 권합니다. 스스로 게임 개발자의 길이 맞는지 점검해볼 수 있는 훌륭한 도서입니다.

추상원 정보보호학과 학생

감수자의 말

게임 엔진 덕분에 게임 개발의 진입 장벽은 낮아졌지만, '게임 개발이 쉬운가?'에 대해서는 의견이 갈릴 것입니다. 게임 개발은 끊임없는 선택의 연속입니다. 어떤 것을 포기하고 포기하지 않을 것인가의 선택은 늘 어렵습니다. 선택의 근거가 될 만한 지식이 없는 상황이면 더욱 그렇습니다. 게임 서적은 대개 특정 게임 엔진이나 언어의 기능을 설명하고 작동하는 과정을 보여주는 튜토리얼에 가깝습니다. 좋은 코드나 좋은 설계를 위한 지식까지 다루기엔 분량의 한계가 있기도 합니다.

결국 대부분의 게임 프로그래머는 직접 시행착오를 겪고, 동료들과 경험을 공유하면서 좋은 게임 개발에 대해 고민하는 수밖에 없습니다. 이런 면에서 이 책은 저자들이 직접 개발하는 과정에서 고민하며 '다들 알았으면 좋았을 텐데'라고 생각되는, 놓쳐서 아쉬웠던 이론을 정리한 결과물입니다. 이 책이 모든 것을 다루지는 않습니다. 모든 지식 영역을 다루기에는 지면에 한계가 있고, 게임이 다루는 문제는 많으며 그 문제에 필요한 지식도 다양하니까요. 그럼에도 불구하고 이 책은 게임 코드를 작성할 때 그 뒤에 있는 것들을 향해 어떤 질문을 던질지에 대한 이정표가 됩니다.

이 책은 복잡한 내용을 삽화와 함께 쉽게 전달합니다. 대체로 컴퓨터 과학 지식 관련 교과서가 어렵고 게임과는 상관없는 예제가 많은 것에 비해 이 책은 게임을 좋아하거나 게임 개발에 조금이라도 익숙하다면 쉽게 이해할 수 있도록 안내합니다. 특히 언어와 엔진의 튜토리얼만으로 시작했다면 이 책에 실린 내용이 학습 방향을 잡는 데 큰 도움이 될 것입니다. 여러분의 게임 개발 과정에 건승을 기원합니다.

오영욱 게임 프로그래머 겸 연구자

저자 소개

박태준 urun4m0r1@gmail.com

주식회사 미소게의 총괄 디렉터 겸 기술이사. 일본 쓰쿠바 대학 공학시스템학류를 졸업했다. 취미는 게임과 프로그래밍이며, 특기 또한 게임 프로그래밍인 괴짜 게임 개발자.

초등학교 시절부터 프로그래밍을 계속해왔으며 대학 졸업 이후 컴투스와 컴투버스를 거쳐 작은 스타트업에 이직했다. 그 후 세상 모든 게임의 재미가 다 들어간 궁극의 게임을 만들겠다는 집념으로 직장을 포기하고 창업을 결심하게 되었다. 항상 좋은 설계란 무엇일지 고민하며 게임 개발 효율화와 관련된 방법론을 연구하고 있다.

박효재 garagesoft16@gmail.com

5년 차 게임 클라이언트 프로그래머. 서강대학교에서 전자공학을 전공했다. 현재는 팀 테트라포드에서 스테퍼 시리즈를 개발 중이다. 게임 개발 외에도 유니티 인증 강사(Unity Certified Instructor) 2기로서 강의, 강연을 통해 지식과 경험을 공유하고 있다. 또한 틈만 나면 게임 잼에 참가하여 새로운 아이디어를 시험해보고 있다. 항상 재미있는 게임을 개발하는 것을 목표로 삼고 있으며, 끊임없이 노력 중이다.

윤하연 viyamhy@gmail.com

1인 인디 게임 개발자. 스타트업, 데브캣에서 게임 프로그래머로 활동하다가 홀로서기를 시작했다. 일로 게임 개발을 하기 전에도 작은 인디 게임 팀에 참여하거나 1인 개발을 즐겨 했다. 작은 규모의 게임을 만드는 것에 관심이 많고 그를 위한 공부를 꾸준히 해나가고 있다.

들어가며

이 책은 게임 프로그래밍에 관심이 있는, 그러나 아직 초보인 독자들을 위해 쓴 책이다. 이 책을 읽는 독자들은 저마다 그 목적과 배경이 다를 것이다. 혼자서 게임을 만들어보고 싶은 독자도 있을 것이고 게임 업계에 진출하고자 하는 독자도 있을 것이다. 또는 단순히 게임 프로그래밍에 대해 궁금한 독자도 있을 것이다. 어떤 이유로든 이 책을 선택한 당신에게 축하의 말을 건네고 싶다. 삶에 재미와 가치를 더하는 멋진 분야에 진입한 것을 환영한다.

게임 개발은 어렵고 복잡하다고 생각할 수 있다. 그중에 자신은 게임을 거의 해보지 않았다고 생각하는 독자도 있을 것이다. 하지만 게임은 디지털 기기에서 하는 것으로만 한정되지 않는다. 정해진 규칙과 참여자의 선택, 즐거움이 있다면 게임으로 여길 수 있다. 공책 구석에 적어둔 낙서나 가위바위보, 사다리타기도 게임의 한 예다.

프로그래밍의 기본을 알고 있다면 엔터 키를 누를 때마다 무작위로 숫자를 출력하는 프로그램 정도는 쉽게 만들 수 있다. 이것도 어떻게 보면 게임이다. 누군가는 여기서 재미를 느낄 수 있고, 새로운 규칙을 추가하거나 변형해서 더욱 재미있게 만들 수 있다. 자신의 손으로 만든 게임을 다른 사람들과 공유하고 즐긴다면 당신은 이미 훌륭한 게임 프로그래머라고 말할 수 있다.

다시 한번 게임 개발의 세계에 온 것을 진심으로 환영하며, 이 책이 게임 프로그래밍의 기초를 습득하는 데 부디 도움이 되길 바란다.

박태준, 박효재, 윤하연

이 책에 대하여

왜 이 책인가

게임 프로그래밍에 관한 책은 이미 많이 있지만, 대부분은 특정 엔진을 다루거나 그래픽, AI, 물리와 같은 특정 주제에 집중하는 경우가 많다. 그렇기 때문에 처음 게임 개발을 시작하는 사람들에게는 이런 내용이 너무 복잡하게 느껴지거나 분량도 많아 부담스러울 수 있다. 또한 엔진 사용법에만 집중한 책은 예제를 따라 구현한 다음 응용할 방법을 쉽게 떠올리기 어려운 문제도 존재한다.

이 책은 이런 점에서 차별화된다. 특정 엔진이나 기술에 국한되지 않고 게임 프로그래밍의 기본 개념과 전반적인 원리를 쉽게 설명한다. 이를 통해 독자들은 게임 세계가 어떻게 만들어지는지 핵심 요소를 이해하고, 특정 게임 장르와 무관한 프로그래밍 실력을 다질 수 있을 것이다.

특히 이 책은 프로그래밍의 기초 정도만 알고 게임 개발에 막 도전해보려고 하는 독자들을 위해 썼다. 따라서 복잡한 수학이나 어려운 알고리즘은 최대한 쉽게 설명하고 실용적인 코드 예제로 실제 적용 방법을 보여준다. 물론 당장 게임 개발에 필요한 실무적인 기술도 일부 포함하고 있지만 그보다는 게임 개발자로서의 응용 능력과 학습 방향을 결정하는 데 도움이 되었으면 한다.

이 책의 구성

이 책은 총 4장으로 구성되어 있다.

1장 개발 환경 구성과 게임 세계 이해

이 책을 읽으며 나오는 예제의 실습 환경을 구축하는 방법과 게임의 전반적인 구성을 간단히 살펴본다.

2장 수학과 물리

게임 개발에 사용되는 필수적인 수학과 물리 지식을 학습하고(어렵거나 딱딱한 내용이 전혀 아니니 안심해도 좋다), 실제 게임에 어떻게 적용하는지 학습해 나간다.

3장 게임 프로그래밍에 필요한 기법

게임 프로그래밍에 필요한 자료구조와 알고리즘을 다룬다. 정렬, 길 찾기, 충돌 판정 등 게임 개발에 주로 사용되는 알고리즘에 대해 학습한다.

4장 게임 프로그래밍 방법론

마지막으로 프로그램 전체의 설계와 효율적인 프로그램을 설계하기 위해 필요한 지식과 그 활용 방법을 학습한다.

감사의 말

이 책은 3인의 저자가 공동으로 집필했다. 그래서 집필 과정에서 정말 많은 분에게 도움을 받았다. 먼저 이 책의 필요성에 대해 조언해주고 설문에 참여해준 모든 개발자에게 감사를 표한다. 또한 이 책을 미리 읽고 검토해준 베타리더와 출간에 도움을 준 편집자에게도 고마움을 표한다. 마지막으로 저자들의 모교인 한국 디지털 미디어 고등학교의 선생님들께도 큰 감사의 마음을 전한다.

책을 쓴다고 할 때 응원해준 가족, 친구 등 누구 하나라도 없었다면 이 책은 완성될 수 없었을 것이다. 저자 3인 모두 이 책을 완성하는 것이 인생의 큰 목표 중 하나였고 성공적으로 출판하게 되어 기쁘다. 그동안 지지해준 모두에게 감사의 말씀을 전한다.

진심으로 감사합니다!

목차

추천의 말	4
베타리더의 말	6
감수자의 말	10
저자 소개	11
들어가며	12
이 책에 대하여	13
감사의 말	15

CHAPTER 1 개발 환경 구성과 게임 세계 이해

1.1	**기본 프로그램 설치**	22
	1.1.1 유니티 엔진 설치	22
	1.1.2 개발 도구 설치	25
1.2	**게임 세계**	26
	1.2.1 2차원 그래픽(2D 그래픽)	26
	1.2.2 3차원 그래픽(3D 그래픽)	30
	1.2.3 UI	33

CHAPTER 2 수학과 물리

2.1	**왜 배워야 할까?**	38
2.2	**위치와 이동**	40

	2.2.1	화면과 픽셀	41
	2.2.2	좌표	44
	2.2.3	벡터	47
	2.2.4	공간	50
	2.2.5	벡터의 기본 연산	61
	2.2.6	캐릭터의 이동 구현	69
2.3	각과 회전		87
	2.3.1	게임에서 각이 필요할 때	87
	2.3.2	각의 표현	88
	2.3.3	삼각함수	92
	2.3.4	삼각함수의 대칭	95
	2.3.5	조이스틱으로 이동 구현	100
	2.3.6	원형 이동	109
2.4	적과의 대치		112
	2.4.1	벡터의 내적	112
	2.4.2	벡터의 외적	115
2.5	다양한 예시 만들기		118
	2.5.1	Easing 그래프	118
	2.5.2	발판 움직이기	119
	2.5.3	그 외 해볼 만한 것들	124

목차

CHAPTER 3 게임 프로그래밍에 필요한 기법

3.1 왜 배워야 할까? 126

3.2 시간이 불연속적이라고? 128

3.3 팩맨이란? 그리고 우리가 구현할 게임은? 130

3.4 랭킹 시스템 구현 132
    3.4.1 버블 정렬 133
    3.4.2 시간 복잡도 134
    3.4.3 그렇다면 효율적인 정렬은? 135
    3.4.4 힙, 트리, 링크드 리스트… 결국, 자료구조 136
    3.4.5 랭킹 구현에 필요한 마지막 자료구조 144

3.5 AI의 길 찾기 구현 146
    3.5.1 DFS와 스택 146
    3.5.2 BFS와 큐 148
    3.5.3 다익스트라와 A*알고리즘 149

3.6 충돌 처리 알고리즘 153
    3.6.1 원형 충돌 알고리즘 153
    3.6.2 AABB 알고리즘 154
    3.6.3 Swept AABB 알고리즘 155
    3.6.4 OBB 알고리즘 157
    3.6.5 Convex Hull을 만드는 방법 158

3.7 정리 그리고 효율에 관한 팁 160

부록 A 배워두면 좋은 게임 알고리즘 ... 161

- A.1 이진 공간 분할법 ... 161
- A.2 셀룰러 오토마타 ... 162
- A.3 최소 비용 신장 트리 ... 164
- A.4 크루스칼 알고리즘 ... 165
- A.5 프림 알고리즘 ... 165

부록 B 정렬 알고리즘 ... 166

- B.1 버블 정렬 ... 166
- B.2 선택 정렬 ... 167
- B.3 삽입 정렬 ... 168
- B.4 퀵 정렬 ... 169
- B.5 병합 정렬 ... 171
- B.6 힙 정렬 ... 173

CHAPTER 4 게임 프로그래밍 방법론

- 4.1 왜 배워야 할까? ... 176
- 4.2 객체 지향 프로그래밍 ... 178
  - 4.2.1 객체 지향 프로그래밍이란? ... 178
  - 4.2.2 객체란 무엇인가 ... 179
  - 4.2.3 클래스와 인스턴스 ... 183
  - 4.2.4 객체의 포함과 상속 ... 188

목차

4.2.5	다형성	198
4.2.6	추상 클래스와 인터페이스	203
4.2.7	캡슐화와 정보 은닉	212

4.3 게임 디자인 패턴   219

4.3.1	디자인 패턴의 이해	219
4.3.2	어떤 무기로 공격하지? – 상속, 전략 패턴	233
4.3.3	도전 과제 달성률 100% – 옵저버 패턴	246
4.3.4	걷고 뛰고 공격하는 캐릭터의 상태 – 상태 패턴	264
4.3.5	BABO IS ME – 커맨드 패턴	278

4.4 안티 패턴   303

4.4.1	주석을 지워버려라	304
4.4.2	문장처럼 자연스럽게 읽히는 코드를 작성하자	312
4.4.3	예상 가능한 혹은 예상치 못한 버그에 예외를 사용하자	315
4.4.4	예외를 조용히 처리하지 마라	317
4.4.5	웬만하면 상속 대신 인터페이스를 사용하라	321
4.4.6	최적화는 지금 하지 마라	323
4.4.7	악취가 나는 코드는 탈취제를 뿌리자	325
4.4.8	서드파티 라이브러리를 조심하자	326
4.4.9	싱글턴 패턴 사용을 주의하자	327

마치며	330
찾아보기	332

CHAPTER 1

개발 환경 구성과
게임 세계 이해

GAME
PROGRAMMING

1.1 기본 프로그램 설치

이 책의 기본 실습 환경은 유니티^{Unity}를 권장하며 주로 C#을 기준으로 설명한다. 이 책에 서술된 기법들은 유니티, 언리얼^{Unreal}과 같은 프레임 기반 게임 엔진의 동작 방식을 기반으로 작동한다. 또한 이 책의 예제 코드는 모두 작동은 하나, 모든 코드가 플레이어의 입력과 화면 출력에 대응되는 것은 아니다. 대부분의 코드는 콘솔 창에 로그를 출력하거나 주석으로 코드를 설명하기 위한 용도이다. 이는 의도된 사항으로 예제를 무조건 따라하고 끝내는 대신 '개념'을 '코드'로 발전시키는 사고방식 자체에 집중하기를 바란다. 아이디어가 어떤 방식으로 코드로 바뀌는지 기억한다면 앞으로 게임 프로그래밍을 하는 데 큰 도움이 될 것이다.

1.1.1 유니티 엔진 설치

앞서 말했듯 기본적인 실습 환경은 유니티를 추천한다. 물론 코드를 읽고 해석하는 데 지장이 없다면 다른 실습 환경을 사용해도 좋다. 이 책은 게임 프로그래밍에 대한 이론서로, 실습 위주의 책이 아니기 때문에 유니티를 반드시 설치할 필요는 없다. 만약 유니티 엔진에 대해 더 자세히 알고 싶다면, 유니티 홈페이지의 교육 프로그램이나 전문 서적을 통해 학습하길 바란다. 유니티 엔진의 경우 유니티 홈페이지[1]에서 회원가입을 하고, 유니티 허브[2]라는 프로그램을 다운로드해 진행한다. 자신의 개발 환경에 알맞은 유니티 허브를 다운로드한 후 약관에 동의하고 설치하여 실행하면 다음과 같은 로그인 창이 뜰 것이다.

---

[1] https://unity.com/kr
[2] https://unity.com/kr/download

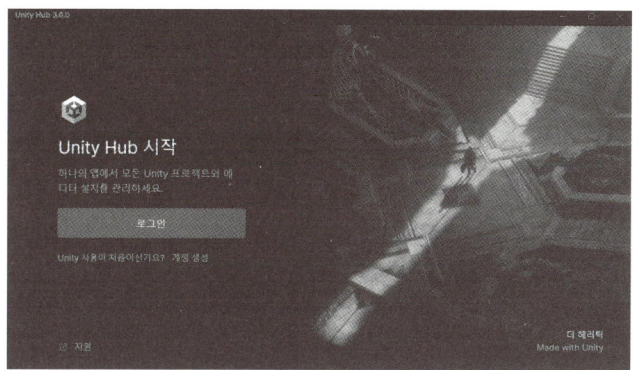

유니티 허브 3.6.0 기준으로 다른 버전 사용 시에는 화면이 다를 수 있다.

이때 유니티 홈페이지에서 가입한 ID로 로그인한 뒤, 라이선스 활성화와 에디터 다운로드 과정을 거친다. 라이선스의 종류에는 대표적으로 개인 사용자용인 Personal 라이선스와 Pro 라이선스가 있다. Pro 라이선스를 구독하면 몇 가지 부가 기능을 이용할 수 있지만, 본 도서에서 소개할 개발에 필요한 기능은 Personal 라이선스로도 충분하다. 따라서 여기서는 무료 개인 사용자용 버전인 Personal 라이선스를 사용하여 진행하겠다. 단, 유니티를 상업적으로 이용할 예정이라면 약관을 잘 읽어보고 결정해야 한다.

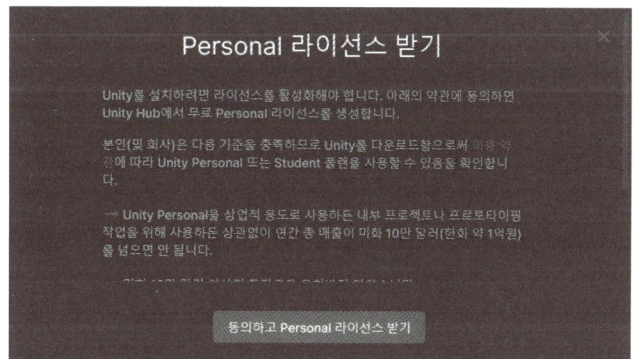

라이선스를 잘 숙지하고 동의하자.

CHAPTER 1 개발 환경 구성과 게임 세계 이해

이후 자동으로 최신 LTS[Long-Term-Support](장기간 지원) 버전의 유니티 엔진을 다운로드하기 위한 창이 뜰 텐데, 해당 창을 취소하고 왼쪽의 설치 탭에 들어가 유니티 허브에서 권장하는 버전을 설치하길 바란다.[3]

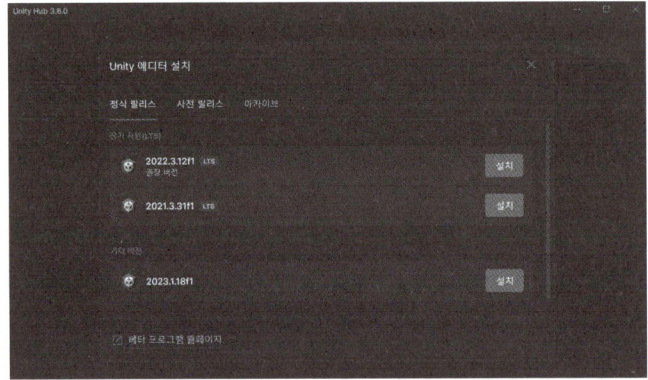

유니티 허브에서 권장하는 버전

[설치] 버튼을 누르고 다음과 같은 모듈 선택 창에서 필요한 도구를 설치한다.

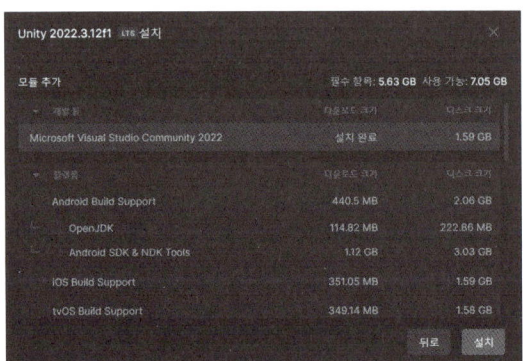

모듈 선택 창

---

3   참고로 이 책에서 사용하는 버전은 2022.3.12f1이다.

1.1.2 개발 도구 설치

개발 도구의 경우 유니티 설치 화면에서 제공하는 마이크로소프트 비주얼 스튜디오^{Microsoft Visual Studio}를 설치해도 좋고, 젯브레인스^{JetBrains}사의 Rider[4] 등의 개발 도구를 활용해도 좋다. 개발 도구는 각각 장단점이 다르기 때문에 각자의 취향으로 선택하면 된다. 이 책에서는 비주얼 스튜디오 설치법만 설명한다. 앞서 유니티 설치에서 제공하는 비주얼 스튜디오를 추가로 선택하면 다음과 같은 설치 화면이 나온다.

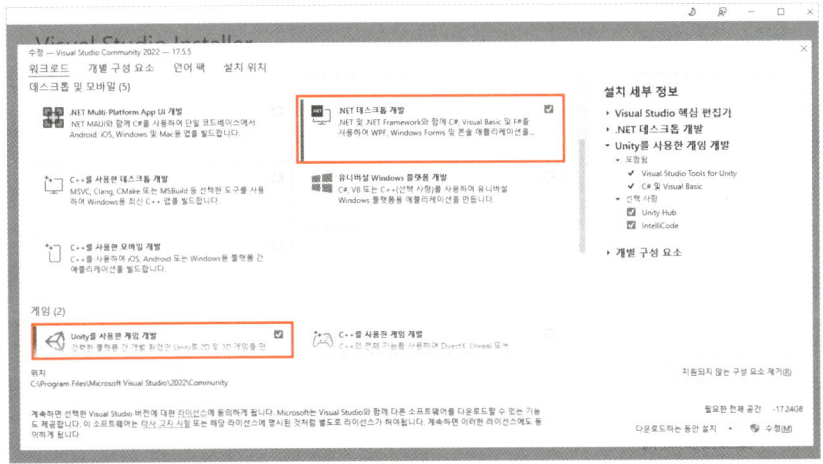

비주얼 스튜디오 설치 화면

비주얼 스튜디오를 설치할 때 주의 사항은 반드시 '.NET 데스크톱 개발'과 'Unity를 사용한 게임 개발'에 체크를 해야 한다는 점이다. 그래야 개발 도구가 유니티와 정상적으로 연동되어 동작한다.

---

[4] https://www.jetbrains.com/ko-kr/rider/

1.2 게임 세계

게임을 만들기에 앞서 간단하게 게임의 구성에 대해 알아보자. 여기서는 잠시 플레이어의 관점 대신 게임을 만들 개발자의 시선으로 살펴볼 예정이다. 크게 게임의 구성은 게임 세계에 해당하는 부분과 정보 전달을 위한 UI로 구분한다.

세상엔 정말 다양한 형태의 게임이 있다. 평면 그림으로 그려진 2D 게임, 3D 모델로 만들어진 3D 게임, 텍스트만으로 이루어진 게임도 있고, 음성으로만 이루어진 게임도 있다. 어떠한 형태를 하고 있든 간에 플레이어의 상호작용과 이에 따른 피드백이 존재하고, 그것으로 재미를 느낄 수 있다면 그건 게임이라고 부를 수 있다. 이런 광범위한 개념 안에서 먼저 얘기하고 싶은 내용은 2D, 3D 그래픽으로 이루어진 게임이다.

게임을 구성하는 요소는 특별히 정해져 있지 않다. 배경이나 캐릭터가 있을 수 있고, 몬스터나 아이템이 있을 수 있다. 무엇이 구성품에 들어갈지는 정해져 있지 않지만 반드시 무언가는 게임을 구성하고 있게 된다. 그럼 이 구성 요소들이 지녀야 할 속성에는 무엇이 있을까? 게임 세계를 표현하기 위해서는 무엇이 필요할까? 지금부터 천천히 짚어보자.

1.2.1 2차원 그래픽(2D 그래픽)

어릴 적 즐겼던 도트 게임을 떠올려보자. 너무 추상적이라면 다음 이미지를 머릿속에 그려보는 것도 좋다. 어린 시절 도트 게임이 없던 시대에 태어난 독자들은 다음 그림을 참고하자.

평면 세계에 놓인 캐릭터

평면의 캐릭터가 평면의 세계 위에 놓여 있다. 쉽게 말하면 '그림'으로 이루어진 게임 세계다. 이러한 형태를 2차원 공간이라고 한다. 깊이감 없이 표현되는 공간이다. 이런 공간에서 각 요소들의 위치는 가로, 세로 두 축을 이용해 표현할 수 있다. 어릴 적 수학 교과서에서 본 x와 y축으로 이루어진 좌표평면을 게임 위에 올려보면 더 쉽다.

위치는 x와 y축으로 표현될 수 있다.

2차원 게임 세계는 위치의 표현에 깊이가 필요 없는 경우 많이 채택된다. 현실 세계와는 다른 차원을 다루기 때문에 좀 더 다양한 방식의 플레이를 구현할 수도 있고, 좀 더 심플한 룰로 게임 플레이를 구성할 수도 있다. 예를 들어 캐릭터의 외관에서 예상되는 질량을 극단적으로 작거나 크게 표현해도 어색하지 않고, 중력 외의 힘을 무시해도 문제가 되지 않는다. 물론 3차원 게임에서도 똑같은 게임적 허용이 가능하지만, 2차원 게임은 우리가 사는 공간과는 다른 형태의 공간이라는 점이 현실감이 떨어지는 구성을 쉽게 받아들일 수 있게 만든다.

2차원 그래픽 게임에서 사용하는 개별 2D 이미지를 스프라이트^{sprite}라고 칭한다. 스프라이트는 일반적으로 PNG, JPEG 등의 이미지 포맷을 사용해 관리한다. 통상적인 스프라이트는 2차원 이미지를 표현하는 방식이기 때문에 각 이미지는 z축을 거의 사용하지 않고 x, y축으로 위치를 표현한다. 무엇이 앞에 그려지는지는 레이어 등의 우선순위^{priority} 시스템을 따르는 것이 일반적이다. 다만 유니티 등의 게임 엔진에서는 레이어가 같을 경우에 z축을 사용하거나, 카메라에 그려지는 범위를 z축을 사용하여 결정하는 등의 시스템을 제공하기도 한다.

캐릭터, 나무, 적 순서로 그려진 스프라이트 레이어

당연한 얘기지만 평평한 이미지인 스프라이트를 사용하는 2차원 그래픽 게임에서는 그림을 잘 그리는 것만으로는 깊이감을 표현하기 어렵다. 이때 사용할 수 있는 다양한 기법이 있다. 멀리 떨어진 것처럼 보이는 이미지를 사용하거나(흐린 색상, 큰 물체를 작게 표현하는 등) 속도에 변주를 주는 방식이다.

그중에 수학과 관련 있는 속도에 변주를 주는 방식을 살펴보자. 위에서 잠깐 언급한 레이어라는 개념을 이해했다면 받아들이기 쉽다.

가까이 있는 것과 멀리 있는 것의 차이

이 방식은 버스나 승용차에서 바라보는 창문 밖 풍경과 비슷하다. 가까이에 있는 나무는 빠르게 움직일 것이고, 멀리 있는 산은 천천히 움직일 것이다. 나와 가까울수록 빨리 움직이는 것처럼 보인다. 이를 레이어 개념을 사용하는 게임에 적용해보자면, 가까이 있는(우선순위가 높은) 그림일수록 가로 방향의 이동에 예민하게 만들 수 있다.

이렇게 2차원 그래픽 게임은 깊이감이 없는 만큼 표현하는 데 상상력이 필요하지만 비교적 계산이 간단하고 가볍다.

1.2.2 3차원 그래픽(3D 그래픽)

반면에 3차원 게임은 현실 세계와 유사한 형태다. 땅이 있을 것이며 상하좌우로 이동할 수 있고 점프를 하면 위, 아래 방향으로 움직일 것이다. 2차원 게임보다 하나의 차원이 늘었다고 보면 된다. 이동의 관점에서 바라보면 '높이'가 추가되는 개념에 가깝겠지만 게임 개발과 좌표평면의 관점에서 바라보면 2차원 게임에 '깊이'가 추가되는 개념이 될 것이다. 즉 화면의 안쪽, 바깥쪽 방향이다.

3차원 게임은 우리가 보는 세상과 유사하다.

3차원 공간을 사용한 게임은 대체로 현실 세계와 굉장히 유사한 물리 규칙을 공유하고 있으며 현실에서 느낄 수 있는 공간감을 줄 수 있다. 요즘 유행하는 VR$^{Virtual Reality}$(가상 현실), AR$^{Augmented Reality}$(증강 현실) 게임 또한 3차원 게임에 속하고 유명한 FPS$^{First-Person Shooter}$(1인칭 슈팅 게임) 게임들도 3차원인 경우가 많다. 또한 깊이의 표현이 가능해져 탁 트인 느낌을 줄 수 있고, 사용자가 이동할 수 있는 범위 또한 넓어진다.

3차원 게임은 2차원 게임 구현에 깊이가 추가된 형태다. 리소스의 차이 없이 각 객체의 위치에만 깊이 값이 추가되는 경우도 있겠지만 많은 경우에는 리소스 제작 단계부터 차이가 생긴다. 2차원 게임에서 사용하는 스프라이트는 평면만 표현할 수 있기 때문에 3차원 게임의 경우에는 3D 모델을 그래픽 리소스로 주로 채택한다.

3D 모델은 정점^{vertex}으로 이루어진 그래픽이다. 각 정점을 이어서 모서리^{edge}를 만들 수 있고, 모서리는 하나의 표면^{face}을 만들 수 있다(이해하기 어렵다면, 정육

면체와 같이 정점과 모서리로 이루어진 모형을 생각해보자). 이 표면들이 모이면 하나의 덩어리를 만들 수 있는데 이 덩어리를 3D 모델이라고 부른다.

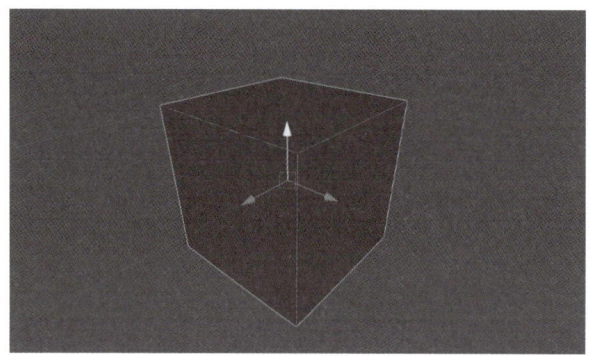

3D 모델의 예시

3차원 게임은 2차원 게임과는 다르게 화면에 표현되는 방식부터 복잡하다. 카메라로부터 각 정점까지의 거리, 빛으로부터 얼마나 영향을 받는지, 가려지는 점인지 아닌지 등 수없이 많은 문제를 나열할 수 있을 것이다.

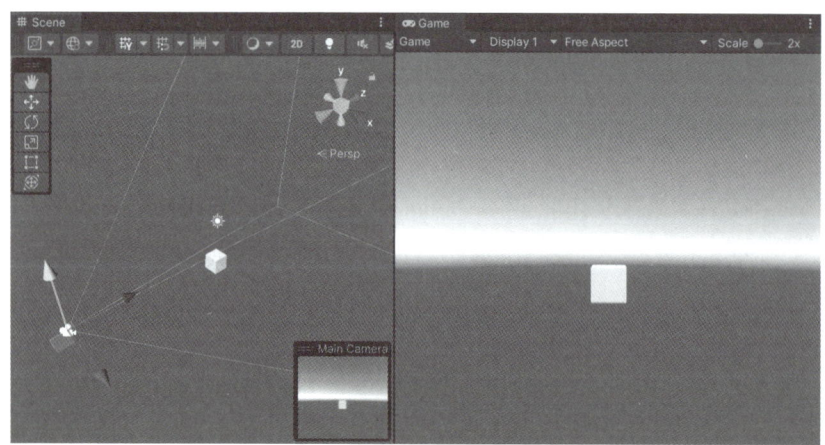

3차원 게임 화면

현실 세계의 카메라나 눈으로 보는 것과 비슷한 효과를 내기 위해 3차원 그래픽의 게임은 셰이더^{shader}의 힘을 자주 빌린다. 셰이더는 3차원 그래픽만을 위한 것은 아니지만(당연히 2차원 그래픽에서도 사용 가능하다), 2차원 그래픽보다 요구되는 상황이 많기 때문에 언급하고 지나간다. 이에 대해 자세히 알고 싶다면 GPU나 그래픽스^{graphics}, 셰이더 관련 서적들을 참고하면 좋다.

1.2.3 UI

내가 만들 게임이 텍스트 기반 게임이다, 혹은 내가 만들 게임은 버튼 하나만 있으면 된다, 그래서 지금 보는 내용이 필요 없을 것 같다고 생각하는 사람이 있을 수도 있다. 그러나 플레이어의 상호작용과 피드백이 있는 비디오 게임이라면 당연히 입력받는 수단과 표현하는 수단이 필요하다. 시각적인 요소를 중점으로 게임을 만들지 않더라도 대부분의 게임에는 UI^{User Interface}(사용자 인터페이스)가 필요하다. 정말 당연하게도 시각적인 UI 또한 좌표계 위에 놓인다.

먼저 UI가 뭘까? 컴퓨터나 모바일 기기를 켜보자. 시간을 표시하는 텍스트가 있고, 배터리를 표시하는 이미지도 있다. 새로운 알람이 오면 팝업창으로 띄워주기도 하고, 컴퓨터가 켜질 때는 로딩 화면을 보여주기도 한다. 이런 식으로 텍스트와 이미지, 사운드 등의 수단을 이용해서 사용자에게 직접적으로 정보를 전달하는 수단이 바로 UI다.

체력과 점수를 알려주는 UI 예시

이 그림과 같은 경우라면 체력을 표시하고 있는 하트와 지금까지 얻은 점수를 알려주는 숫자를 UI로 취급할 수 있다. 넓은 의미로 보면 이미지들도 UI로 분류할 수 있겠지만 게임에서의 UI는 이러한 게임 세계와는 구분되는 정보 전달 수단을 칭하는 경우가 많다. 여기서는 좌표에 대한 개념을 설명하기 위해 게임 UI 중에서도 '시각적인' UI를 중점으로 이야기하겠다.

UI는 2차원 공간에 놓이는 경우가 많다. 스크린 위에 그려지는 정보이기 때문에 게임 구성 요소와 분리될 때가 많기 때문이다. 물론 캐릭터 머리 위의 말풍선이나 퀘스트 마커 등 3차원 공간에 위치한 '것처럼' 보이거나 정말 3차원 공간에 위치한 경우도 있다. 여기서 다루는 내용은 어디까지나 보편적인 이야기에 속한다.

여기까지 읽었다면 눈치챌 수도 있겠지만 UI는 게임 세계와는 별도의 좌표계를 사용해도 상관없다. 실제로 대부분의 경우에 별도의 좌표계를 사용하는 것이 더 편리하기 때문에 구분하는 경우가 많다.

UI 좌표계와 게임 세계 좌표계가 분리된 모습

화면에 그려질 때는 같은 좌표계를 기준으로 그려지겠지만 만약 게임 세계를 비추는 카메라만이 존재한다면 UI를 이 위에 바로 올리기 복잡해진다.

UI는 늘 고정적인 위치에 있길 바라는 경우가 많고 게임 세계를 비추는 카메라에 따라서 UI를 표시하기엔 불편함이 따르기 때문이다. 이건 하나의 예시일 뿐이고 정말 다양한 경우에 서로 다른 기준의 좌표를 사용하길 바라는 때가 올 것이다.

이러한 경우 최상위 객체를 기준으로 상대 좌표로 표현하면, 계산의 빈도수를 줄일 수 있다. UI는 UI의 최상위 객체 하위에 상대 좌표로 표현하면 게임 세계와 분리될 것이고, 게임 세계의 모든 객체는 게임 세계의 최상위 객체 하위에 상대 좌표로 표현하여 게임 세계를 기준으로 고정된 위치에 둘 수 있다.

UI를 표현하는 방법은 정말 다양하며 정답이 있는 것은 아니다. 부디 이 뒤의 내용을 읽으면서 좋은 방법을 떠올릴 수 있는 기반을 갖춰가길 바란다.

지금까지 간단하게 게임의 구성을 살펴보았다. 앞에서 설명한 내용들은 게임의 구성 요소 중 극히 일부일 뿐이다. 얼마든지 창의력을 더해서 넣거나 뺄 수 있고 변화시킬 수 있다. 한 게임이 하나의 차원으로 고정될 필요도 없으며, UI가 꼭 있어야 하는 것도 아니다. 어디까지나 게임에 대한 '보편적인' 이해를 위해 준비한 내용이니 유연한 마음가짐으로 받아들여 주었으면 한다.

2장에서는 게임 세계에 객체를 세우고 움직이는 방법에 대해 알아볼 것이다. 직접 코드를 작성하며 진행할 것이니 컴퓨터를 준비해보자. 지금까지는 글과 그림으로만 봐서 참 쉬웠지만 게임이 복잡해질수록 단순한 계산도 어려워진다. 게임 엔진은 이런 계산을 일부 처리해주는 데 이점이 있기에 앞으로의 예제는 대부분 게임 엔진을 이용한다.

CHAPTER 2

수학과 물리

GAME
PROGRAMMING

2.1 왜 배워야 할까?

수학, 물리… 정말 미안하게도 첫 이론은 이 둘이다. 학창 시절 교실에서 잠을 부르기로 악명이 가장 높은 과목들이다. 게임이라는 재밌는 것을 만들기 위해 거쳐야 하는 첫 과정이 수학과 물리라니! 솔직히 벌써 싫증이 났다고 해도 이해한다. (물론 아니라면 참 다행이다!)

그러나 다시 생각해보자. 우리가 왜 수학과 물리를 어려워하고 싫어했는지.

당연히 억지로 입에 밀어 넣은 당근은 맛이 없다. 먹겠다는 의지를 가지고 직접 포크를 들어야 먹을 만하다는 생각이 든다(원래 당근을 좋아하는 사람이라면 이런 문제를 마주하지 않겠지만). 수학과 물리도 그렇다. 교육과정에서 배운 수학과 물리는 맛이 없다. 배우고 싶다는 의지가 들어야 배울 만할 것이다.

추측하건대, 배우고 싶다는 의지가 들지 않는 이유 중 하나는 '어디에' 쓰는지 몰라서일 것이다. 게임을 만들기 위해 처음 코딩을 배울 때도 비슷한 기분이 들었을지도 모르겠다. "게임을 만드는 데 이 재미없는 for 문을 왜 알아야 하는데!"라는 생각이 든 적이 있어도 안심해도 좋다! 우리는 이 책에서 '왜' 배워야 하나를 먼저 알려주고자 한다. 어디에 쓸지 고민하며 배우는 과정은 생각보다 재밌을 것이라 확신한다.

이번 장 수학과 물리에서 심화 내용을 다루지는 않는다. 목차를 훑어보고 이미 알고 있는 내용이라면 바로 다음 장으로 넘어가도 좋다. 우린 여기서 수학과 물리를 왜 배워야 하며 어떤 식으로 게임에 녹일 수 있는지를 중점으로 살펴볼 것이다. 더 깊게 배우고 싶다고 느낄 때, 비로소 이 책은 역할을 한 것이며 당신은 수학을 '맛있게' 받아들일 준비가 된 것이다.

2.2 위치와 이동

1장에서 보았듯 게임 세계는 차원을 달리할 수도 있고, 원하는 대로 구성을 바꿀 수도 있다. 그러나 이 모든 상황에서 공유되어야 하는 개념이 있다. 바로, '무언가' 가 '어디'에 '어떤 형태'로 서 있는가가 표현되어야 한다는 점이다. 이 중에서 '어디' 를 먼저 살펴보자.

용사는 '어디'에 서 있는 걸까?

블록 위에 서 있는 캐릭터를 용사 캐릭터라고 하자. 용사 캐릭터가 서 있는 지점을 표현하는 방법에는 무엇이 있을까? 단순히 생각해보면 손가락 끝으로 짚을 수도 있고, 왼쪽 중앙 정도라고 표현할 수도 있다. '저기'라고 말해도 적당히 알아들을 법도 하고, 귀퉁이라고 말해도 대충 저 지점을 칭하는 말같이 느껴진다.

여기서 만약 사용자의 입력에 따라 캐릭터의 위치가 계속 변하는 게임이라면 그 이동 경로는 어떻게 표현해야 할까?

용사는 '어디'로 '얼마나' 이동한 걸까?

원래 위치에서 오른쪽으로 한 뼘 정도 이동했다든가, 3cm 정도 옆으로 움직였다 등 말로 설명할 수 있는 방법은 많다. 손으로 궤적을 그리는 것도 하나의 해결법이 될 수 있다.

그러나 아쉽게도 컴퓨터는 이런 애매모호한 설명으로는 우리가 원하는 위치를 특정하지 못한다. 컴퓨터에게 스크린상의 정확한 '위치'를 알려주어야 캐릭터를 우리가 원하는 곳에 세워놓을 수 있다. 이럴 때 컴퓨터가 알아듣는 대표적인 개념으로 '화면screen'이 있다.

2.2.1 화면과 픽셀

컴퓨터의 화면 좌표는 운영체제와 라이브러리(프로그램이 사용하는 자원들의 집합)에 따라 차이가 있을 수 있다. 여기서는 마이크로소프트 윈도우 GDI$^{Graphics\ Device\ Interface}$를 기준으로 살펴보겠다.

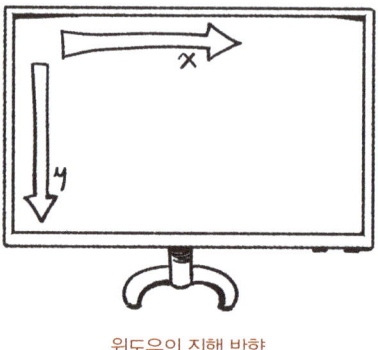
윈도우의 진행 방향

윈도우^{windows} 화면은 왼쪽에서 오른쪽으로, 위쪽에서 아래쪽으로 진행한다. 즉, 왼쪽 위가 '시작점'이라고 할 수 있을 것이다. 이렇게 위치를 가늠하는 기준이 되는 시작점을 '원점'이라고 부른다.

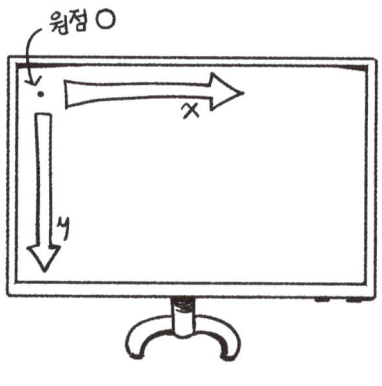
왼쪽 위가 시작점(원점)

컴퓨터와 우리가 공유하는 기준이 생겼기 때문에 이제 용사 캐릭터의 위치를 컴퓨터에 알려줄 수 있을 것 같다. 자, 화면에 용사 캐릭터를 올려보자.

원점을 기준으로 보는 용사의 위치

시작점으로부터 오른쪽으로 조금, 아래로 꽤 많이 떨어진 지점에 용사가 있다고 말할 수 있다. 아직 조금이라든가 꽤 많이라든가 애매한 표현이 섞여 있다. 사람들끼리 보편적인 약속인 cm처럼 길이 단위가 있으면 좋을 것 같다는 생각이 든다. 그렇다면 다시 화면을 자세히 보자. 우리가 사용할 수 있는 단위가 있을 수도 있으니까 말이다.

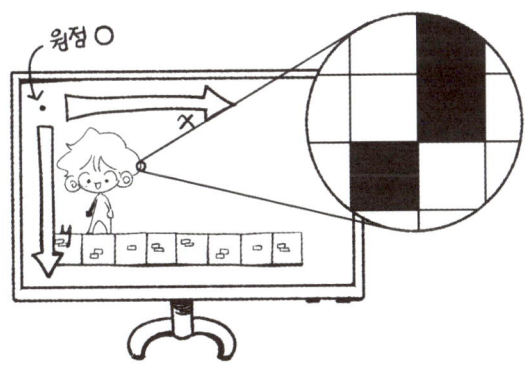

화면의 아주 작은 단위, 픽셀

화면은 이렇게 아주 작은 화소로 구성되어 있다. 이 화소를 픽셀^{pixel}이라고 부르며, 이러한 화소들이 모여 우리가 보는 화면을 완성한다. 화소는 그림에서처럼 격자무늬의 형태로 배치되어 있으며, 해상도는 이 화소가 가로, 세로에 얼마나 배치되어 있는지를 말한다. 결국 우리가 만드는 게임은 컴퓨터에게 '몇 번째 픽셀에 무슨 색을 그려라'라는 정보를 전달하는 것이다.

이제 용사 캐릭터의 위치를 다음과 같이 표현할 수 있다. "왼쪽에서 300픽셀, 위쪽에서 600픽셀 떨어진 지점을 시작으로 오른쪽으로 200픽셀, 아래쪽으로 200픽셀만큼의 공간에 그려져 있다."

모든 이미지를 이렇게 그려야 하냐고 묻는다면, 미안하지만 그렇다고 답할 수밖에 없다. 그러나 세상에는 이런 계산을 편하게 할 수 있는 그래픽 라이브러리나 라이브러리를 모아놓은 게임 엔진이 많다. 우리는 엔진에게 이러한 계산의 일부를 위임하고 조금 더 큰 것들만 다뤄볼 것이다.

2.2.2 좌표

정말 익숙한 이름이다. 학창 시절에 모든 것을 좌표평면 위에 올린 기억이 있을 것이다. 없더라도 괜찮다. 이미 '화면' 이야기를 할 때 좌표평면을 보고 왔으니까 말이다.

앞에서 용사의 위치를 표현할 때 "왼쪽에서 300픽셀, 위쪽에서 600픽셀 떨어진 지점을 시작으로 가로, 세로 200픽셀만큼의 공간에 그려져 있다"라고 하면 되겠다고 이야기했었다. 하지만 지나치게 문장이 길고 복잡하다. 이를 '좌표' 개념을 이용해 더 간단하게 표현할 수 있다.

좌표란 '점이나 물체의 위치를 나타내는 값의 쌍'이라고 할 수 있다. 예를 들어 2차원 게임에서 게임 세계를 구성할 때, 게임 세계에 위치하는 객체들의 위치를 좌표로 나타낼 수 있다. 좌표는 대체로 (x, y) 값으로 표시한다. 지금까지 말한 '가로'에 해당하는 것이 x축, '세로'에 해당하는 것이 y축인 경우가 일반적이다. x는 원점 O에서 얼마나 x축 방향으로 이동했는지를, y는 원점 O에서 얼마나 y축 방향으로 이동했는지를 나타낸다.

3차원 게임도 2차원 게임과 같은 방식으로 표현하며 깊이에 해당하는 z값이 추가된다. 즉 (x, y, z)로 객체의 위치를 표현할 수 있다. x, y는 2차원 게임과 같이 평면에 해당하며 화면에서의 상하좌우를 나타내고, z는 앞과 뒤의 이동을 나타낸다 생각하면 이해하기 쉽다.

이렇게 좌표를 쓰면 게임 세계에 있는 모든 객체의 위치를 일관되고 간단하게 말할 수 있다. 이 위치 정보는 객체에 해당하는 그래픽 요소를 그리는 것뿐만 아니라, 충돌 처리 등의 다양한 게임 로직을 처리하는 데 필수적인 정보를 제공한다.

다시 용사의 위치 표현으로 돌아오면 용사는 화면에서 (300, 600) 위치에 있다고 간결하게 말할 수 있다. 게임 엔진에서도 같은 방식으로 위치를 표현한다. 다음 유니티의 씬Scene 화면 이미지를 보자.

유니티 씬 화면

격자무늬가 보인다. 유니티 내부에서 사전에 정한 단위Unit를 기준으로 격자를 나눈 것이다. 원으로 표시되어 있는 곳이 원점이며 사각형은 가로, 세로 각 1칸의 크기를 가지고 있다. 가로는 x축으로 왼쪽에서 오른쪽으로 진행되고, 세로는 y축으로 아래쪽에서 위쪽으로 진행된다(윈도우 화면과는 y축 진행 방향이 반대다). 이 단위가 모든 툴의 표준이 되지는 않는다. 유닛의 크기, 각 축의 진행 방향 모두 다루는 툴에 따라 다를 수 있다. 그러니 자신이 사용하는 툴의 기준을 명확히 파악한 뒤에 다루는 것이 좋다.

이 화면에서 용사의 위치는 GUI의 인스펙터Inspector 창에 표시되고 있는 정보를 보면 알 수 있다. Transform[1]의 Position에 해당하는 값이 x는 3, y는 2이므로 유니티 씬 위에서 용사의 위치는 (3, 2)인 것이다.

용사의 위치는 (3, 2)이다.

이렇게 좌표를 구성하는 방식, 축의 진행 방향, 단위는 라이브러리가 정하기 나름이다. 따라서 무언가의 위치를 표현하기 전에 자신이 사용하고자 하는 환경에서

---

1 객체의 위치, 크기, 회전 등의 정보를 담은 구성 요소이다.

좌표를 어떻게 구성하는지 확인하고 넘어갈 필요가 있다.

이제 대상 객체의 위치를 표현하는 방법에 대한 감을 잡았을 것이다. 지금부터 다음으로 미뤄두었던 수학 이야기를 조금 해보고자 한다. 축은 무엇이며, 좌표평면은 무엇이고, 움직임은 어떻게 계산하는 것일까? 이런 질문은 대충 넘어가면 해소되지 않는다.

2.2.3 벡터

벡터vector는 다양하게 표현할 수 있다. 간단하게 어떤 식으로 표현할 수 있는지 살펴보자.

화살표

스칼라가 크기만 가지고 있다면 벡터는 방향과 크기를 가지는 기하학적인 요소다. 좌표가 없는 공간에도 당연히 존재할 수 있으며, 의도한 방향으로 특정 크기를 가지고 있는 화살표로 그려 표현할 수 있다.

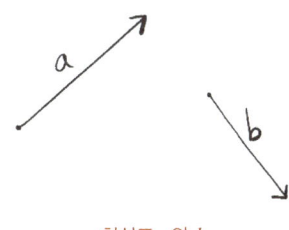

화살표 a와 b

그림의 a벡터와 b벡터를 더하는 등, 벡터끼리 더하는 연산을 할 수 있다.

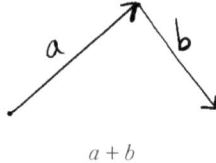

$a + b$

또한 그림의 a벡터 크기를 3배 늘리는 등의 배수 계산도 할 수 있다.

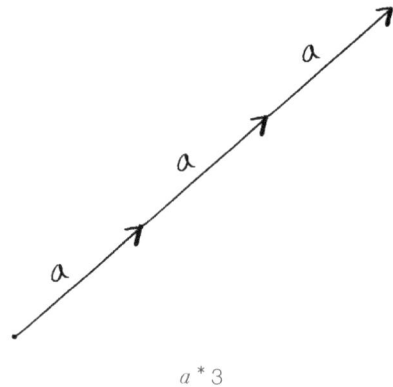

$a * 3$

이와 같이 화살표가 그려지는 공간을 선형 공간이라 부른다. 화살표는 지금까지 본 대로 수와 곱하거나 다른 벡터와 더할 수 있다. 표기는 $\vec{a}$와 같이 한다. 단, 원점이 존재할 뿐 각도나 어떤 축이 존재하지는 않는다. 따라서 각 벡터의 진행 방향을 수치로 표현하기란 어렵다. 방향을 바꾼다거나 방향이 다른 벡터끼리 비교를 하는 등 어떤 기준이 필요한 경우에도 대응이 어렵다.

여기서 원점을 지우면 '아핀 공간$^{affine\ space}$'이라고 부르는 완전히 비어 있는 공간이 나오게 된다. 이에 대해서는 이 책에서 자세히 다루지 않기 때문에 흥미가 생긴다면 선형대수와 관련된 다른 책을 참고하길 바란다.

수의 나열

앞에서 객체의 위치를 표현하기 위해서 x, y축의 어느 지점에 객체가 있는지 쌍으로 묶어 표현했다. 이렇게 수를 나열함으로써 벡터를 표현할 수도 있다. 표현 방법은 다음과 같이 두 가지로 분류할 수 있다.

$$① \ (2, 3)$$
$$② \ (2, 3)^T$$

①번처럼 가로로 나열된 것을 횡벡터, ②번처럼 세로로 나열된 것을 종벡터[2]라고 한다. 요소의 개수는 차원을 뜻하며, 만약 3차원 벡터라면 다음과 같이 표현한다.

$$(2, 3, 7) \ 혹은 \ (2, 3, 7)^T$$

이 책에서는 편의를 위해 횡벡터를 사용한다. 벡터는 여러 곳에서 사용하는 만큼 사용처에 따라 사용 방식이 다를 수 있다. 단순히 수의 나열로 사용할 수도 있고, 위치 표현 방식으로 채택하고 있을 수도 있으며, 방향만 나타내는 하나의 그림일 수도 있다.

게임 개발을 위해 벡터를 사용한다면 가장 흔히 접하게 될 개념은 위치를 표현하는 방식이다. 그러나 유의해야 할 것은 모든 벡터가 위치를 대변하지는 않는다는 것이다. 위치 벡터는 각 수가 x, y, z축의 값에 해당할 뿐이다. 벡터로 색상 값도 표현할 수 있다. 흰색을 벡터로 표현하면 다음과 같다.

$$(255, 255, 255, 1)$$

---

[2] 지면에 세로로 기술하기 어려워 전치(Transpose, T) 표시로 대체했다.

여기서 각 값은 Red(255), Green(255), Blue(255), Alpha(1) 값을 표현한다 (여기서 Alpha는 투명도를 뜻한다).

또한 벡터는 아주아주 고차원으로 뻗어나갈 수 있다. 이미지화하지 않고 수의 나열이라고 생각한다면 쉽지만, 공간으로 대입해서 생각하기는 어렵다. 그러나 우리는 주로 2차원과 3차원 벡터를 다룰 것이고 위치 벡터만 볼 것이기 때문에 당장은 이미지로만 받아들여도 괜찮다. 3차원 벡터가 세상에 있는 벡터의 끝이라고만 생각하지 않으면 되겠다.

2.2.4 공간

우리는 벡터를 특정 공간에서의 위치(지점)를 표현하는 요소로 사용할 것이다. 지금까지 살펴본 벡터를 위치에 대응하는 방식으로 쓰며 이를 '위치 벡터'라고도 부른다. 즉, 하나의 점을 표현하는 방식으로 사용하는 것이다.

어디에 있는지 묻는 질문에 대답할 수 있어야 한다.

위치 벡터를 표현하기 위해서는 기준이 되는 공간이 필요하다.

차원

게임 세계에 대해 이야기를 나누면서 2차원과 3차원 세계에 대해 소개했었다. 차원이란, 그 공간에 존재하는 벡터를 표현하는 요소의 수이다.

$$(a, b, c)$$

이러한 벡터라면 세 가지 요소를 가지고 있다. 세 가지 요인에 의해 이 벡터는 변하게 되며, 이를 3차원 공간에 있는 3차원 벡터라고 부른다.

기저

기저^{basis}는 우리가 원하는 '공간'을 구성하는 기준이 된다. 좀 전에 이야기한 '화면'에 대해서 다시 생각해보자. 가로와 세로를 기준으로 얼마나 떨어져 있는지 가늠했었다. 이때 가로와 세로라는 기준이 있었기 때문에 모눈종이와 같은 격자를 그릴 수도 있고, 수의 나열로 위치를 표시할 수도 있었던 것이다. 즉, 좌표를 표기하기 위해서는 기저를 알아야 한다.

1차원 공간을 구성하는 벡터가 하나라고 가정해보자.

$$(a)$$

1차원 공간은 선으로 시각화할 수 있으며, 이 선에 놓여 있는 모든 점은 다음과 같은 식으로 표현할 수 있다.

$$(a) \times n = (an)$$

1차원 공간을 구성하는 기저에는 하나의 벡터가 속해 있음을 알 수 있다. 1차원 공간에서 원점부터 임의의 점까지 가는 방향은 모두 동일하기 때문에 하나의 벡터로 모든 점을 표현할 수 있다.

이번엔 2차원 공간을 구성하는 벡터가 하나라고 가정해보자.

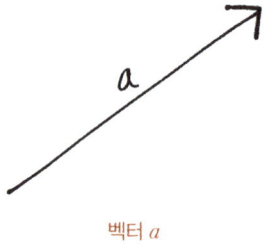

벡터 a

이 벡터 하나로 모든 좌표를 나타낼 수 있을까? 이 벡터로 만들 수 있는 벡터는 다음과 같다.

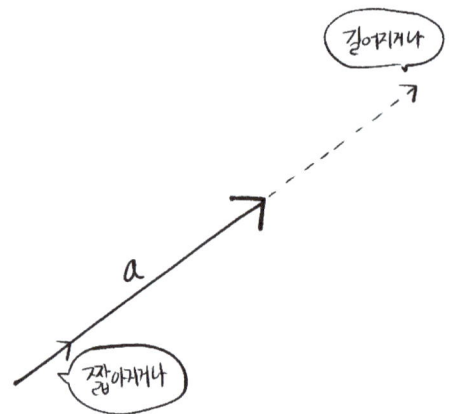

아무리 다른 모양의 벡터 a를 생각해봐도 그 방향으로 길거나 짧은 벡터만 만들 수 있을 뿐, 다른 방향의 벡터는 만들 수 없다. 그렇다면 1개가 아니라 2개라고 생

각해보자. 이렇게 가정할 때, 두 벡터는 서로 다른 방향을 향해야 한다는 것에 주의한다.

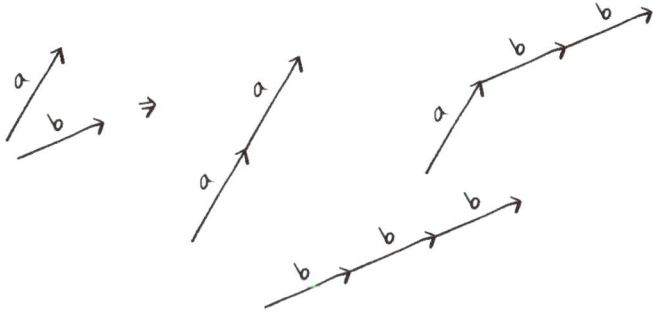

그림 외에도 다양하게 표현할 수 있다.

이 두 개의 벡터로는 모든 좌표를 나타낼 수 있다. 다른 방향을 표현하고 싶다면 각 벡터에 곱하는 값을 달리 주면 되겠다. 식으로 표현하자면 다음과 같다.

$$c = na + mb \ (a/b/c\text{는 벡터}, n/m\text{은 수})$$

이처럼 n차원의 공간을 구성하는 기저 벡터는 최소 n개가 필요하다. 벡터의 각 요소에 영향을 줄 수 있는 값을 기저가 지니고 있어야 하기 때문이다. 예를 들어 $(1, 2, 0)$과 $(3, 2, 0)$의 조합으로는 절대 세 번째 요소의 값을 변화시킬 수 없다.

그렇다면 기저에 기저 벡터를 원하는 만큼 넣어도 될까? 결론부터 말하자면 아니다. 기저에 속하는 벡터는 최대 n개이다. 좌표를 표현할 때 같은 지점을 표현하는 방법은 딱 한 가지만 존재해야 기저 벡터라고 부를 수 있다. 기저 벡터의 수가 과하면 같은 지점을 표현하는 방법이 하나가 아니게 되는 경우가 생긴다.

여기까지 내용을 정리해보자. 기저 벡터는 해당 차원의 모든 벡터를 나타낼 수 있어야 하며, 그 방식은 한 가지여야 한다. 이제 이 기저를 기반으로 평면 위에 있는 좌표를 숫자로 표현할 수 있다.

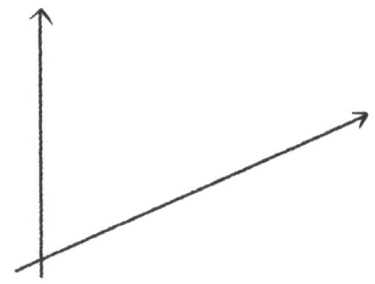

이렇게 생긴 두 벡터로도 좌표를 표현할 수 있다.

표준 기저

다음 그림들을 살펴보자. 서로 다른 기저로 이루어진 평면이다.

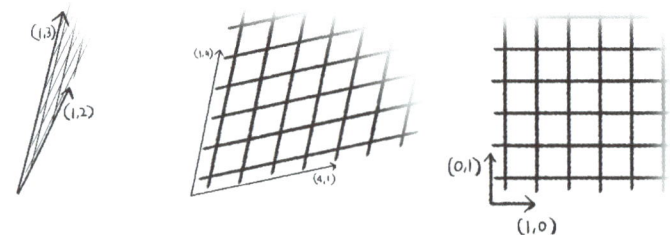

모두 좌표로 표현할 수 있다. 각각의 기저는 다음과 같다.

$$(1, 2), (1, 3)$$
$$(4, 1), (1, 4)$$
$$(1, 0), (0, 1)$$

이 중 익숙한 모습의 평면이 있을 것이다. 바로 세 번째 평면이다. 이 평면의 기저에 속하는 기저 벡터는 서로 직교하고 있으며 각 길이는 1이다. 가장 간단하게 생긴 기저 벡터로 다른 기저 벡터와는 달리 또 다른 이름이 있다. 바로 표준 기저standard basis다. 서로 다른 한 요소에 대한 값만 1로 가지고 있는 n개의 벡터들의 집합을 표준 기저라고 부른다. 당연히 3차원 공간은 다음처럼 표현할 수 있다.

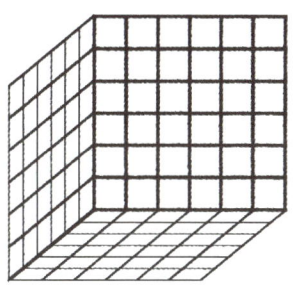

기저 벡터는 다음과 같다.

$$(1, 0, 0), (0, 1, 0), (0, 0, 1)$$

지금까지 벡터란 무엇인지, 좌표는 어떤 식으로 표현할 수 있는지 간단하게 살펴보았다.

월드 좌표와 로컬 좌표

자, 먼 길을 돌아왔다. 이제 다시 용사 캐릭터의 위치를 표현해보자.

이제 처음보다 더더욱 명확하게 말할 수 있지 않은가! 기준점이 원점인 (0, 0)이라고 했을 때, 지금 용사 캐릭터의 위치는 (2, 0)이라고 표현할 수 있다. 단위, 즉 1이 어느 정도의 길이를 표현하는 것인지는 사전 협의가 필요하겠지만 말이다.

위치 외에도 크기, 회전 등 많은 값을 벡터로 표현할 것이다. 다만 이때 사용하는 것은 공간 위의 특정 지점을 표현하는 위치 벡터가 아니라, 여러 요소를 표현하는 하나의 벡터로 받아들여 주길 바란다.

컴퓨터도 알아들을 수 있는 표현법을 찾아낸 기념으로 용사 캐릭터를 직접 화면에서 배치해보자. 계층^{Hierarchy} 창에서 Create → New Game Object로 새 게임 오브젝트를 만들어주고, 이름을 Player로 수정한다. 유니티는 위치를 확인하고 수정할 수 있는 GUI를 제공하고 있다.

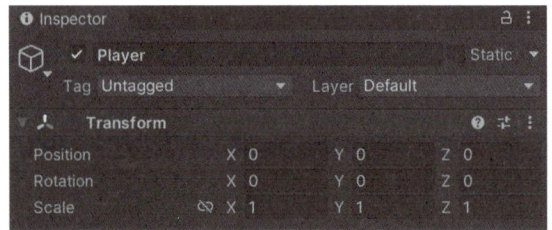

Player 배치 설정 - Transform 컴포넌트

Transform은 위치, 회전값, 크기를 표현하는 컴포넌트이다. 컴포넌트는 게임에서 오브젝트와 동작에 관한 기본 구성 요소라 할 수 있다. Transform 컴포넌트의 가장 상단에 있는 Position이 게임 세계에서 객체의 위치를 나타내는 값이다. 스크립트를 이용해서 이 객체의 위치를 변경해보자. 다음은 간단하게 스페이스 바를 눌렀을 때 우측으로 1 Unit(유니티에서 길이 1에 해당하는 기본 단위)씩 이동하는 코드다. 이때 1 Unit은 격자 1칸을 의미한다.

```
using UnityEngine;

// MonoBehaviour는 유니티 컴포넌트로 사용하기 위해 상속하는 클래스이다.
public class SimpleMover : MonoBehaviour
{
    // 컴포넌트가 활성화되어 있는 경우, 프레임마다 호출되는 메서드이다.
    private void Update()
    {
        // 만약 스페이스 바를 누른다면
        if (Input.GetKeyDown(KeyCode.Space))
        {
            // 해당 컴포넌트를 지닌 오브젝트의 포지션을 증가시킨다.
            transform.position += new Vector3(1, 0, 0);
        }
    }
}
```

여기서 사용하는 Vector3는 유니티의 Built-in 구조체[3]다. 유니티에서 사용하는 위치, 크기 등의 벡터를 표현할 때 사용하며 다음과 같은 성분을 가지고 있다.

$$(x, y, z)$$

---

3   여러 자료형을 하나로 묶은 자료형을 뜻한다.

각각 유니티 씬의 x, y, z축에 따른 값을 의미한다. 2차원 게임을 기준으로 코드를 작성하고 있어서 z값에 큰 의미는 없지만 유니티 엔진의 인스펙터 창에서 기본적으로 세 축을 표시하고 있기 때문에 Vector3를 사용하겠다. 만약 z값을 아예 무시하고 싶다면 Vector2를 사용해도 괜찮다. 뒤에서 더 자세히 설명하겠지만, Vector3는 3차원 벡터의 간단한 연산을 지원하고 있다. 나중에 벡터의 연산에 대해 다룬 뒤 다시 설명하도록 하겠다.

이 스크립트를 동작하게 만들려면 게임 오브젝트에 컴포넌트로 추가해야 한다.

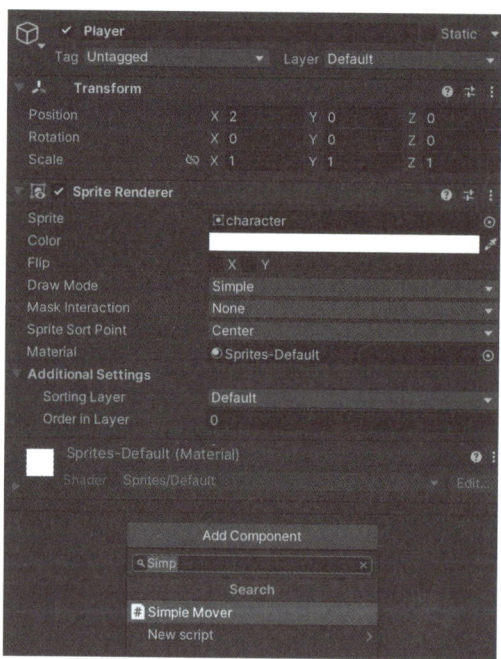

게임 오브젝트에 컴포넌트 추가

게임 오브젝트의 하단에 있는 [Add Component] 버튼을 이용하여 방금 작성한 스크립트를 붙여주자.

계층^{Hierarchy} 창을 살펴보자. 각 객체가 어떤 종속관계를 가지고 있는지 파악할 수 있으며, 이 종속관계는 앞서 말했던 좌표계에 영향을 줄 수 있다.

계층 창에서 볼 수 있는 Player 객체 위치

Player 객체가 씬 바로 아래 있는 모습을 볼 수 있다. Player는 부모로 아무 객체를 가지고 있지 않기 때문에 씬의 기본 좌표계를 따라간다. 이를 월드 좌표라고 부른다. 그럼 이번에는 Player 하위에 자식 객체를 하나 붙여보자.

Player 객체 하위에 자식 객체 추가

Hat이라는 객체를 추가해줬고, 용사의 머리 위로 올라가도록 Position의 x, y값을 조금 키워주었다. 격자의 단위를 1로 취급하고 있기 때문에 씬에서 볼 때 모자의 위치는 (2.25, 0.5)이다. 그러나 실제 모자의 위치는 (0.25, 0.5)로 표현하고 있다.

객체 사이에 부모와 자식 관계가 있을 때 자식 객체들은 부모 객체의 위치를 '기준'으로 움직여야 하는 경우가 있다. 현실의 예를 들자면 내가 길을 걷고 있을 때 들고 있는 가방이나 모자가 내 기준에선 위치 변화가 없는 것과 같은 개념이다.

이를 로컬 좌표, 혹은 상대 좌표라고 부른다. 로컬 좌표는 부모를 기준으로 하는 나의 위치를 나타낸다. 앞의 그림에서 모자는 용사의 머리 위에 '고정'되어 있기 때문에 용사의 위치가 변하며 월드 좌표가 변하더라도 로컬 좌표는 그대로인 것이다.

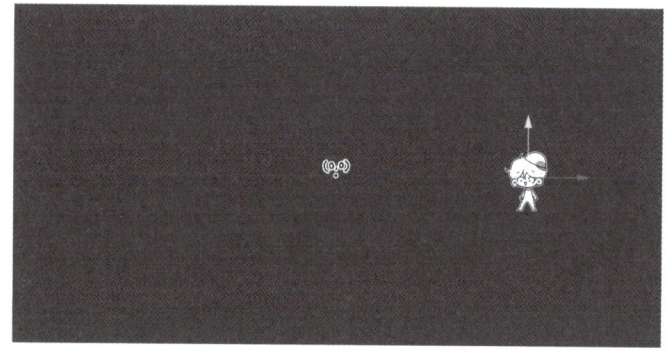

용사의 머리 위에 고정된 모자

앞서 만든 스크립트를 이용해 용사의 위치를 변경해보면, 모자의 위치는 따로 변경하지 않아도 용사의 머리 위에 '고정'된 채로 이동한다.

이러한 개념은 유니티에서만 사용하는 것이 아니다. 많은 게임 엔진에서 위치 계산을 편리하게 하기 위해 이와 같은 방식을 채택하고 있다. Spine과 같이 본^{bone}을 기반으로 하는 애니메이팅 기술은 특히 로컬 좌표 개념 없이 동작하기 힘든 형태다.

그렇기 때문에 객체의 위치 정보를 이용한 로직을 구현하고자 한다면 어떤 좌표계에 있고 다른 객체와의 포함관계가 어떻게 되는지 확인할 필요가 있다.

2.2.5 벡터의 기본 연산

몬스터 스폰하기

용사가 있으니 몬스터도 있어야 하지 않겠는가? 이번에는 몬스터를 스폰spawn하는 코드를 작성해보자. 단, 위치는 최초 위치로 정한 지점에서부터 고정된 간격으로 점점 멀어지게 설정한다.

앞에서 용사의 위치를 지정하고 해당 위치를 변화시키는 방법을 배웠으니 가능하다면 Start( ) 함수 내부는 스스로 작성해보길 바란다.

```
/// <summary>
/// 게임을 시작하면 특정 위치에 몬스터를 스폰한다.
/// </summary>
public class MonsterSpawner : MonoBehaviour
{
    private const int COUNT_TO_SPAWN = 5;
    private readonly Vector3 SpawnOriginPosition = new Vector3(-2, 0, 0);
    private readonly Vector3 SpawnDistance = new Vector3(0, 1, 0);

    // 유니티 에디터 상에서 보이는 헤더이다.
    [Tooltip("몬스터 프리팹")]
    // 유니티 에디터 상에 보이도록 혹은 저장 등을 위해 직렬화할 때 사용한다.
    [SerializeField]
    private GameObject _monster;

    // 오브젝트가 최초로 깨어났을 때 호출된다.
    private void Start()
    {
```

```
        for (int i = 0; i < COUNT_TO_SPAWN; i++)
        {
            // 최초 스폰 위치부터 미리 정해둔 간격만큼 점점 멀어진다.
            var position = SpawnOriginPosition + SpawnDistance* i;
            // 몬스터를 position에 Quaternion.identity(회전 없음)각도로 스폰
한다.
            var monsterObject = GameObject.Instantiate(_monster, position,
Quaternion.identity);
            // 소환된 몬스터의 이름을 지정한다.
            monsterObject.name = $"Monster {i}";
        }
    }
}
```

이 스크립트에서는 최초 위치를 (−2, 0, 0)으로 잡고 y축으로 1씩 간격을 벌리도록 했다. 각 몬스터 객체의 이름에는 인덱싱을 붙여주었다. GameObject.Instantiate는 입력받은 프리셋을 기반으로 새 게임 오브젝트를 씬에 생성하는 작업을 한다. 두 번째 인자는 위치를, 세 번째 인자는 회전값을 뜻한다. 결과는 다음과 같다.

이번 위치 연산에는 벡터에 스칼라값을 곱해서 도로 벡터에 더하는 방식을 사용했다.

```
var position = SpawnOriginPosition + SpawnDistance * i;
```

이렇게 단순한 룰로 위치를 결정하는 데에도 벡터에 대한 기본적인 이해가 필요하다. 움직임이나 회전을 구현하거나 조금 더 풍부한 연출을 구현하고자 한다면 이보다 다양한 연산이 필요할 것이다.

그렇다면 우리가 사용할 수 있는 벡터의 연산에는 어떤 것들이 있을지 한번 살펴보자.

덧셈

우리는 앞에서 캐릭터의 위치를 변화시킬 때, 벡터의 덧셈을 사용했다.

```
transform.position += new Vector3(1, 0, 0);
```

공식을 먼저 설명하자면 벡터의 합은 각 요소의 합이다.

$$(2, 1) + (2, 2) = (4, 3)$$

앞의 코드에서 사용한 `Vector3`의 더하기 연산도 같은 방식으로 구현되어 있다. 다음 그림을 살펴보며 차근차근 알아보자.

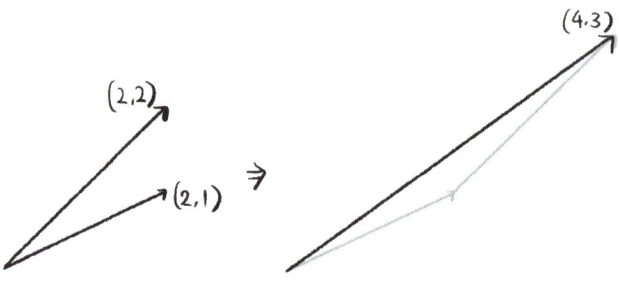

(2, 2) 벡터, (2, 1) 벡터, 두 벡터의 합

이렇게 벡터의 합은 벡터가 끝나는 지점(화살표 머리)에 더하고자 하는 벡터를 이어 그리는 식으로 표현할 수 있다. 그 뒤, 원점에서 마지막 지점으로 화살표를 이어주면 구하고자 한 벡터를 표현할 수 있다. 예를 들어 써넣은 좌표를 보면 결과 또한 각 요소의 합임을 알 수 있다.

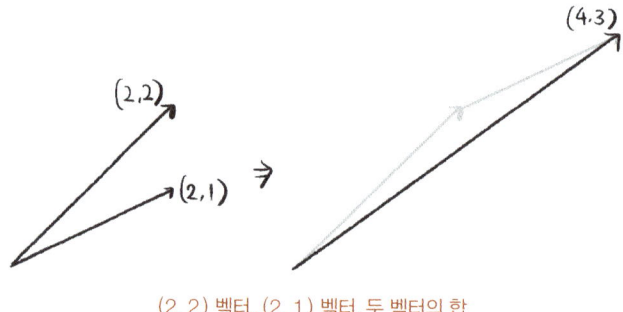

(2, 2) 벡터, (2, 1) 벡터, 두 벡터의 합

이 그림이 무엇을 뜻하는지 알겠는가? 맞다. 더하고자 하는 벡터의 순서를 바꾼 그림이다. 이처럼 벡터의 덧셈에서는 교환법칙이 성립한다. 벡터를 수의 나열로 표현할 때도 동일한지 확인해보자.

$$(a, b) + (c, d) = (a+c, b+d)$$

라는 식이 있다고 했을 때, 이는 다음과 같다.

$$(c, d) + (a, b) = (c+a, d+b)$$

수의 덧셈에서는 교환 법칙이 성립하기 때문에(여기서는 자세히 설명하지 않는다), $a+c = c+a$이고, $b+d = d+b$이다. 이로써 벡터에서도 교환 법칙이 성립함을 알 수 있다.

다만 주의해야 할 점이 하나 있다. 벡터는 같은 차원인 경우에만 더할 수 있다. 그러나 게임을 만들면서 다른 차원인 두 벡터를 더하고 싶은 경우가 생길 수도 있다. 예를 들어 위치 벡터에서 x, y, z축을 쓰는 3차원 벡터에 x, y축을 쓰는 2차원 벡터를 더하고 싶은 경우가 있을 수도 있는데, 이는 옳은 접근은 아니다.

$$(x, y, z) + (x, y) = ???$$

2차원 벡터를 3차원 벡터로 표현하기 위해서는 '없는 요소'가 무엇인지 알아야 한다. 지금까지 예로 든 위치 벡터를 봤을 때 2차원에서 3차원 벡터가 되려면 z값이 필요하다. 즉, 2차원 벡터에는 z값이 없는 요소이고, 3차원 벡터로 바꾸고 싶다면 z값을 임의로 추가하면 된다. 그림으로 보면 다음과 같다.

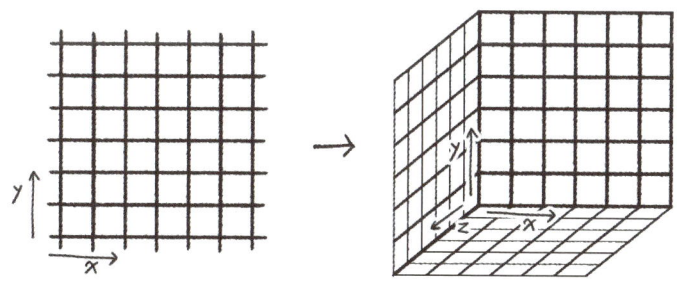

평면에서 3차원 공간으로

엄연히 다른 요소로 이루어지는 벡터를 강제로 바꾸는 것이기 때문에 임의로 정해둔 방식으로 바꾸는 것이다. 2차원 벡터의 z값은 0인 것이 아니라 존재하지 않기 때문에 3차원에 그릴 때는 0으로 취급할 뿐이다.

뺄셈

벡터의 뺄셈은 덧셈과 비슷하다. 수의 덧셈과 뺄셈의 관계와 같다고 생각하면 되겠다. 마찬가지로 빼고자 하는 벡터의 요소를 각 요소에서 빼주면 된다.

$$(2, 1) - (2, 2) = (0, -1)$$

이번에도 그림으로 살펴보자.

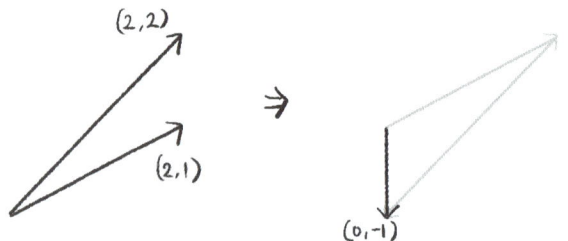

이 그림에서 말하고자 하는 바를 이해했다면 예시로 든 식을 어떻게 변형한 것인지 알 수 있을 것이다.

$$(2,1) - (2,2) = (2,1) + \{-1 \times (2,2)\} = (2,1) + (-2,-2) = (0,-1)$$

-1을 빼고자 하는 벡터에 곱해주어 덧셈과 동일한 메커니즘을 밟도록 했다. '벡터에 수를 곱할 수 있을까?'라는 의문은 다음 절에서 알아보자.

벡터와 스칼라의 곱

여기서 다룰 내용은 벡터와 벡터의 연산이 아니다. 스칼라값과 벡터의 연산이다. 하나의 벡터에 수를 곱한다고 생각하면 편하다. 바로 예시를 살펴보자. 역시, 각 요소에 스칼라값을 곱해주면 된다.

$$(1, 2) \times 3 = (3, 6)$$

그림으로 보면 다음과 같다.

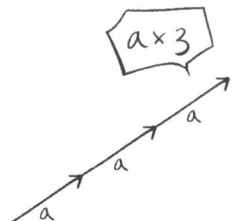

같은 방향으로 같은 크기의 벡터를 n개 누적한 모양이다. 이는 방향의 변화 없이 '크기'에만 영향을 주는 연산이라고 생각하면 되겠다.

스칼라값을 하나의 벡터에 여러 번 곱해줘야 한다면 먼저 스칼라값끼리 곱하는 것을 추천한다. 매번 벡터에 곱하는 연산을 하는 것보다 연산량이 적기 때문이다. 이것이 가능한지 확인해보자. 식으로 나타내면 다음과 같다.

$$n \times (a, b) \times k = (an, bn) \times k = (ank, bnk)$$

이는 다음 식과 동일하다.

$$n \times (a, b) \times k = n \times k \times (a, b) = nk \times (a, b) = (ank, bnk)$$
$$n \times (a, b) \times k = (a, b) \times n \times k = (a, b) \times nk = (ank, bnk)$$

따라서 교환법칙과 결합법칙이 성립하는 것을 확인할 수 있다. 위의 복잡한 수식을 이해하지 않아도 좋다. 벡터 연산은 우리가 아는 일반적인 숫자 계산과 비슷하다는 식으로 이해해도 큰 문제는 없다.

정규화

정규화^{normalization}는 벡터의 길이를 1로 만드는 것이다. 정규화된 벡터는 단위 벡터라고 부른다. 이 과정은 왜 필요할까? 벡터를 사용할 때 길이와 상관없이 '방향'만 사용하고 싶은 경우가 있다. 방향 외의 정보가 무의미한 경우에 모든 벡터의 길이를 1로 맞추는 방식을 쓸 수 있다.

방식은 간단하다. 각 요소를 벡터의 길이로 나눠주면 된다. 먼저 벡터의 길이를 구해보자. 우리가 흔히 알고 있는 직각삼각형 변의 길이를 구하는 피타고라스 방정식을 사용하여 벡터의 길이를 구할 수 있다. 벡터의 경우 기준이 되는 점은 원점이니 이렇게 간추릴 수 있겠다.

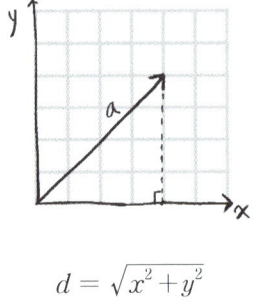

$$d = \sqrt{x^2 + y^2}$$

벡터의 길이 d를 이용한 정규화 식은 다음과 같다. 벡터 n이 우리가 구하고자 한 단위 벡터가 된다.

$$n = \left(\frac{x}{d}, \frac{y}{d}\right)$$

여기까지 벡터의 기본적인 연산에 대해 배웠다. 그렇다면 벡터끼리 곱할 수는 없는 걸까? 벡터끼리의 곱은 어떻게 될까? 또, 어디에 쓸 수 있을까? 혹은 이런 의문이 생길 수도 있다. 두 벡터에 대해 직교하는 다른 벡터는 어떻게 구할까, 이런 건 또 어디에 쓸 수 있을까?

지금까지 배운 개념으로는 답하기 어려운 질문들이다. 이에 대한 자세한 내용은 이후에 나올 '적과의 대치' 절에서 다루도록 하겠다. 앞서 배운 내용이 어렵다고 느끼는 독자도 있을 것이다. 게다가 대부분의 게임 엔진에서는 이와 같은 연산을 쉽게 해주는 함수들을 제공한다. 앞으로 배울 내용도 마찬가지다. 하지만 이러한 내용을 모르고 '그냥 작동하니까'라는 이유로 넘어간다면 응용이 어려운 것은 물론이고, 문제가 발생했을 때 스스로 해결할 수 없을 것이다. 그러니 최대한 내용을 이해하려고 노력해보자. 물론 그렇다고 공식들을 억지로 외울 필요는 전혀 없다. 당신에게는 책갈피와 인터넷이 있지 않은가!

2.2.6 캐릭터의 이동 구현

모든 게임에서 캐릭터의 이동을 구현할 필요는 없지만 이동이 아예 없는 게임은 매우 드물다. 이번엔 간단하게 캐릭터의 이동을 어떤 식으로 구현할 수 있는지 알아보고 그에 필요한 개념을 몇 가지 살펴보자.

이번 절을 진행하기 위해서는 플레이어가 밟고 서서 이동할 수 있는 발판, 일명 '플랫폼'이 필요하다. 플랫폼을 만드는 등의 엔진 특징적인 기능은 이 책에서 다루지 않는다. 대신 기본적인 환경은 제공된 코드에 구성되어 있으니 적극적으로 이용하길 바란다.

걷기

이전 절에서 캐릭터의 위치를 옆으로 한 칸씩 이동시키는 기능을 구현했다. 걷기도 같은 원리로 구현할 수 있다. 단, 움직이는 폭이 짧아서 연속된 움직임으로 보일 뿐이다. 그럼 단순히 움직이는 폭을 줄이고 버튼을 누르고 떼는 동작에 1회 발동하던 코드를 버튼을 누르는 내내 동작하도록 수정하면 되겠다. 우선 버튼을 누르는 내내 동작하도록 바꿔본다.

```
using UnityEngine;

public class PlayerMover : MonoBehaviour
{
    private void Update()
    {
        // 입력 시스템에서 Horizontal로 주어진 값을 받아온다(조이스틱의 좌우,
키보드의 방향키 등)
        float horizontalInput = Input.GetAxis("Horizontal");
        // 입력이 주어진다면 보통 좌는 -1, 우는 1로 주어진다.
        if (horizontalInput < 0 || horizontalInput > 0)
        {
            transform.position += new Vector3(1, 0, 0);
        }
    }
}
```

Input.GetAxis는 유니티 Built-in 기능이다. Horizontal(가로 방향)의 입력을 받아온다고만 이해하고 넘어가면 되겠다. 키보드 키 A, D 혹은 화살표 좌우 입력이 있다면 -1~1 범위의 값으로 받아온다. 여기까지 입력을 받는 동안 x축으로 1씩 움직이는 코드가 완성되었다. 코드를 실행해보려면 앞서 했던 것과 같이 Player 객체에 이 코드를 새 컴포넌트로 추가해주면 된다.

자, 이제 선형적인 이동이 된다. 그런데 단순히 각 프레임에 어느 정도의 거리를 이동할 것인가만 따지면 값을 관리하기 힘들다. 각 프레임이 어느 정도의 시간을 요구하는지도 반영이 안 되었기 때문에, 게임이 120FPS로 돌아가는 컴퓨터와 60FPS로 돌아가는 컴퓨터는 다른 결과를 내뱉을 것이다. 하나의 컴퓨터에서도 고정된 프레임률을 제공하지 않으면 일관성 없는 움직임을 보여주는 게임이 된다. 그럼 쉽고 정확하게 표현하는 방법은 없을까?

걷기라는 동작에서 방향은 키보드 입력으로 매번 달라지지만, 일정하길 기대하는 값이 하나 있다. 바로 '속력'이다. 속력은 방향을 고려하지 않는다. 식으로 나타내면 다음과 같다.

$$속력 = 이동\ 거리\ /\ 걸린\ 시간$$

시간당 이동 거리를 나타내는 것으로 우리가 원하는 일관된 움직임을 표현할 수 있다. 속력을 고정값으로 정해두었다면 이동 거리 계산은 다음과 같이 할 수 있다.

$$이동\ 거리 = 속력 \times 걸린\ 시간$$

이제 각 프레임마다 전 프레임 이후로 흐른 시간에 미리 정한 속력을 곱하면 얼마나 이동해야 하는지 계산할 수 있다. 이를 코드로 표현해보자.

```
using UnityEngine;

public class PlayerMover : MonoBehaviour
{
    private const float SPEED = 1;
    private void Update()
```

```
        float horizontalInput = Input.GetAxis("Horizontal");
        if (horizontalInput < 0 || horizontalInput > 0)
        {
            // Time.deltaTIme: 유니티에서 제공하는 기능으로 직전의 프레임으로
부터 흐른 시간(초)을 뜻한다.
            float movementDistance = horizontalInput * Time.deltaTime *
SPEED;
            transform.position += new Vector3(movementDistance, 0, 0);
        }
    }
}
```

각 프레임별로 흐른 시간에 기반하여 미리 정한 속력만큼 이동하는 코드를 만들었다. 이제 앞서 말한 문제점이 발생하지 않고 '걷기'가 가능한 게임이 되었다! 속도를 바꾸기 위해서는 상수로 정의하고 있는 SPEED의 값만 변경해주면 된다.

점프

이번엔 점프를 구현해보자. 점프란 이미 알고 있듯 땅을 박차고 위로 뛰었다가 다시 바닥에 떨어지는 행위다. 이를 게임에서는 어떻게 구현하면 좋을까?

게임 엔진에서 기본적으로 제공하는 물리 기능으로 구현하면 쉽겠지만 이를 다양한 환경에서 쓰기는 힘들다. 원하는 상세한 동작을 표현하기 어려운 경우도 있고, 물리 엔진을 쓰기 적절하지 않은 게임일 수도 있다. 이는 그리 특별한 경우가 아니기 때문에 '쉽게 만들면 좋은 거 아니야?'라는 생각은 잠시 접어두는 편이 좋다.

점프를 구현하기에 앞서 현실에서의 점프를 먼저 이해해보자. 지구에서 사람이 땅을 박차면 몸이 하늘을 향해 위로 올라가다가 다시 바닥으로 내려온다. 우리는

이렇게 되는 이유를 당연히 알고 있다. 중력의 영향 때문이다. 중력에 의해 위로 올라가고자 하는 힘은 상쇄되고 사람의 몸은 다시 아래로 향하게 된다. 다음 그림은 점프하는 사람의 위치를 시간에 따라 다르게 표현한 그림이다.

점프 과정 (서 있음, 뜀, 정점, 착지)

게임에서는 캐릭터들의 점프가 포물선으로 이뤄지는 경우도 있어서 헷갈려하는 사람이 있을 수도 있겠지만, 점프는 기본적으로 시간에 따른 높이의 변화로 표현할 수 있다.

포물선 형태의 점프는 점프 + 걷기의 조합이라고 보면 쉽다.

이제 점프에 대해 얼추 이해했으니 어떻게 구현하면 좋을지 윤곽이 그려질 것이다. 간단하게 그림으로 이러한 디자인을 표현해보자.

점프 키를 누르면 캐릭터가 뛰어오른다.

높이를 계산해야 하는 결과물로 보았을 때, 이를 계산하기 위한 재료는 다음과 같다.

- 점프 입력이 들어온 이후로 지난 시간 t
- 점프에 준 힘 f
- 중력가속도 g

물론 '진짜 지구'에는 공기와 여러 복잡한 요인이 존재한다. 게임에서는 아주 정확한 수치를 계산할 필요가 없기 때문에 이런 자잘한 내용은 무시하고 넘어가겠다. 이들 재료 중에서 변하는 값은 t 뿐이다. 나머지 값은 게임 시스템상에서 상수로 정해지거나, 점프를 시작할 때 정해진다. 높이의 변화를 그래프로 그리면 이렇다.

그림 자료를 기반으로 그린 그래프 (가로: 시간, 세로: 높이)

이제 어느 정도 우리가 구해야 하는 것에 대한 그림이 그려졌다. 이제 이 그림을 코드로 작성하기 위한 식을 정리해보자. 위로 올라가는 힘을 고려하기 전에 떨어지기만 하는 상황을 먼저 생각해보자. 이를 자유낙하라고 한다. 자유낙하 속도 공식은 다음과 같다.

$$v = v_0 + gt \ (v \text{ 는 속도}, \ v_0 \text{ 는 초기 속도로 이 경우에 0)}$$

짠. 공식이 있으니 벌써 속도가 뚝딱 나왔다! '속도가 있으니 이동한 거리를 바로 구할 수 있지 않을까'라는 생각이 든다. 앞에서 '걷기'를 구현할 때 이동 거리를 속력과 시간의 곱으로 구했으니 말이다. 그런데 여기서는 생각을 한 단계 더 뻗어야 한다.

걷기와 다른 점은 속도가 변한다는 점이다. 시간에 따라 속도가 변하고, 이를 이용해 지금까지의 이동 거리를 측정해야 한다. 고등학교 수학 시간에 배운 내용의 응용이 되겠다. 앞서 참고한 그래프와 고등학교 수학 시간에 배운 적분을 함께 떠올려보자. 이동 거리는 속력과 시간의 곱이라는 공식도 같이 떠올리면 좋다.

생각해보았는가? 이동 거리를 측정하기 위해서는 단순히 속도의 적분을 하면 된다. 그럼 속도를 적분해서 떨어진 거리를 구해보자.

$$\text{떨어진 거리} = \text{속도의 적분} = \frac{1}{2}gt^2$$

이 식이 물체가 자유낙하한 경우에 높이를 어떻게 계산해야 하는가에 대한 답이 된다.

그럼 다시 원래 문제를 살펴보자. 점프를 한 경우 캐릭터의 높이는 어떻게 변할까? 높이는 아래로 갈수록 낮고, 위로 갈수록 높아지기 때문에 초기 속도의 방향을 위쪽이라고 생각하고 식을 적어보면 다음과 같다.

$$\text{점프한 캐릭터의 높이} = v_0 t - \frac{1}{2}gt^2$$

시간이 얼마 안 지났을 때는 점프 방향으로 이동한 거리인 $v_0 t$ 가 크기 때문에 높이가 증가한다. 그러나 시간이 점차 흐를수록 중력 가속도에 의해 아래로 이동한 거리인 $\frac{1}{2}gt^2$ 이 크기 때문에 아래로 내려가게 된다(이 식과 이전 식의 부호가 다른 이유는 '떨어진 거리'가 아니라 '높이'이기 때문이다. 속도의 방향 또한 반대다).

이젠 문제가 쉬워졌다(여기서 공식을 완전히 이해하지 못했더라도 상관없다. 우리는 적어도 캐릭터의 높이를 구하는 공식은 알게 되었다). 지금부터 우리가 할 일은 이 간단한 식을 코드로 옮기는 것뿐이다. 다시 유니티로 돌아가보자. 걷기를 구현한 씬에서 그대로 진행해보자. 구현할 때 고려할 점 중에 하나는 땅과의 충돌이다. 앞의 식대로면 캐릭터의 높이는 시간이 지나면 지날수록 낮아진다. 그러나 게임과 현실 모두 '바닥'이 존재한다. 바닥에 닿은 경우 캐릭터의 높이 변화는 멈춘다. 땅과의 충돌을 감지하고 충돌이 일어난 순간 높이 변경을 멈춰주어야 한다.

우선 땅의 역할을 해줄 Platform이라는 게임 오브젝트를 추가해보자.

Platform 오브젝트 추가

단, 여기서 충돌까지 직접 구현하면 내용이 너무 복잡해지기 때문에 충돌 처리는 유니티에서 제공하는 콜라이더^{Collider} 컴포넌트를 사용한다. 충돌 처리를 구현하기 위한 개념과 실습은 이 책의 3장에서 다룬다.

유니티에서 제공하는 콜라이더를 사용하려면 게임 오브젝트에 원하는 종류의 콜라이더를 부착하면 된다. 여기서는 박스 형태의 플랫폼을 쓸 것이기 때문에 박스 콜라이더를 사용한다. 게임 오브젝트에 Add Component를 이용하여 Box Collider 2D라는 컴포넌트를 추가해주자.

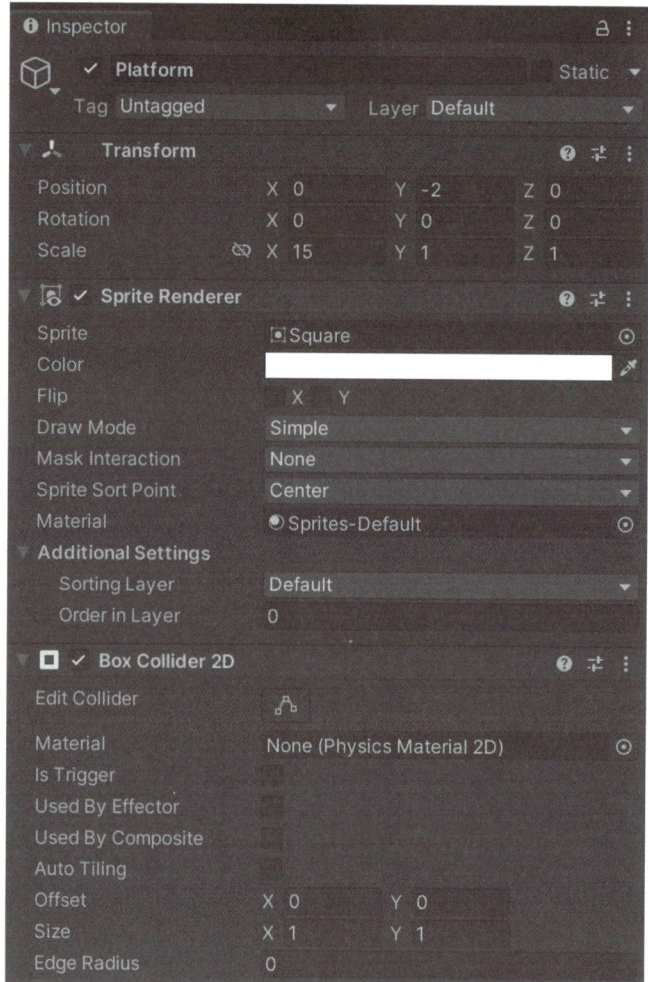

Box Collider 2D 사용

2D 게임이기 때문에 Box Collider 2D를 사용했다. 그냥 Box Collider와 다른 점은 충돌 체크 시에 깊이는 고려하지 않는다는 점이다. 만일 3D 환경에서 실습을 하고 있다면 Box Collider 2D 대신 Box Collider를 사용하면 된다.

또한 충돌한 오브젝트가 '플랫폼' 오브젝트라는 것을 확인해야 할 수 있다. 대부분의 게임에는 다양한 타입의 오브젝트가 존재하고 각 타입별로 충돌 처리를 다르게 구현해야 한다. 지금 씬에는 플랫폼과 플레이어밖에 없지만 나중을 위해 플랫폼에 '태그'를 추가해준다. 태그는 유니티의 게임 오브젝트에 하나씩 설정할 수 있는 값으로, 주로 오브젝트의 성격을 표현하는 데 쓰인다. 플랫폼의 태그를 'Ground'라고 설정해주겠다.

아직 씬 구성이 끝나지 않았다. 콜라이더 컴포넌트는 다른 콜라이더와의 충돌을 감지하는 컴포넌트이기 때문에 Player 게임 오브젝트에도 콜라이더가 필요하다. 동일하게 Box Collider 2D를 Player 오브젝트에도 추가해주자.

또한 충돌을 감지하기 위해서는 적어도 한쪽의 게임 오브젝트에 Rigidbody 컴포넌트가 필요하다. 물리 시뮬레이션이 필요하기 때문인데, 중력에 관한 부분은 우리가 구현할 것이므로 다음과 같이 컴포넌트값을 설정하면 된다.

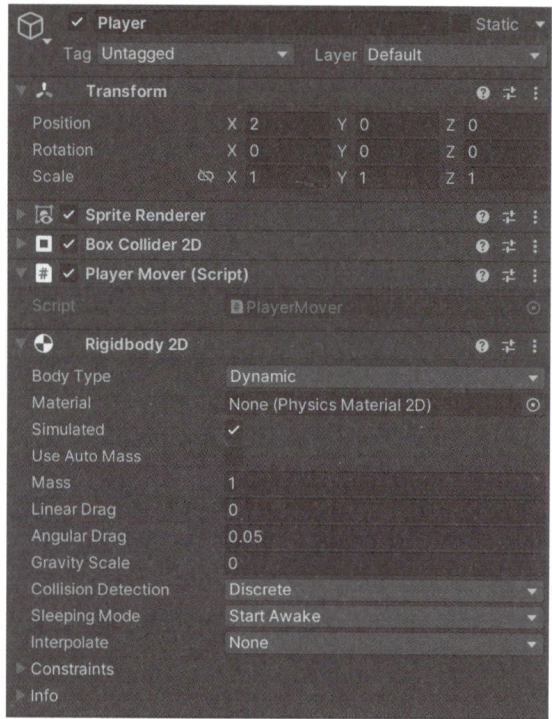

Rigidbody 컴포넌트 설정

여기까지 진행했다면 다음과 같은 형태의 씬이 구성될 것이다.

아직은 실행해도 아무런 변화가 없다. 캐릭터는 좌우로 이동하고 콜라이더끼리는 부딪힐 일이 없기 때문이다. 그럼 이제 점프 스크립트를 추가할 차례다.

```
using UnityEngine;

public class PlayerJump : MonoBehaviour
{
    private const float GRAVITY = 9.8f;
    private const float JUMP_POWER = 5;
    private bool _isOnGround = false;

    private void Update()
    {
        if (Input.GetKeyDown(KeyCode.Space))
        {
            // 땅인 경우, 점프를 시작한다.
        }
        if (!_isOnGround)
        {
            // 땅이 아닌 경우, 높이를 계산해서 새로운 위치를 설정한다.
        }
    }

    private void OnCollisionEnter2D(Collision2D other)
    {
        if (other.gameObject.CompareTag("Ground"))
        {
            // 땅에 닿은 경우
        }
    }

    private void OnCollisionExit2D(Collision2D other)
    {
        if (other.gameObject.CompareTag("Ground"))
```

```
        {
            // 땅에서 벗어난 경우
        }
    }
}
```

앞에서 작성한 PlayerMover 스크립트 아래쪽에 이 스크립트도 추가해주자.

점프는 스페이스 키보드 입력이 들어왔을 때 실행하고, 중력은 상시 동작하도록 한다. 이때 앞에서 우리가 구한 식을 기반으로 스크립트를 작성할 것이다.

$$\text{점프한 캐릭터의 높이} = v_0 t - \frac{1}{2}gt^2$$

필요한 값들을 살펴보자. 여기서 v_0는 초기 속력, t는 지금까지 지난 시간을 의미한다. g는 사전에 정의한 값이다. 이를 식으로 쓰면 다음과 같다.

```
float t = Time.time - _airborneStartTime;
float heightChange = _airborneStartVelocity * t - GRAVITY * t * t / 2;
```

여기서 Time.time은 게임이 시작한 후 현재까지 흐른 시간이며 GRAVITY는 사전에 정해둔 중력값이다. _airborneStartTime은 허공에 얼마나 있었는지를 가늠하기 위해 점프를 시작한 시간을 기록한 변수다. 점프를 할 때는 초기 속도를 사전에 지정한 점프 속도로 설정하고, 자유 낙하 시에는 이 초기 속도를 0으로 설정하면 된다.

전체 스크립트는 다음과 같다.

```
using UnityEngine;

public class PlayerJump : MonoBehaviour
{
    private const float GRAVITY = 9.8f;
    private const float JUMP_POWER = 5;

    // 점프 시작 시간
    private float _airborneStartTime;
    // 최초 점프한 높이
    private float _airborneStartHeight;
    // 최초 점프 속도
    private float _airborneStartVelocity = 0;
    // 땅에 닿았는지 확인
    private bool _isOnGround = false;
    // 점프를 했는지 확인
    private bool _isOnJump = false;

    private void Update()
    {
        if (Input.GetKeyDown(KeyCode.Space))
        {
            if (_isOnGround)
            {
                _isOnJump = true;
```

```csharp
                _airborneStartTime = Time.time;
                _airborneStartHeight = transform.position.y;
                _airborneStartVelocity = JUMP_POWER;
            }
        }
        if (!_isOnGround || _isOnJump)
        {
            float t = Time.time - _airborneStartTime;
            Vector3 newPosition = transform.position;
            float heightChange = _airborneStartVelocity * t - GRAVITY * t * t / 2;

            newPosition.y = heightChange + _airborneStartHeight;
            transform.position = newPosition;
        }
    }

    private void OnCollisionEnter2D(Collision2D other)
    {
        if (other.gameObject.CompareTag("Ground"))
        {
            _isOnJump = false;
            _isOnGround = true;
            _airborneStartVelocity = 0;
        }
    }

    private void OnCollisionExit2D(Collision2D other)
    {
        if (other.gameObject.CompareTag("Ground"))
        {
            _isOnGround = false;
            _airborneStartTime = Time.time;
        }
    }
}
```

대부분의 동작은 Update 문에서 일어나기 때문에 Update 안의 로직을 확인해
보자.

```
if (_isOnGround)
{
    _isOnJump = true;
    _airborneStartTime = Time.time;
    _airborneStartHeight = transform.position.y;
    _airborneStartVelocity = JUMP_POWER;
}
```

땅에 있을 때 스페이스 키를 누르면 다음과 같은 값을 설정한다. 높이를 바꿔주는
시작점, 허공에 머물기 시작한 시간을 현재에 맞게 설정하고 허공에 머물기 시작
했을 때의 초기 속도를 점프 속도로 지정한다.

```
if (!_isOnGround || _isOnJump)
{
    float t = Time.time - _airborneStartTime;
    Vector3 newPosition = transform.position;
    float heightChange = _airborneStartVelocity * t - GRAVITY * t * t / 2;
    newPosition.y = heightChange + _airborneStartHeight;

    transform.position = newPosition;
}
```

땅에 있지 않거나 점프 중일 때, 아까 만든 높이 계산 식을 이용해 높이를 계산하
고 위치를 변경해준다. 이 정도가 핵심적인 로직이지만 함수가 생소할 수 있으므
로 간단하게 설명을 덧붙이겠다.

OnCollisionEnter2D는 무언가와 충돌이 일어났을 때 호출되는 함수, OnCollisionExit2D는 반대로 무언가가 충돌 상태에서 벗어났을 때 호출되는 함수다. 유니티의 특징적인 함수이고 유니티를 사용하지 않는다면 그러려니 넘어가면 된다. 지금 알고자 하는 것과 큰 상관이 없는 부분이기 때문에 깊게 다루지는 않고 넘어간다. 자세한 내용이 궁금하다면 유니티 공식 문서[4]를 참고하기 바란다.

지금까지 게임 캐릭터의 위치와 이동에 대해서 배웠다. 화면에 위치를 어떻게 표시하면 좋은지 그 방법에 대해 고민해봤고, 벡터를 이용해서 게임 오브젝트의 위치를 표현하는 법을 배웠다. 이를 이용해 게임 캐릭터를 이동시켜보았다. 추가로 점프와 낙하에서 쓸 수 있는 식을 이용해 점프와 낙하도 구현해보았다.

게임의 동적인 요소들을 구현하는 기본기를 배웠으니 다음에는 조금 더 구체적인 표현을 할 수 있도록 회전에 대해 알아보도록 하자.

---

[4] 유니티 OnCollisionEnter2D 공식 문서 (2022): https://docs.unity3d.com/ScriptReference/MonoBehaviour.OnCollisionEnter2D.html

2.3 각과 회전

회전, 즉 돌리기를 구현하기에 앞서 이를 어디에 쓸 수 있을지 알아보자. 게임에서는 어떤 것들이 돌아갈까? 혹은 무엇에 각도라는 요소가 필요할까?

우리는 지금부터 언제 각도가 필요한지, 표현하는 방식에는 어떤 것들이 있는지 알아볼 것이다. 그리고 나서 삼각함수 이용법을 간단하게 알아본 뒤 게임에서 자주 사용하는 조이스틱과 돌아가는 게임 오브젝트 등을 구현해보겠다.

2.3.1 게임에서 각이 필요할 때

기본적으로 각을 통해 얼마나 회전했는지 가늠할 수 있다. 닷지[dodge][5] 게임에서 캐릭터가 보는 방향으로 총을 쏠 수 있다고 치면 캐릭터는 총을 쏠 방향으로 회전해야 한다. 어떤 캐릭터가 막대를 들고 있고 휘두르는 것을 연출하고 싶으면 막대의 각을 지속적으로 변경하여 표현할 수 있다.

---

[5] 날아오는 총알 등의 장애물을 피하는 류의 게임.

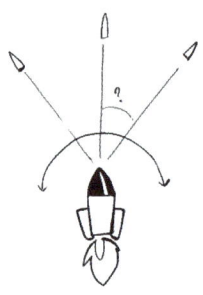

각은 방향과 이동 거리 계산에 필요하다.

각은 회전을 할 때만 필요한 것이 아니다. 방향을 정하는 경우나 특정 방향으로 이동하는 거리를 계산할 때도 필요하다. 이런 경우에는 삼각함수를 이용해서 각 축으로 어느 비율로 이동해야 하는지 알아낼 수 있다.

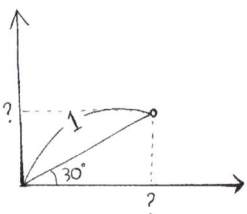

30도 각으로 1만큼 가려면 가로 세로로 얼마나 가야 할까?

이 외에도 다양한 경우가 있을 수 있다. 필요한 경우에 편하게 쓸 수 있도록 미리 알아두고 여기서 소개하지 않은 사례에서도 잘 사용하길 바란다.

2.3.2 각의 표현

각을 표현하는 방식은 여러 가지가 있을 수 있지만 여기서는 일반적으로 사용하는 Degree와 Radian을 소개하겠다.

Degree

각을 표현하는 방식에는 뭐가 있을까? 가장 흔한 방식을 먼저 생각해보자. 수학 시간에 배웠던 가장 쉽고 익숙한 개념 중에는 '각도', 즉 Degree가 있다.

$$30°, 50°\cdots$$

이런 식으로 도(°) 기호로 표시하면 된다. 잘 알고 있겠지만, 일반적으로 각도는 한 바퀴를 360°로 정의한다. 이미지로 떠올려보자면 원을 생각해보면 좋다.

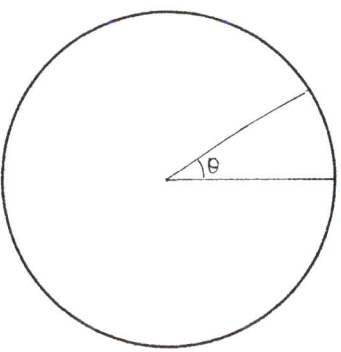

원의 한 바퀴 각도는 360°이다.

이 원 한 바퀴의 중심각을 360°라고 치면, 180°는 다음과 같겠다.

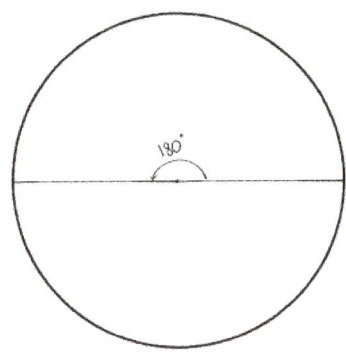

각도는 우측 방향부터 재는 것이 일반적이다. 이 원은 사분면 위에 올려서 볼 수 있는데, 그렇게 따졌을 때 x축부터 위쪽으로 시작한다고 보면 된다. 이는 사분면 번호를 세는 방향과 동일하다.

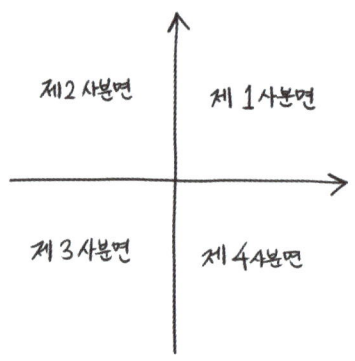

Radian

각도의 다른 표현 방식으로는 라디안^{radian}이 있다. 호도법이라는 말이 더 익숙할 수도 있다. 일반적으로 rad라는 단위로 나타낸다.

라디안은 원의 호를 이용하여 각도를 측정한다. 호는 원의 둘레를 표시하는 선분이라고 생각하면 된다. 라디안은 호의 길이와 원의 반지름 사이의 비율을 배경으로 한다. 원의 둘레는 $2\pi r$이며 여기서 r은 원의 반지름에 해당하는데, 이 기준을 이용해서 각도에 대응하는 호의 길이를 구할 수 있다. 이것을 바탕으로 rad(라디안)을 정의한다.

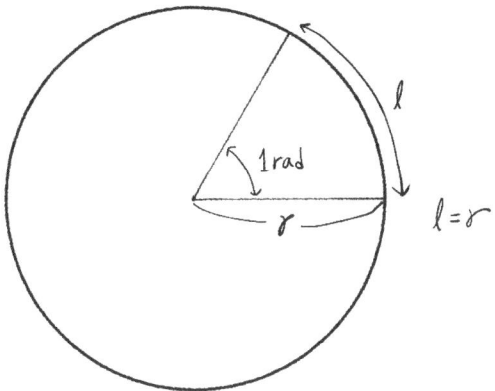

기본적으로 $2\pi r$ rad $= 360°$이며 1 rad은 다음과 같다.

$$\pi\ rad = 360° \times \frac{1}{2}$$
$$1\ rad = \frac{180°}{\pi}$$

라디안은 표기나 수치를 직관적으로 이해하기 어려울 수 있기 때문에 각도로 변환해서 쓰거나 혹은 반대로 각도로 값을 넣고 라디안으로 변환해서 쓰는 경우도 있다. 따라서 라디안과 각도의 변환 비율이 어떤지 알아두는 것도 도움이 된다.

익숙하고 편해 보이는 각도 대신 왜 라디안을 쓸까? 우리가 일상생활에서 쓰는 각도로 표현하면 값의 수정도 쉬울 것이고 수식의 의도 파악도 수월할 것이다. 그러나 라디안은 수학적인 계산에 유리하다는 이점이 있다. 삼각함수나 미적분을 이용하기 더 간편할뿐더러 여러 계산 함수들이 라디안을 기준으로 구현되어 있는 경우가 많다.

2.3.3 삼각함수

다음으로 살펴볼 것은 삼각함수다. 학창 시절 수업 시간에 들어봤을 수도 있고, 자주 쓰는 개념이라서 어디선가 들어본 적이 있을 수도 있다. 삼각함수는 직각삼각형의 각의 크기에 따라 각 변의 길이를 비율로 나타낸 값을 가리키는 함수다. 대표적으로 세 가지 종류가 있는데 하나씩 소개해보겠다.

우선, 다음과 같은 직각삼각형으로 설명할 테니 참고하기 바란다.

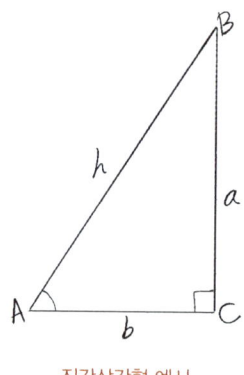

직각삼각형 예시

사인

사인 그래프는 다음과 같다. 높이를 빗변으로 나눈 값이다.

$$\sin \theta = \frac{a}{h}$$

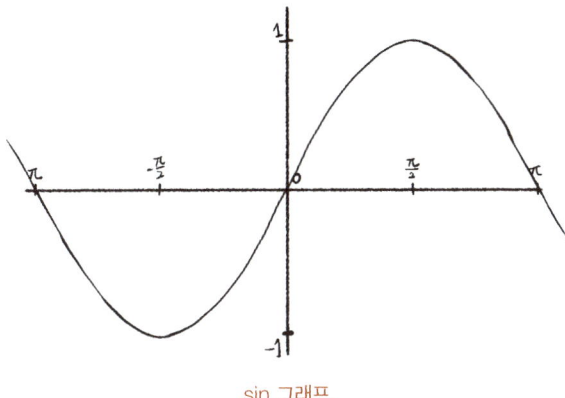

sin 그래프

sin 그래프는 원점을 지나가는 함수라는 특징이 있다. 또한 y값이 -1부터 1까지 왕복하는 특징이 있다. 이러한 특징들을 이용하면 원하는 수식(물체의 변화를 부드럽게 하는 수식 등)을 찾을 때 도움이 될 수 있으니 기억해두자.

코사인

코사인 그래프는 다음과 같다. 밑변을 빗변으로 나눈 값이다.

$$\cos \theta = \frac{b}{h}$$

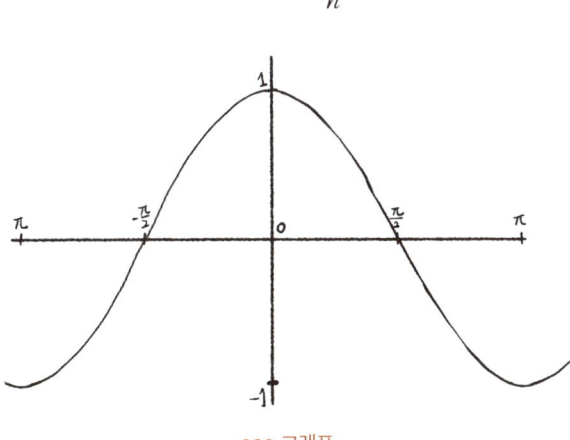

cos 그래프

cos 그래프는 x값이 0일 때 최고점인 1을 지나며 sin 그래프와 마찬가지로 −1과 1을 왕복하는 특징이 있다.

탄젠트

탄젠트 그래프는 다음과 같다. 높이를 밑변으로 나눈 값이다. 다른 함수와 다르게 유일하게 빗변을 안 쓰는 함수라는 점을 기억하자.

$$\tan \theta = \frac{a}{b}$$

tan 그래프

tan 그래프는 좀 특이하게 생겼다. π 간격으로 동일한 그래프가 반복되고 원점을 지나간다. tan 그래프는 sin, cos 그래프와는 그 형태가 좀 다르다. 일정 간격으로 동일한 그래프가 반복되고 원점을 지나간다. y값은 $-\infty \sim \infty$로, x값이 $(n+1/2)\pi$ (단, n은 임의의 정수)일 때 발산한다. sin, cos과는 다르게 이름부터 '접선'이라는 뜻을 가지고 있다.

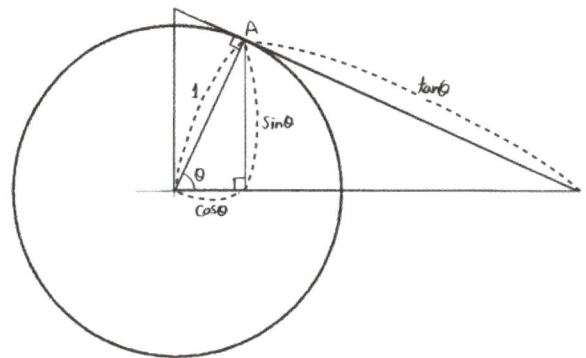

위 그림을 보면 이름의 뜻을 받아들이기 쉽다. 반지름이 1인 단위원을 기준으로 봤을 때, tan를 나타내는 것은 점 A에서의 원의 접선과 삼각형 밑변의 연장선이 만나는 점부터 점 A까지의 거리다.

2.3.4 삼각함수의 대칭

각 삼각함수별로 대칭과 관련된 특징을 살펴보겠다.

사인 함수의 대칭

먼저, sin 함수의 그래프는 앞서 보았듯이 이러한 형태다.

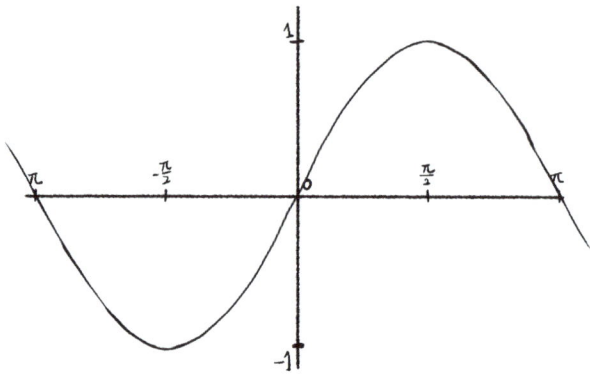

sin(x) 함수의 그래프

y축 대칭을 이미지로 먼저 확인해보자. 단순하게 y축을 기준으로 뒤집으면 된다.

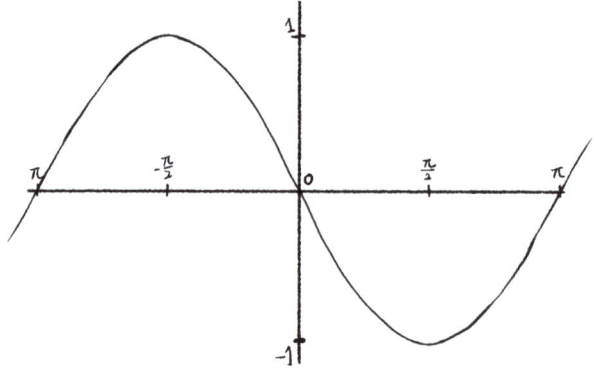

sin(−x) 함수의 그래프

이번에는 x축 대칭을 살펴보자.

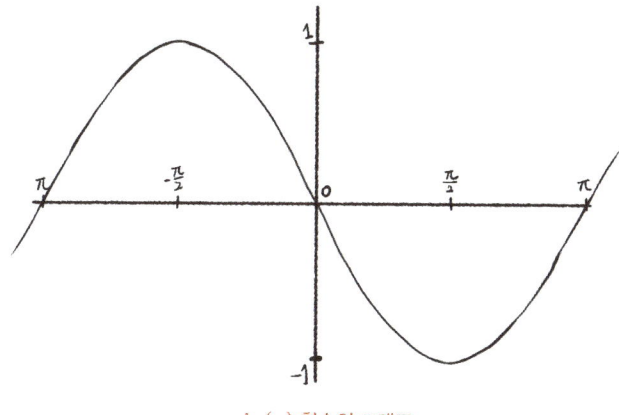

$-\sin(x)$ 함수의 그래프

이러한 두 그래프는 같음을 알 수 있다. 이 두 그래프가 뜻하는 바를 단위원 위에 그리면 다음과 같다.

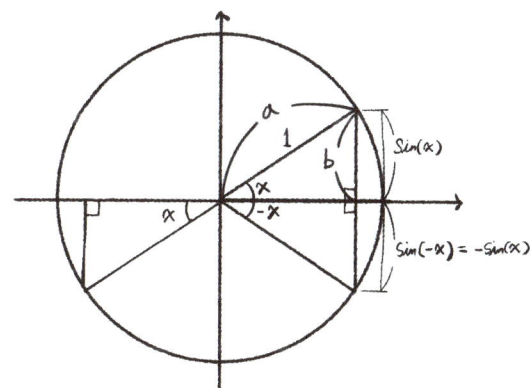

수식으로도 살펴보자. $\sin(x)$ 함수는 다음과 같다.

$$\sin(x) = \frac{b}{a}$$

$\sin(-x)$ 함수는 다음과 같다.

$$\sin(-x) = \frac{-b}{a}$$

즉, $-\sin(x)$ 함수는 다음과 같다.

$$-\sin(x) = -\frac{b}{a} = \sin(-x)$$

따라서 sin의 입력에 −가 붙는 경우와 결과에 −가 붙는 경우는 동일하다는 결론을 낼 수 있다(즉, 원점 대칭).

코사인 함수의 대칭

이번에도 sin 그래프와 같은 순서로 확인해보자. 기억하고 있겠지만 cos 함수의 그래프는 이러한 형태이다.

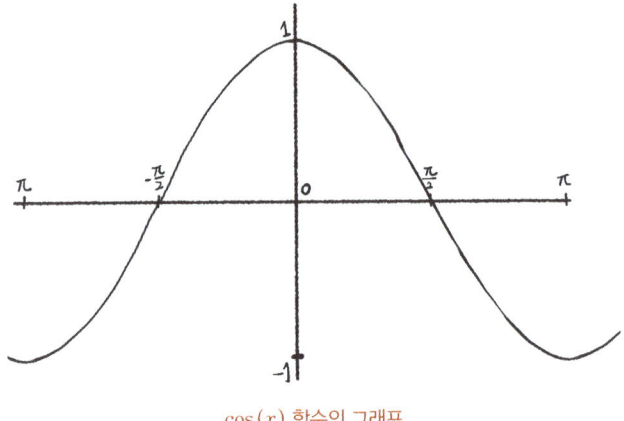

$\cos(x)$ 함수의 그래프

마찬가지로, y축으로 뒤집은 그래프는 다음과 같다.

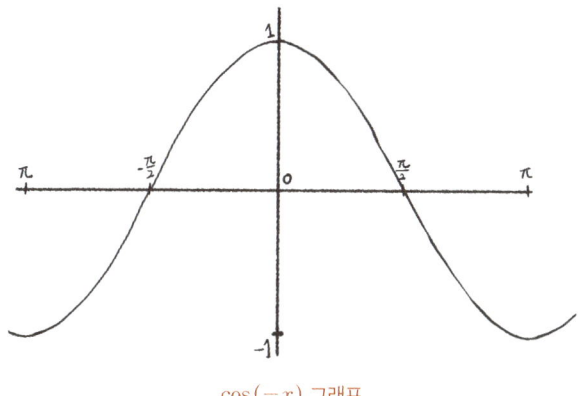

cos(−x) 그래프

cos 그래프는 y축을 기준으로 좌우가 동일하기 때문에 다음과 같은 결론을 얻을 수 있다.

$$\cos(-x) = \cos(x)$$

탄젠트 함수의 대칭

tan는 아까 살펴봤다시피 앞서 두 그래프와는 형태가 조금 다르다.

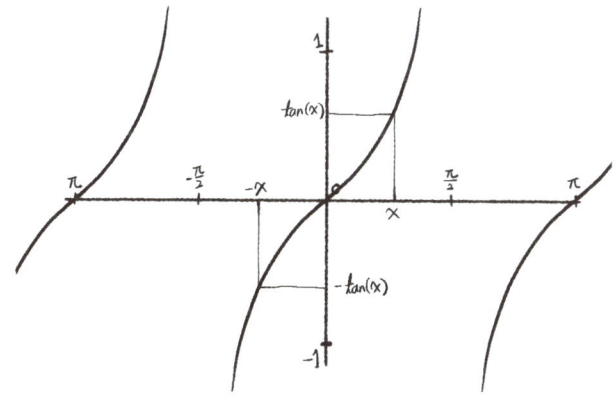

$\tan(x)$ 함수의 그래프

tan 그래프는 sin 그래프처럼 원점 대칭이라는 특징이 있다. 우선 tan를 다른 방법으로 나타내보자.

$$\tan(x) = 높이/밑변$$
$$= (높이/빗변)/(밑변/빗변)$$
$$= \sin(x)/\cos(x)$$

여기서 x의 부호를 반전하면 아래와 같이 전개할 수 있다.

$$\tan(-x) = \sin(-x)/\cos(-x)$$
$$= -\sin(x)/\cos(x)$$
$$= -(\sin(x)/\cos(x))$$
$$= -\tan(x)$$

그런 이유로 다음과 같은 결론에 쉽게 도달할 수 있다.

$$\tan(-x) = -\tan(x)$$

2.3.5 조이스틱으로 이동 구현

이제 아주 기본적인 것은 알게 되었으니 일단 무언가를 만들어보자. 현대 모바일 게임은 실물 버튼이 없는 화면 위에서 조작을 해야 한다.

그럼 어떤 방식으로 조작하지?

여기엔 다양한 방법이 있는데 지금 우리가 구현할 것은 버추얼 조이스틱, 즉 화면 위에 그려지는 조이스틱을 이용해 게임을 조종하는 방식이다.

버추얼 조이스틱 예시

이 작업은 UI 구현이라고 할 수 있다. 원형으로 표현되는 손잡이와 그보다 더 큰 원형으로 표현되는, 손잡이를 굴릴 수 있는 공간으로 구성하는 것이 일반적이다.

UI를 표현하기 위해서 Canvas와 관련된 컴포넌트를 이용해야 한다. UI를 그리는 작업이나 이벤트를 받아들이는 로직이 Canvas 컴포넌트와 관련 있기 때문인데, 자세한 내용은 별도로 엔진에 대해 학습해서 익히면 되니 지금은 그렇구나 정도로만 받아들이자.

계층Hierarchy 창에서 마우스 우클릭 후, UI/Canvas를 클릭하면 다음과 같은 게임 오브젝트 2개가 생성된다.

새롭게 생성된 게임 오브젝트

앞으로 추가하는 UI 오브젝트는 모두 Canvas라는 이름의 게임 오브젝트 하위에 넣어줄 것이다. 함께 생성된 EventSystem은 키보드, 마우스, 터치 등의 입력을 받아서 Canvas에 이벤트를 보내주는 역할을 한다. 우리가 만들 UI는 다음과 같은 형태다.

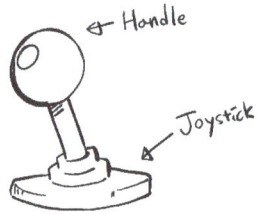

이런 걸 구현할 것이다.

Canvas 게임 오브젝트 하위에 Joystick이라는 게임 오브젝트를 생성하여 값을 다음과 같이 설정해보자.

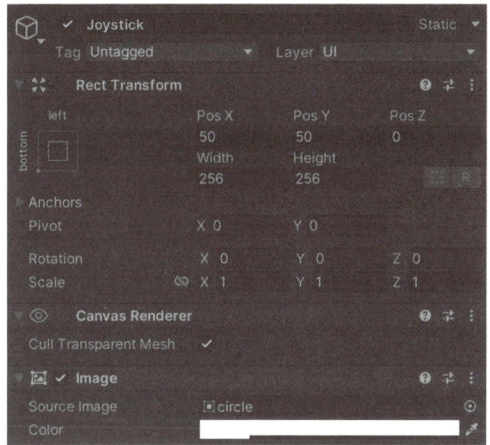

Joystick 오브젝트 설정

이러한 원 오브젝트는 우리가 만든 조이스틱 핸들이 움직일 범위이다. 이제 Joystick 하위에 Handle 게임 오브젝트를 추가해보자.

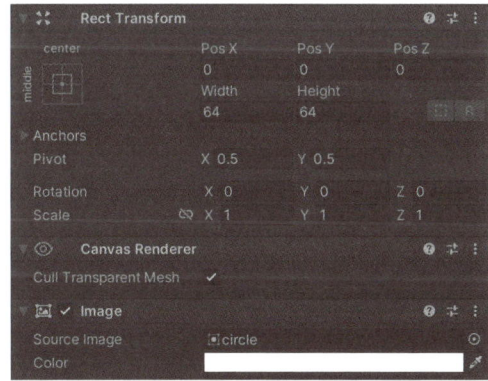

Handle 오브젝트 생성

제시한 인스펙터 이미지의 값을 똑같이 입력했다면 다음 그림과 같이 왼쪽에 조이스틱 UI에 쓸 게임 오브젝트가 잘 자리 잡았을 것이다.

왼쪽에 추가된 조이스틱 UI

이제 필요한 오브젝트들은 모두 만들었다. 스크립트로 넘어가보자! 우선 우리가 만들 동작을 짚어보자. 위 아래로 움직이지는 않을 것이기 때문에 드래그한 만큼 좌우로 이동하게 만들고 싶다. 핸들은 조이스틱 범위를 넘어가지 않아야 한다(핸들이 분리되는 조이스틱은 세상에 없으므로). 유니티에서는 게임 오브젝트에 들어오는 터치 이벤트를 손쉽게 제어할 수 있는 함수들을 제공해주는데 이번에 그 함수들을 사용해보겠다.

여기서 사용할 함수는 UnityEngine의 EventSytems에 구현되어 있다.

```
using UnityEngine;
using UnityEngine.EventSystems;

// 드래그를 사용하기 위해 각각 기능을 구현할 인터페이스를 추가해야 한다.
public class VirtualJoystick : MonoBehaviour, IBeginDragHandler,
IDragHandler, IEndDragHandler
{
    public void OnBeginDrag(PointerEventData eventData)
    {
        Debug.Log("드래그를 시작합니다.");
```

```
    }

    public void OnDrag(PointerEventData eventData)
    {
        Debug.Log("핸들이 범위를 벗어나지 않게 제어해줍니다.");
    }

    public void OnEndDrag(PointerEventData eventData)
    {
        Debug.Log("핸들을 초기화합니다.");
    }
}
```

OnBeginDrag는 드래그가 시작될 때, OnDrag는 드래그 시작 후 마우스의 위치가 변했을 때(드래그했을 때), OnEndDrag는 드래그를 끝낼 때 호출하는 Unity event 메서드다. 이 스크립트를 조이스틱에 적용해보고 의도대로 동작하는지 확인해보자. 다음과 같이 로그가 뜨면 된다.

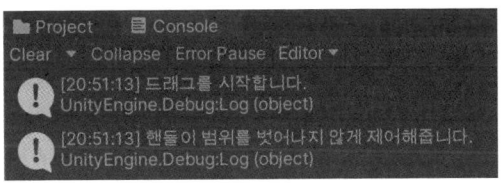

다음으로는 캐릭터 움직임과 연결하기 전에 UI 동작을 먼저 구현할 것이다. 드래그한 곳으로 핸들을 이동시키고, 손을 놓으면 핸들이 제자리로 돌아오는 로직을 작성해보자. UI 게임 오브젝트가 터치 이벤트를 받기 위해서는 컴포넌트에서 Raycast Target을 True로 해주어야 한다. Raycast Target이 True가 되면 플레이어가 화면을 터치했을 때 화면의 깊이 방향으로 쏘아진 Ray에 걸릴 수 있는 상태가 된다.

입력은 조이스틱 바탕이 되는 게임 오브젝트에서 받고, 핸들은 위치 표시용으로만 사용할 것이기 때문에 핸들 게임 오브젝트의 Raycast Target은 false로 설정해준다. 조이스틱 바탕이 되는 게임 오브젝트의 Raycast Target은 True로 설정해주자(아무 설정을 하지 않았다면 기본적으로 True일 것이다).

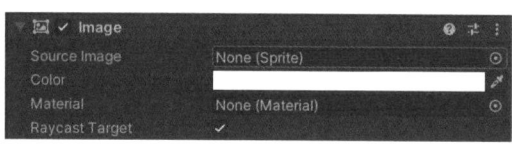

```
using UnityEngine;
using UnityEngine.EventSystems;

public class VirtualJoystick : MonoBehaviour, IDragHandler, IEndDragHandler
{
    private const float _maxMagnitude = 100f;

    // Rect를 기반으로 한 Transform, 보통 UI에서 사용한다.
    [SerializeField]
    private RectTransform _handle;

    public void OnDrag(PointerEventData eventData)
    {
        // 1. 드래그 입력이 들어온 만큼 움직여준다.
        _handle.anchoredPosition += eventData.delta;

        // 2. 범위를 넘어간 경우, 최대 범위 내에서 움직여준다.
        // TODO
    }

    // 드래그 입력이 끝나면 위치를 초기화시킨다.
    public void OnEndDrag(PointerEventData eventData)
    {
```

```
        _handle.anchoredPosition = Vector3.zero;
    }
}
```

최소한의 요구사항을 구현한 코드이다. 단, 지금 코드를 그대로 실행해본다면 핸들이 조이스틱 범위를 넘어서 화면 어디든 이동한다. 핸들은 조이스틱 범위를 넘어가면 안 되기 때문에 OnDrag를 추가로 구현해주자. anchoredPosition 기준, 핸들의 초기 위치를 원점으로 본다. 즉, 조이스틱 범위를 원점에 중심을 둔 반지름이 128인 원이라고 생각하면 된다.

어떻게 구현하면 좋을지 고민하는 것은 굉장히 중요한 과정이다. 앞에 제시된 정보를 기반으로 핸들의 위치를 제한하려면 어떻게 해야 할지 고민해보자. 무엇을 기준으로 해야 하고, 그 기준은 어떻게 구할까? 만일 이에 대한 답이 떠올랐다면 예시 코드를 바로 확인하지 말고 자신의 방법으로 먼저 시도해보길 바란다.

여기서는 조이스틱 중심점을 기준으로 반지름까지의 거리를 핸들이 갈 수 있는 최대 거리로 제한한다. 현재 핸들의 위치에 해당하는 벡터의 크기가 조이스틱 범위의 반지름을 넘는다면, 벡터의 방향은 유지한 채로 크기만 제한 범위로 줄여 위치를 교정해주자. 아마 핸들은 조이스틱 중심을 기준으로, 조이스틱 범위를 벗어나지 않은 위치까지만 이동하게 될 것이다.

```
// 2. 범위를 넘어간 경우, 최대 범위 내에서 움직여준다.
Vector2 currentPosition = _handle.anchoredPosition;
float currentMagnitude = Mathf.Sqrt(currentPosition.x * currentPosition.x +
currentPosition.y * currentPosition.y);
float currentAngleRadian = Mathf.Atan2(currentPosition.y, currentPosition.x);
```

```
// 최대 길이 벡터 생성
float clampedMagnitude = Mathf.Min(currentMagnitude, _maxMagnitude);
var clampedPosition = new Vector2(clampedMagnitude * Mathf.
Cos(currentAngleRadian), clampedMagnitude * Mathf.Sin(currentAngleRadian));

// 위치를 조절된 벡터로 설정
_handle.anchoredPosition = clampedPosition;
```

코드를 살펴보기 전에 Mathf를 먼저 짚고 넘어가자. Mathf는 게임 제작에 사용하는 일반적인 수학 함수를 제공하는 유니티의 클래스이다. 대소 비교부터 삼각함수, 로그함수 등 다양한 함수를 이용할 수 있기 때문에 유니티 엔진을 이용해 게임을 개발하게 되면 적지 않게 사용하게 될 것이다. 자세한 내용은 유니티 공식 문서[6]를 참고하기 바란다.

```
float currentAngleRadian = Mathf.Atan2(currentPosition.y, currentPosition.x);
```

지금 우리가 알고 있는 것은 벡터의 x, y값이다. 방향을 유지하는 것이 목적인데 이 x, y값은 가변적이다. 그렇다면 변하지 않는 것은 무엇일까? 여기서 구한 값은 핸들 위치 벡터에 해당하는 각도(단위: 라디안)이다. Atan2라는 메서드를 이용하는데, 이는 좀 생소할 수도 있다. 간단히 말하자면 앞에서 배운 삼각함수의 역에 해당하는 개념이다.

이 책에서는 다루지 않지만 더 자세한 내용이 궁금하다면 역삼각함수라는 키워드로 찾아보자. 삼각함수는 각도를 이용해 삼각형 변의 길이의 비율을 구할 수 있는 것에 반해, 역삼각함수는 변의 길이의 비율로 각도를 구할 수 있다.

---

[6] Mathf 유니티 공식 문서(2022): https://docs.unity3d.com/ScriptReference/Mathf.html

```
var clampedPosition = new Vector2(clampedMagnitude * Mathf.
Cos(currentAngleRadian), clampedMagnitude * Mathf.Sin(currentAngleRadian));
```

각도를 구했으니 이제 다시 위칫값을 계산할 수 있다. cos과 sin 값에 원하는 벡터의 크기를 곱해주면 각각 x와 y값이 된다. 참고로 이 방식을 쓰지 않더라도 핸들의 범위를 제한할 수 있는 메서드가 있다. `Vector3.ClampMagnitude`는 이미 유니티에 구현된 내용으로, 벡터의 크기가 특정 크기를 넘어가지 않도록 제한한다. 사용법은 다음과 같다.

```
_handle.anchoredPosition = Vector3.ClampMagnitude(_handle.anchoredPosition,
100f);
```

이 기능을 먼저 알려주지 않은 이유는 당연하게도 지금 우리가 공부 중이기 때문이다! 이미 있는 기능을 굳이 다시 구현하며 쓸 필요는 없다. 이번에 어떤 식으로 제한할 수 있는지 알았으니 다음에는 `Vector3.ClampMagnitude`와 같이 구현되어 있는 내용을 찾아서 이용하도록 하자.

조이스틱으로 들어온 input을 플레이어 이동 기능과 연결하는 것은 여러분이 직접 해보는 과제로 남겨두고 넘어가겠다.

2.3.6 원형 이동

이번엔 캐릭터 주위를 수호하는 요정의 움직임을 만들어보자. 모자(Hat) 게임 오브젝트와 동일하게 플레이어(Player) 게임 오브젝트 하위에 Pet이라는 게임 오브젝트를 만들고 인스펙터의 값을 다음과 같이 설정한다.

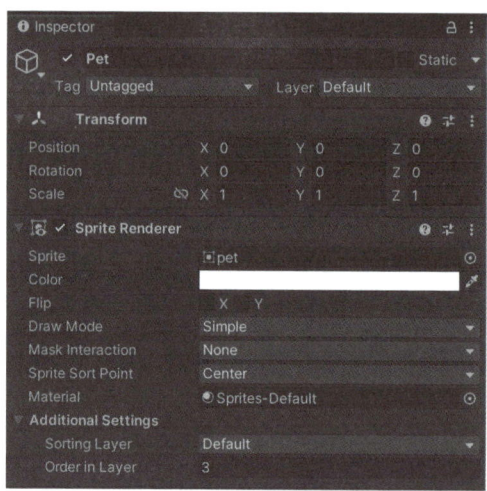

Pet 오브젝트 설정

이 펫이 시간에 따라 플레이어 주변을 원형으로 도는 코드를 작성할 것이기 때문에 MonoBehaviour를 상속한 클래스의 Update 문에 구현 내용을 넣으면 된다. 이는 삼각함수로 아주 간단하게 작성하여 구현할 수 있으니 직접 작성해본 후에 다음 코드를 확인해보길 추천한다.

```
using UnityEngine;

public class PetMover : MonoBehaviour
{
    private float _currentAngle = 0f;
    private float _movingSpeed = 3f;
    private float _movingRadius = 2f;

    private void Update()
    {
        // 1. 각도를 계산한다.
```

```
        _currentAngle += _movingSpeed * Time.deltaTime;

        // 2. 각도에 따라 위치를 계산한다.
        var currentPosition = new Vector3(_movingRadius * Mathf.Cos(_
currentAngle), _movingRadius * Mathf.Sin(_currentAngle), 0f);

        // 3. 위치를 설정한다.
        transform.localPosition = currentPosition;
    }
}
```

이번엔 각도를 알기 때문에 단순히 위치 벡터만 계산하는 방식으로 작성하면 된다. Pet 게임 오브젝트에 방금 작성한 코드를 붙여주면 플레이어 주변을 원형으로 도는 모습을 확인할 수 있다.

지금까지 각의 표현과 삼각함수, 원과 관련된 위치 계산에 대해 알아보고 간단한 스크립트를 작성해봤다. 원과 관련된 문제를 마주했을 때, 삼각함수를 자연스럽게 떠올리고 관련 정보를 찾아볼 수 있게 되었다면 이번 과정에서 알아야 할 내용은 모두 얻은 것이다.

언제나 기억하자. 공식이나 개념을 달달 외우는 것보단 문제의 해결법으로 떠올릴 선택지를 늘리는 것이 더 중요하다는 사실을! 이 다음으로는 벡터에 대해서 좀 더 자세히 알아보는 시간을 가져보겠다.

2.4 적과의 대치

플레이어가 적과 대치하는 상황에서는 다양한 연출이 가능하다. 경고를 띄우거나 위협적인 분위기를 조성할 수도 있고 다양한 방식의 UI로 표현할 수도 있다. 연출이 상당히 단순해 보일 수도 있지만 생각보다 어려운 개념을 습득해야 한다. 지금부터 이 개념을 알아보고 적과의 대치 상황을 구현해보겠다.

2.4.1 벡터의 내적

벡터의 내적은 영어로는 Dot Product라고 한다. 표기는 다음과 같이 점($\cdot$)으로 나타낸다.

$$W = A \cdot B$$

아주 간단하게 말하자면 두 벡터를 이용해 스칼라값을 구할 수 있는 연산이다.

$$A = (a_1, a_2)$$
$$B = (b_1, b_2)$$

이를 기반으로, 내적값은 다음과 같다.

$$A \cdot B = a_1 \times b_1 + a_2 \times b_2$$

다음과 같은 방법으로도 계산할 수 있다.

$$A \cdot B = |A| \times |B| \times \cos(\theta)$$

$|A|$와 $|B|$는 각각 벡터 A와 B의 크기이다. 식으로만 보면 긴가민가하니 실제 값을 넣어서 확인해보자.

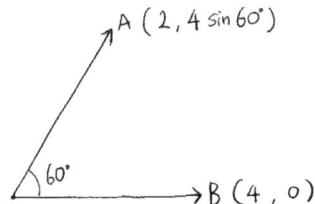

첫 번째 방법으로 계산하면 다음과 같다.

$$A \cdot B = a_1 \times b_1 + a_2 \times b_2 = 8$$

두 번째 방법으로 계산하면 다음과 같다.

$$\begin{aligned} A \cdot B &= |A| \times |B| \times \cos(\theta) \\ &= \sqrt{2^2 + (4 \times \frac{\sqrt{3}}{2})^2} \times \sqrt{4^2} \times \frac{1}{2} \\ &= \sqrt{4+12} \times 4 \times \frac{1}{2} = 8 \end{aligned}$$

소개한 식에 값을 넣어 계산도 해봤다. 이쯤 되면 궁금해지는 것이 있을 것이다.

이 값은 도대체 무슨 의미를 가지고 있는지, 게임에는 어떠한 형태로 쓰이는지 말이다. 두 번째 방법을 다시 살펴보자. 두 벡터의 길이에 $\cos(\theta)$를 곱해준다. 길이는 양수일 수밖에 없기 때문에 이 내적값의 부호는 $\cos(\theta)$가 결정하게 된다. 앞에서도 봤지만 $\cos(\theta)$는 다음과 같은 그래프 형태다.

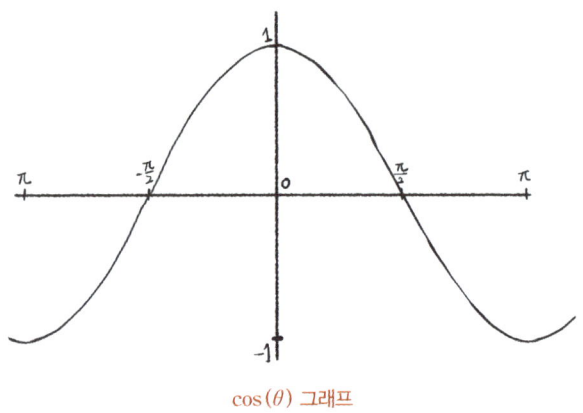

$\cos(\theta)$ 그래프

이러한 정보들을 취합하여 정리하면 어렵지 않게 다음과 같은 특징들을 찾을 수 있다.

- θ가 0보다 크고 90도보다 작은 경우, 내적값은 양수가 된다.
- 정확히 90도일 때, 즉 두 벡터가 수직인 경우에는 내적값이 0이 된다.
- 90도를 넘어가는 경우, 내적값은 음수가 된다.

따라서 이 특징들을 이용해 서로 다른 방향을 가지고 있는 두 벡터가 어떤 사이로 놓여 있는지, 얼마나 멀리 있는지 알 수 있다. 이제 벡터의 내적이 무엇인지는 알게 되었다. 그럼 이 개념을 게임에 어떻게 적용할 수 있을까? 여기서는 같이 구현해보지는 않고 가볍게 예시만 언급하고 넘어간다. 나중에 관련된 문제를 마주했을 때 벡터의 내적을 떠올리는 데 도움이 되길 바란다.

3D 게임이나 탑뷰 2D 게임에서는 시야각이 중요한 경우가 많다. 자신(캐릭터)이 보는 방향에 인지할 수 있는 오브젝트가 존재하면 UI 경고가 뜨는 화면을 본 적이 있을 것이다.

이런 경우 말이다.

이때 플레이어가 보는 방향, 적의 위치, 총 두 개의 벡터를 사용할 수 있다. 벡터의 내적은 이 두 벡터 사이의 각과 거리를 종합한 정보로, 경고 UI를 보여주는 하나의 기준으로 쓸 수 있다.

2.4.2 벡터의 외적

벡터의 외적은 영어로 Cross Product 혹은 Outer Product라고 한다. 내적과는 다르게 외적은 두 벡터로 새로운 벡터를 만들어내는 연산이다.

$$W = A \times B$$

기호는 ×를 써서 표시한다.

$$A = (a_1, a_2)$$
$$B = (b_1, b_2)$$

이와 같다고 했을 때, 외적의 크기는 다음과 같다.

$$|A \times B| = |A| \times |B| \times \sin(\theta)$$

그리고 이 외적 벡터는 벡터 A와 B가 결정하는 평면에 수직하는 벡터다. 단, 벡터에는 나아가는 방향도 필요하다. 수직으로는 단서가 부족한데, 이걸 쉽게 설명하는 것이 오른손 법칙이다. 이와 같은 경우에는 A에서 B 방향으로 오른손을 말아 쥐었을 때 엄지 방향이 외적 벡터의 방향이 된다.

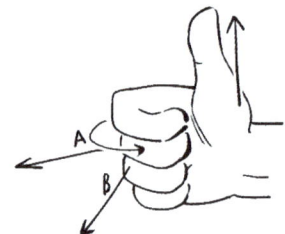

오른손 법칙 - 엄지 방향이 외적 벡터의 방향

이 내용을 종합하여 외적을 그림으로 표현하면 다음과 같이 표현할 수 있다.

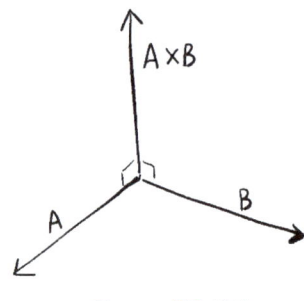

그림으로 표현한 외적

지금까지 벡터의 외적에 대해서 알아보았다. 3D에서 주로 쓰이기 때문에 외적 또한 별도의 예제를 첨부하지는 않는다. 외적은 법선 벡터가 필요한 많은 경우에 사용할 수 있다. 플레이어 캐릭터의 위쪽 방향과 앞쪽 방향을 알고 있을 때, 좌우 판별 등의 경우가 있겠다. 비록 이 책에서 수학적으로 자세히 알아보지는 않았지만 이름만 듣고 어렵다고 넘겨버려서는 안 된다. 사용할 일이 생겼다면 따로 이 주제에 대해 찾아보기를 추천한다.

2.5 다양한 예시 만들기

적과 캐릭터 외에도 게임에는 다양한 요소가 있다. 예를 들어 하늘에서 떨어지는 아이템이 있을 수도 있고 때려서 열어야 하는 보물상자가 있을 수도 있다. 멈춰 있는 상태의 요소들도 많지만 대부분의 상황에서는 연출을 위해서라도 움직임이 필요하다. 지금까지 배운 것들을 토대로 다양한 예시를 구현해보는 시간을 가져 보자.

2.5.1 Easing 그래프

그 전에 움직임을 표현하는 편한 방법을 하나 알아보겠다. 지금까지는 직접 다 계산하고 식을 작성하는 것에 중점을 두었지만 애니메이션을 모두 그렇게 구현하기란 어렵다.

Easing 그래프는 주로 시간에 따른 값을 조정하는 데 사용하며, 그래프에 따라 어떤 느낌으로 값이 변화하는지 시각적 정보를 제공하는 사이트도 꽤 있다. 인터넷에서 쉽게 찾아 애니메이션에 적용할 수 있기 때문에 알아두고 넘어가자. 모든 그래프를 외울 필요는 없고 이런 그래프가 있구나 정도만 알면 된다.

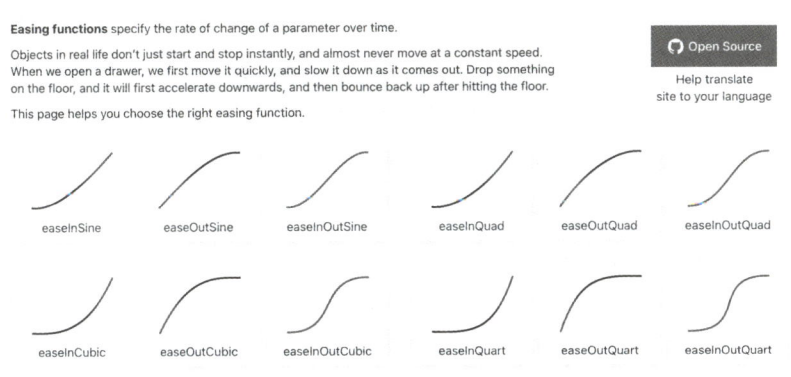

Easing 그래프 변화 예시[7]

2.5.2 발판 움직이기

지금까지 공부한 내용으로 움직이는 발판을 쉽게 만들 수 있을 것이다. 일정하게 움직이는 발판과 바로 앞에서 설명한 Easing 그래프를 이용한 발판을 만들어 보자.

---

[7] 출처: https://easings.net/

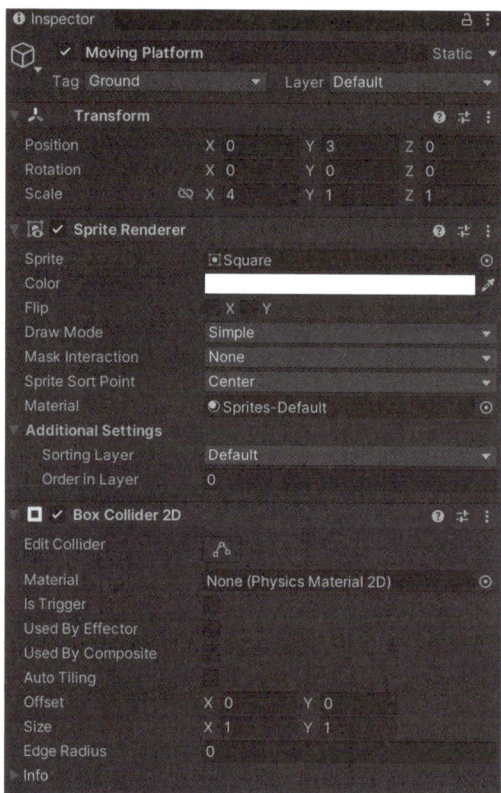

Platform 오브젝트 생성

움직일 Platform 오브젝트를 하나 만들어주고 인스펙터의 정보를 위 이미지와 동일하게 맞춰주자. 길이와 위치는 원하는 대로 수정해도 좋다.

```
using UnityEngine;

public class PlatformMover : MonoBehaviour
{
    private float _minimumX = -2f;
    private float _maximumX = 2f;
```

```
    private float _movingSpeed = 3f;

    private void Update()
    {
        // 1. 현재 위치를 가져온다.
        Vector3 currentPosition = transform.position;

        // 2. x축으로 이동할 양을 계산한다.
        float movingAmount = _movingSpeed * Time.deltaTime;

        // 3. 이동할 양을 현재 위치에 더한다.
        currentPosition.x += movingAmount;

        // 4. 최댓값, 최솟값을 넘어간 경우 최댓값, 최솟값으로 설정한다.
        if (currentPosition.x < _minimumX)
        {
            currentPosition.x = _minimumX;
            _movingSpeed *= -1f;
        }
        else if (currentPosition.x > _maximumX)
        {
            currentPosition.x = _maximumX;
            _movingSpeed *= -1f;
        }

        // 5. 위치를 설정한다.
        transform.position = currentPosition;
    }
}
```

이 스크립트는 −2부터 2까지 왕복 운동하는 동작을 구현하고 있다. 최솟값, 최댓값에 도달한 경우 speed의 방향을 바꾸는 방식으로 만들었다.

일정한 속도로 이동하는 발판을 확인하자!

발판에 적용해보면 아주 동일한 속도로 이동하는 것을 확인할 수 있다. 여기에 Easing 그래프를 보고 속도에 변화를 줘보자.

```csharp
private Vector3 _startPosition = new Vector3(-2, 3, 0);
private Vector3 _endPosition = new Vector3(2, 3, 0);

private float _duration = 2.0f;
private float _startTime;

private void Start()
{
    _startTime = Time.time;
}

private void Update()
{
    float elapsedTime = Time.time - _startTime;
    if (elapsedTime >= _duration)
    {
```

```
        // 방향을 바꿔준다.
        Vector3 temp = _startPosition;
        _startPosition = _endPosition;
        _endPosition = temp;

        // 지난 시간을 수정한다.
        elapsedTime = elapsedTime - _duration;
        _startTime = Time.time;
    }

    // EaseInOutElastic으로 이동
    float t = elapsedTime / _duration;
    float easedT = EaseInOutElastic(t);
    // easedT를 이용하여 위치를 설정한다.
    transform.position = Vector3.Lerp(_startPosition, _endPosition, easedT);
}

private float EaseInOutElastic(float x)
{
    var c5 = (2 * Mathf.PI) / 4.5f;
    if (x == 0)
    {
        return 0;
    }

    if (x == 1)
    {
        return 1;
    }

    if (x < 0.5f)
    {
        return -((Mathf.Pow(2, 20 * x - 10) * Mathf.Sin((20 * x - 11.125f) * c5)) / 2);
    }
```

```
    return (Mathf.Pow(2, -20 * x + 10) * Mathf.Sin((20 * x - 11.125f) * c5))
 / 2 + 1;
}
```

EaseInOutElastic을 표현하는 식을 찾아 그대로 반영해보았다. 아까와는 다르게 그래프의 모양을 따라 역동감 있게 움직이는 모습을 볼 수 있다.

2.5.3 그 외 해볼 만한 것들

앞에서도 거듭 말했지만 이번 장에서 알려주고 싶은 것은 수학적 지식만이 아니라 필요한 것을 어떻게 찾고 어떻게 적용하는가에 대한 경험도 포함되어 있다. 다음에 제시하는 주제들은 직접 충분히 만들 수 있을 만한 것들로 선정했으니, 직접 스크립트를 작성하며 구현해보길 추천한다.

- 총과 총알
- 폭탄
- 부메랑
- 야구공

2D 공간이 좁다고 느껴진다면 3D 공간에서 구현해봐도 좋겠다. 길다면 길었고 짧다면 짧았던 수학, 물리 구간을 함께 지나온 여러분에게 감사를 표한다. 이 뒤로는 본격적인 게임 개발에 대한 이야기가 시작된다. 끝까지 즐겁게 완주하길 바라며 이 과정이 자신만의 개성 넘치는 게임을 만드는 데 약간이나마 도움이 되길 바란다.

CHAPTER 3

게임 프로그래밍에 필요한 기법

GAME
PROGRAMMING

3.1 왜 배워야 할까?

자, 수학과 물리 과정을 무사히 건너온 독자들을 환영한다. 지금부터는 게임에서 사용되는 각종 기법에 대해 알아볼 것이다. 게임에서의 시간, 알고리즘, 자료구조와 같은 것들 말이다.

게임에서의 시간은 현실과는 조금 다른 구조로 되어 있어 이 시간 개념을 명확히 알아야 다른 개념을 실시간으로 처리할 수 있다. 대미지 처리, 랭킹, 충돌 처리 등은 모두 '알고리즘'이라는 것으로 이루어져 있다. 아직 알고리즘이 무엇인지 정확히 설명하진 않았지만 여기까지만 들어도 알고리즘을 학습하는 것이 매우 중요한 이슈임을 알 수 있을 것이다. 이와 같은 것들을 배우지 않는다면 게임, 더 나아가 프로그램을 만들 수 없다.

그리고 알고리즘에는 필연적으로 따라오는 '자료구조'라는 것도 있다. 자료구조는 말 그대로 '자료를 효율적으로 저장하기 위해 사용하는 설계'라고 볼 수 있다. 그렇다면 자료구조는 왜 배워야 할까?

자료를 효율적으로 저장하고 이동시켜야 어디에 어떤 자료가 있는지 컴퓨터와 사람 모두 찾기가 쉽다. 이러한 자료구조와 알고리즘이 모이고 모여 데이터 공간과 탐색의 효율성, 더 나아가 프로그램의 효율성까지 증대시킬 수 있어 게임 개발에 많은 도움이 된다. 그렇기에 이번 장에서는 게임에서의 시간 개념을 파악해보고 팩맨류 게임 제작을 통해 알고리즘과 자료구조를 알아보도록 하자.

3.2 시간이 불연속적이라고?

제목에 나와 있듯 게임에서의 시간은 현실에서의 시간 개념과는 다르게 연속적이지 않다. 초당 프레임^{Frames Per Second}(FPS)이라는 말을 들어봤을 것이다. 화면에 1초당 몇 개의 프레임이 표시되는지를 세는 단위다. 즉, 우리가 게임에서 프레임 수가 많으면 부드럽고 적으면 답답하다고 느끼는 것처럼, 프레임과 프레임 사이에는 시간 간극이 존재한다.

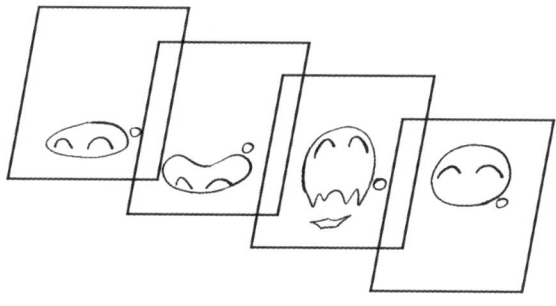

그렇기에 게임에서의 시간 처리는 프레임과 프레임 사이 시간을 기준으로 한다. 이를 보통 DeltaTime 등으로 표현한다(실제로는 렌더링 시간과 함수가 실행되는 시간의 차이 등도 고려해야 하지만, 현대 게임 엔진에서는 DeltaTime을 기준으로 실행되므로 이렇게 설명한다).

이러한 특징 때문에 현실에서는 볼 수 없는 여러 가지 문제가 생긴다. 대표적으로 어떤 물체가 얇은 벽을 향해 간다고 가정하자. 이때 물체가 빠른 속도로 움직인다면 다음 프레임에서 벽을 통과해버리는 현상이 발생할 수 있다.

두 번째로 프레임 사이의 시간을 고려하지 않고 무조건 프레임당 일정 거리를 이동하도록 로직을 짜면, 프레임 처리 시간의 변화에 따라 속도가 들쭉날쭉해진다든지 하는 현상들이 일어날 수 있다.

이러한 문제는 현재 지정될 위치와 이전 위치 사이를 계산해 물체가 있는지 확인하는 방식 등을 통해 방지할 수 있다. 또한 아까 말했듯이 시간이 불연속적이기 때문에 실제 예상되는 물리적 계산과는 거리 차이가 생길 수 있다. 포탄의 궤적으로 예를 들면 현실에서는 현재 속도와 가속도가 연속적으로 계산되어 포물선을 그리지만, 물리 엔진에서 모델링된 포탄은 선분들의 집합으로 현재 속도와 프레임 간 시간의 곱을 합산한 거리로 표현되므로 실제 거리와는 약간 다른 모양을 보인다.

모델링된 포탄 궤적과 실제 거리의 차이

그렇다면 이러한 차이는 어떻게 해결해야 할까? 이 문제를 해결하기 위해 여러 가지 방식들이 제안되었다.

- **일반 적분법**: 사용되지 않는다. 이유는 간단하다. 일반 적분법의 경우 연산 시간이 꽤 걸리기 때문에 비효율적이라는 판단이 들었기 때문이다.
- **근사 적분법**: 실제 적분과는 오차가 발생하지만 비교적 정확한 수치를 구할 수 있다는 장점이 있다. 단, 다음에 이어서 소개하는 방식에 비해서는 자주 사용되지 않는다.
- **물리 연산용 DeltaTime을 잘게 쪼개기**: 무식하지만 가장 효율적이다. 실제로 많은 엔진이 이 방식을 채택하고 있으며, 최근에는 컴퓨터의 발전으로 오차도 크지 않다.

이렇듯 게임에서의 시간 개념은 현실에서의 시간 개념과는 다르게 동작하며 이 점을 기억해야만 우리의 목표인 게임 제작에 한 걸음 다가설 수 있다.

3.3 팩맨이란? 그리고 우리가 구현할 게임은?

우리가 앞서서 팩맨$^{Pac-Man}$류 게임을 만든다고 했는데, 사실 팩맨은 워낙 유명해 이미 접해본 독자도 많을 것이다. 그래도 간단히 어떤 게임인지 알아보자. 팩맨 게임은 다음과 같은 화면 내에서 노란 공(팩맨)이 AI 유령(적)들을 피하며 작은 쿠키들을 먹어 포인트를 얻는 게임이다. 그리고 '파워 쿠키'라는 특별한 아이템을 획득하면 짧은 시간 동안 유령을 잡아먹을 수도 있다. 지금부터 이런 비슷한 구성의 게임을 만들어보려 한다. 구현해야 하는 기능은 다음과 같다.

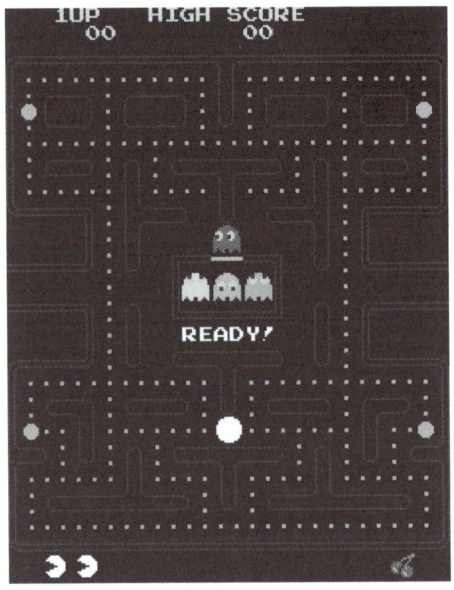

팩맨 〈namco, 1980〉

① **랭킹 시스템**
   게임이 종료된 후 유저의 하이스코어에 따라 랭킹을 부여하는 데 필요하다.

② **AI의 길 찾기 시스템**
   AI가 주인공을 쫓아오는 데 필요하다.

③ **충돌 처리**
   포인트 획득과 적과 부딪히는 걸 감지하는 데 필요하다.

그럼 이제부터 이러한 기능을 구현하기 위한 알고리즘과 자료구조를 알아보자.

3.4 랭킹 시스템 구현

랭킹 시스템을 구현하려면 반드시 알아야 할 핵심 요소가 있다. 바로 정렬 알고리즘이다. 아까부터 자꾸 알고리즘이라고 하는데 알고리즘이란 대체 무엇일까? 이는 특정 작업을 수행하기 위한 일련의 절차나 과정을 의미한다. 예를 들어 랭킹 시스템, 충돌 처리, 인벤토리 정리, 적이 맞으면 대미지를 입는다거나 길을 찾는다거나 하는 게임 로직이나 프로그램 로직을 위해 필요한 '일련의 과정'이 모두 알고리즘이다.

우리는 이런 알고리즘의 집합으로 게임 로직을 완성하므로 게임 개발을 잘 마무리 짓는 데 매우 중요한 부분이라고 할 수 있다. 정렬 알고리즘을 사용하면 주어진 데이터들을 특정 순서에 맞추어 정렬할 수 있다. 예를 들어 다음과 같은 데이터가 주어졌다고 가정해보자.

- **마왕**: 4500점
- **용사**: 6300점
- **공주**: 5300점

이런 데이터들을 배열[1]에 넣고 수작업으로 분류하면 되지 않을까 싶지만 이런 데이터가 100개, 아니 1000개 주어진다면 이를 수작업으로 정렬하기는 매우 어려울 것이다. 지금부터 이럴 때 사용하는 여러 가지 알고리즘에 대해 알아보자.

---

[1] 배열이란 자료를 저장하는 구조로 여러 원소의 나열로 이루어진 것을 말한다.

3.4.1 버블 정렬

버블 정렬^{bubble sort}은 매우 간단한 정렬[2] 알고리즘이다. 배열 등의 자료구조 형태로 데이터가 나열되어 있을 때, 바로 인접한 원소의 크기 비교를 통해 위치를 정렬하는 알고리즘이다. 아직 아리송하겠지만 눈으로 보는 게 이해가 더 빠를 것이다. 숫자가 작은 순서대로 나열하는 정렬을 코드로 구현해보겠다.

```csharp
public void BubbleSortArray(int[] arr)
{
    int n = arr.Length;
    for (int i = 0; i < n - 1; i++)
    {
        // n-1번 순회하며 현재 원소가 바로 뒤의 원소보다 크면 자리를 바꿈.
        for (int j = 0; j < n - 1 - i; j++)
        {
            if (arr[j] > arr[j + 1])
            {
                int temp = arr[j];
                arr[j] = arr[j + 1];
                arr[j + 1] = temp;
            }
        }
    }
}
```

이와 같이 모든 원소를 읽는 작업을 '순회'라고 하는데 버블 정렬의 경우에는 맨 왼쪽 원소가 오른쪽 끝에서 현재 번호를 뺀 위치까지 올 수 있을 만큼 순회해야 하며

---

[2] 여기서 정렬이란 특정 순서대로 나열하는 것을 뜻한다.

(i번째 순회에 제일 큰 원소가 오른쪽에서 i번째 순서로 가도록) 이를 반복하여 정렬을 수행할 수 있다.

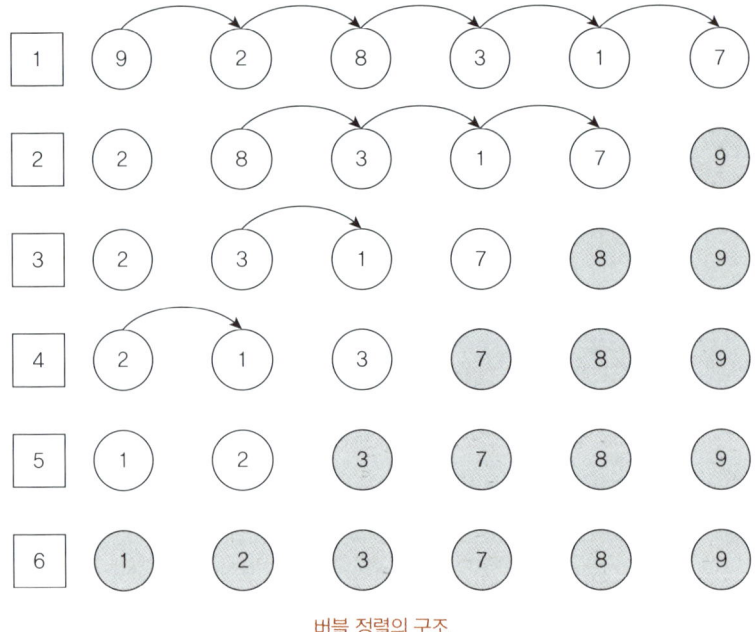

버블 정렬의 구조

그런데 문제가 있다. 버블 정렬은 속도가 느리다. 데이터가 n개라고 치면 $n-1-i$번의 비교를 $n-1$번 순회해야 하는데, 이러면 다른 알고리즘에 비해서 시간이 너무 오래 걸린다. 이걸 실제 처리 시간으로 따지면 대략 n^2번이 되기 때문이다.

3.4.2 시간 복잡도

이렇게 '시간이 너무 오래 걸린다'는 것은 어떤 기준으로 평가할 수 있을까? 프로그래머들은 소요 시간의 정도를 측정하는 일종의 시간 분석기로 '시간 복잡도^{time complexity}'라는 개념을 사용한다. 여기에서는 이러한 시간 복잡도의 표기법 중 하나

이자 대표적으로 사용되는 빅오$^{Big-O}$ 표기법에 대해서 알아보자.

빅오 표기법이란 알고리즘이 걸리는 시간을 상한선으로 표기하며 영향력이 가장 강한 항만을 처리하고 상수항은 무시하는 방법이다. 예를 들어 아까처럼 약 $n^2 + a$번의 비교가 일어난다면 이중 영향력이 가장 강한 항은 n^2이므로 $O(n^2)$과 같이 표기한다(a가 설사 100만 같은 큰 숫자여도 확정된 상수이기 때문에 약한 항으로 취급한다). 예외로 $O(n+k)$ 등으로 표기하는 경우도 있으며, 이러한 경우는 k값의 크기에 따라 크게 시간이 의존될 수 있는 경우이다.

3.4.3 그렇다면 효율적인 정렬은?

현재 사용되는 일반적인 정렬 알고리즘의 종류는 다음과 같다(부록 A에서 자세히 설명할 예정이다).

① 버블 정렬(거품 정렬)
② 선택 정렬
③ 삽입 정렬
④ 퀵 정렬(빠른 정렬)
⑤ 병합 정렬
⑥ 힙^{heap} 정렬

이 중 상대적으로 구현은 간단하지만 비효율적인 정렬은 다음과 같다.

- 버블 정렬, 선택 정렬, 삽입 정렬

반대로 상대적으로 구현이 어렵지만 효율적인 정렬은 다음과 같다.

- 퀵 정렬, 병합 정렬, 힙 정렬

퀵 정렬과 병합 정렬은 분할 정복이란 방법을 통해 구현한다. 그리고 힙 정렬은 힙이란 자료구조를 사용해 구현하는데 여기서 자료구조란 대체 무엇이고 어디에 사용되는지 살펴보고 가자.

3.4.4 힙, 트리, 링크드 리스트… 결국, 자료구조

힙을 알려면 트리tree를 알아야 하고 트리를 알려면 링크드 리스트linked list를 알아야 한다. 이 모든 것이 포함된 개념을 자료구조라고 한다. 자료구조는 말 그대로 자료를 효율적으로 저장하기 위해 사용하는 설계다. 자료를 효율적으로 저장하고 이동시켜야 어디에 어떤 자료가 있는지 컴퓨터와 사람 모두 찾기가 쉽기 때문이다. 최대한 간략하게 설명하고 넘어가도록 하겠다.

링크드 리스트

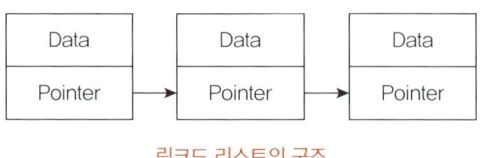

링크드 리스트의 구조

링크드 리스트란 게임 내에서 동적으로 생성되거나 제거되는 총알, 파티클particles 같은 오브젝트들의 관리에 활용되는 자료구조다. 데이터와 포인터로 구성되는 각 노드가 다음 노드를 가리키는 포인터를 가지고 있어 각 데이터가 다음 데이터를 향해 갈 수 있도록 만든 구조를 뜻한다. 이때 마지막 노드가 첫 노드를 다시 가리키면 원형 링크드 리스트, 이전 노드를 가리키는 포인터와 다음 노드를 가리키는 포인터가 둘 다 있으면 이중 링크드 리스트라 부른다.

특징으로는 크기를 따로 정해줄 필요가 없고, 메모리가 허락하는 한 노드는 계속 생성할 수 있어 데이터의 연장이 자유로우며, 중간에 삽입(insert)과 삭제(delete)가 쉽다는 점이 있다.

다음은 간단한 링크드 리스트의 예제 코드이다.

```
using UnityEngine;
public class LinkedListNode
{
    // 현재 노드의 데이터
    public int Data;
    // 현재 노드가 가리킬 다음 노드
    public LinkedListNode Next;
    // 노드의 생성
    public LinkedListNode(int data)
    {
        Data = data;
        Next = null;
    }
}

public class LinkedList
{
    // 링크드 리스트의 첫 노드를 가리킬 포인터
    public LinkedListNode Head;

    // 링크드 리스트의 생성자
    public LinkedList()
    {
        Head = null;
    }

    // 링크드 리스트의 삽입
```

```csharp
    public void Insert(int data)
    {
        var newNode = new LinkedListNode(data);
        if (Head == null)
        {
            Head = newNode;
        }
        // 링크드 리스트의 노드가 하나라도 존재하면
        // 끝 노드의 next에 새 노드를 연결
        else
        {
            var current = Head;
            while (current.Next != null)
            {
                current = current.Next;
            }
            current.Next = newNode;
        }
    }

    // 링크드 리스트 전체 출력
    public void Display()
    {
        var current = Head;
        while (current != null)
        {
            // current.Data 출력
            Debug.Log(current.Data.ToString());
            // 다음 데이터로 이동
            current = current.Next;
        }
    }
}
```

트리

음… 비슷해!

트리란 여러 개의 노드node로 이루어진 자료 구조로, 그래프의 일종이다. 그림에서 보듯 실제 나무와도 비슷한 구조를 가지고 있다. 즉, 노드와 간선edge을 이용하여 데이터의 배치 형태를 추상화한 구조이다. 게임에서 의사결정 트리(조건에 따라 최종적으로 어떠한 행동을 할지 지정하는 트리 구조를 말한다), 스킬 트리, 엔딩 루트 관리 등에 사용된다. 게임 내의 정렬, 길 찾기에도 사용되고 바로 뒤에 나올 힙의 구성에도 쓰이는 중요한 자료구조이다.

트리와 관련된 용어는 다음과 같으며 이름처럼 루트 노드에서부터 뻗어져 나가는 가지 노드와 그 가지 노드들이 각자 또 잔가지로 뻗어 나가는 구조로 되어 있다. 쉽게 설명하면 링크드 리스트의 구조에서 next가 여러 개인 상태라고 생각하면 된다.

- **루트 노드**root node : 최상위에 있는 조상 노드
- **리프 노드**leaf node : 자식이 존재하지 않는 노드
- **부모 노드**parent node : 바로 연결된 상위 노드

- **자식 노드**child node : 바로 연결된 하위 노드
- **형제 노드**sibling node : 자신과 같은 부모를 지니는 노드
- **깊이**depth : 자신이 위치한 순번. 조상의 개수+1이라고 보면 된다.
- **크기**size : 총 노드의 개수
- **차수**degree : 자식의 수
- **간선**edge (**링크**link) : 노드를 연결하는 선

추가로 트리의 탐색(순회) 방식은 대표적으로 세 가지가 있다. 왼쪽 자식 노드부터 방문한 후 부모 노드를 방문하고 그 후 오른쪽 자식 노드를 방문하는 중위 순회inorder, 부모 노드부터 방문한 후 왼쪽부터 오른쪽 자식 노드를 방문하는 전위 순회preorder, 왼쪽과 오른쪽 자식 노드를 먼저 방문하고 부모 노드를 방문하는 후위 순회postorder로, 다음과 같은 트리가 있다고 하면 각 순회의 순서는 다음과 같다.

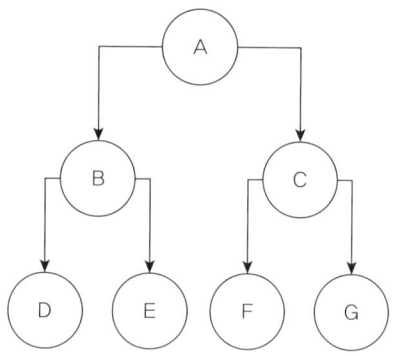

- **중위 순회**: D-B-E-A-F-C-G
- **전위 순회**: A-B-D-E-C-F-G
- **후위 순회**: D-E-B-F-G-C-A

다음은 간단한 이진 트리binary tree를 C#으로 구현했을 때의 결과물이다.

```csharp
using UnityEngine;

public class Tree : MonoBehaviour
{
    // 노드의 정의
    public class TreeNode
    {
        public int Data;
        public TreeNode Left;
        public TreeNode Right;

        public TreeNode(int data)
        {
            Data = data;
            Left = null;
            Right = null;
        }
    }

    // 이진 트리의 정의
    public class BinaryTree
    {
        // 루트 노드
        public TreeNode Root;

        public BinaryTree()
        {
            Root = null;
        }

        // 새로운 데이터의 삽입
        public void Insert(int data)
        {
            Root = InsertRec(Root, data);
```

```csharp
    }

    // 이 트리의 경우 데이터가 부모 노드보다 크거나 같으면 오른쪽,
    // 작으면 왼쪽에 넣는 구조이다.
    private TreeNode InsertRec(TreeNode root, int data)
    {
        if (root == null)
        {
            root = new TreeNode(data);
            return root;
        }

        if (data < root.Data)
        {
            root.Left = InsertRec(root.Left, data);
        }
        else if (data >= root.Data)
        {
            root.Right = InsertRec(root.Right, data);
        }

        return root;
    }

    // Inorder 순회 및 출력
    public void InOrderTraversal(TreeNode node)
    {
        if (node != null)
        {
            InOrderTraversal(node.Left);
            Debug.Log(node.Data.ToString());
            InOrderTraversal(node.Right);
        }
    }
```

```csharp
        // Preorder 순회 및 출력
        public void PreOrderTraversal(TreeNode node)
        {
            if (node != null)
            {
                Debug.Log(node.Data.ToString());
                PreOrderTraversal(node.Left);
                PreOrderTraversal(node.Right);
            }
        }

        // Postorder 순회 및 출력
        public void PostOrderTraversal(TreeNode node)
        {
            if (node != null)
            {
                PostOrderTraversal(node.Left);
                PostOrderTraversal(node.Right);
                Debug.Log(node.Data.ToString());
            }
        }
    }
}
```

추가로 이러한 트리에서 사이클(특정 노드로부터 출발해서 돌아다니다 다시 해당 노드로 돌아올 수 있는 경우를 말함)이 발생하는 경우 트리로 볼 수 없다. 이 경우 트리를 포함하는 더 큰 개념인 그래프(노드와 노드들을 연결하는 간선의 집합)로 보아야 한다.

그래프는 양방향 그래프와 단방향 그래프로 구분 지을 수 있으며 양방향 그래프는 노드끼리의 간선이 양방향으로 구성된 경우를, 단방향은 노드끼리의 간선이 한 방향으로만 구성된 경우를 말한다.

힙

힙^{heap}은 게임 이벤트나 AI의 행동과 같은 작업을 우선순위에 따라 처리하는 데 유용한 자료구조다. 이는 부모 노드와 자식 노드 사이의 관계를 기반으로 한 트리 형태로 값의 크기 혹은 다른 기준에 따라 정렬된다.

힙은 보통 최소 힙 혹은 최대 힙으로 구성되는데 부모 노드의 값이 무조건 자식 노드보다 큰 값을 가지게 하면 최대 힙, 반대로 무조건 작은 값을 가진다면 최소 힙이 된다. 따라서 새로운 원소를 삽입할 때는 부모와 비교하여 부모보다 크다면(최대 힙의 경우) 부모와 위치를 바꿔주고, 이러한 과정을 루트 노드에 도달할 때까지 반복하여 힙의 구조를 유지한다.

이를 이용한 우선순위 큐라는 것이 있는데 이는 먼저 처리해야 하는 우선순위에 따라 작업 순서가 정해지는 큐로, 우선순위를 힙 구조에 사용하면 구현할 수 있다. 루트 노드에 최댓값과 최솟값이 있어 자료구조 중에서도 빠른 탐색과 빠른 삭제(최댓값 혹은 최솟값의 경우에만) 등이 가능해 대용량 처리에 특히 적합하다는 특징이 있다.

3.4.5 랭킹 구현에 필요한 마지막 자료구조

자, 그러면 정렬 알고리즘을 배웠으니 이제는 쉽게 정렬할 수 있을까? 그런데 우리가 정렬해야 하는 건 점수뿐만이 아니다. 이름도 같이 정렬해야 한다. 이럴 때 사용하는 자료구조가 바로 튜플^{tuple}이다. 튜플은 여러 종류의 데이터(예를 들어, 이름, 점수, 나이)를 하나의 단위로 묶어 처리할 수 있게 해준다. 만약 튜플의 첫 번째 원소가 이름, 두 번째 원소가 점수, 세 번째 원소가 나이라면 점수를 기준으로 정렬 알고리즘을 적용하여 효과적인 랭킹 시스템을 구축할 수 있다.

그런데 만약 이런 랭킹 시스템이 아니라 ID별로 기록한 점수들을 계속 보관하고 싶다면 어떤 자료구조를 사용해야 할까? 그럴 땐 해시 테이블hash table을 사용하면 된다. 해시 테이블은 언어의 딕셔너리, 맵 등의 자료형에 주로 사용되며 key값과 value값의 쌍으로 데이터를 저장하는 자료구조이다. 해시 테이블의 핵심은 key 값을 해시로 변환시켜 인덱싱화해 자료를 관리하는 것으로, 인덱스를 활용해 데이터에 빠르게 접근할 수 있다.

그렇다면 해시 테이블에서 해시hash란 무엇일까? 해시는 데이터를 고정된 크기로 변환하는 것이다. 학번이나 전화번호처럼 말이다. 이렇게 말하면 조금 어렵겠지만 일종의 암호화 같은 것으로 데이터를 특정한 값으로 변환하여 (string이나 int 값일 수도 있다) 이를 인덱스로 활용하는 것이다. 큰 용량의 파일을 지칭하는 이름값과 같은 것으로 생각하면 쉬울 것이다.

해당 데이터의 키값을 특정한 값으로 변환시킨 값(key 값을 int로 변환시킨 값)을 인덱스로 하여 배열에 저장해놓으면, 항상 그 키값을 변환시킨 값에는 같은 값이 대응되어 출력되지 않겠는가?

그런데 잠깐, 만약 키값이 겹치면…. 어떤 일이 벌어질까? 바로 충돌 문제가 발생하는데 이는 개별 체이닝이란 방법으로 해결할 수 있다. 기존 데이터와 키, 다음 노드 포인터를 저장한 노드를 만들어 저장하고 링크드 리스트로 넣어 만약 삽입 시 해당 해시값에 자료가 있다면 해당 자료의 노드 포인터에 연결해주는 방법이다.

이를 사용하면 이름을 키값으로 여러 점수 데이터를 저장할 수 있게 되므로, 우리가 원하는 랭킹 시스템 두 종류를 모두 만들 수 있다.

3.5 AI의 길 찾기 구현

자, 이제 AI를 만들어보자. 그렇게까지 어려운 AI는 아니니 안심해도 된다. 우리는 단지 유령이 캐릭터를 쫓아오는 AI를 구현할 것이다. 이때 사용되는 것이 바로 탐색 알고리즘이다. 탐색 알고리즘을 통해 길을 찾고 그 경로대로 이동하게 하면 문제없이 주인공을 묵사발 내러 찾아가는 멋진 유령이 완성될 것이다.

3.5.1 DFS와 스택

먼저 가장 간단한 탐색 알고리즘 중 하나인 DFS$^{Depth\ First\ Search}$에 대해 알아보자. DFS는 이미 지나간 길들과 이전 경로를 기록해놓고 현재 위치에서 갈 수 있는 방향들을 탐색한다. 탐색한 방향에서 갈 수 있는 길(지나간 길이 아니면서 벽이 아닌 곳)이 하나라도 있다면 진행하고, 갈 수 있는 길이 없다면 기록된 이전 경로 중 한 칸 이전으로 돌아가서 각 방향을 다시 탐색한다.

이때, 만약 이전 경로로 돌아갈 수 있는 길이 한 칸도 남지 않으면 실제로는 지나갈 수 없는 미로라는 탐색 결과가 나온다. 반면, 최종 위치에 도달하면 현재 위치를 포함한 이전 경로를 탐색된 경로로 한다. 진행 과정은 다음 그림과 같다.

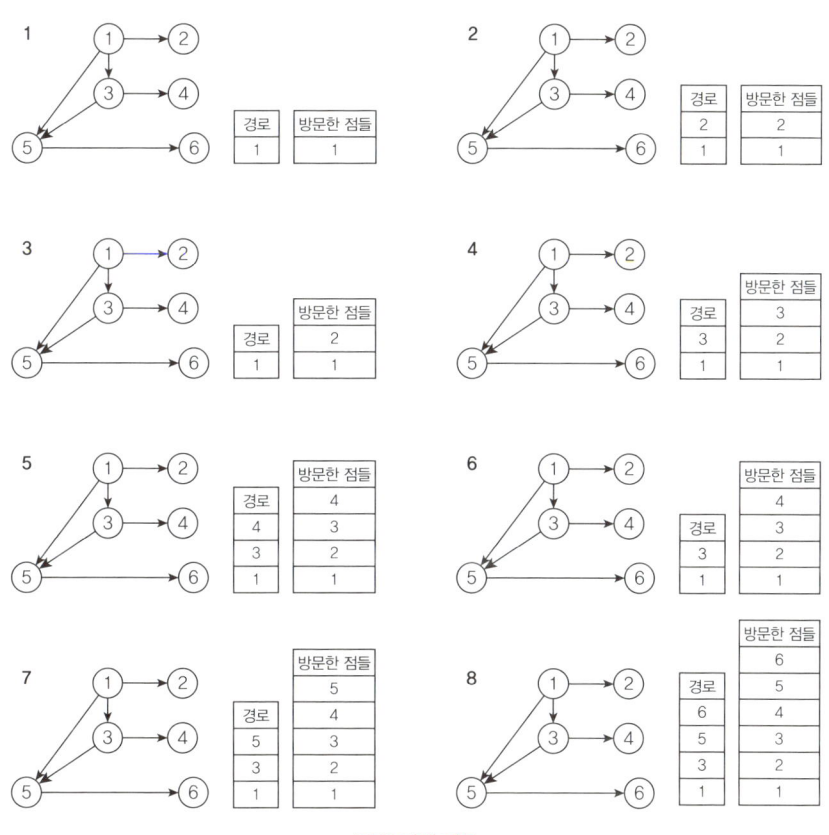

DFS 탐색 경로

이를 이용해 그래프에 사이클이 있는지도 확인할 수 있는데, 아직 탐색이 끝나지 않았는데 특정 노드에서 실행한 DFS 과정에서 이미 지나온 길을 다시 탐색하려 하면 사이클이 있는 것으로 확인할 수 있다.

이런 DFS에 쓸만한 자료구조가 있는데 바로 스택이다. 스택은 Last In First Out 이라는 LIFO(후입선출) 구조를 띠는 자료구조로 마지막에 입력된 값을 꺼내 사용한다. 그래서 앞서 설명한 DFS 구조에서 이전 경로들을 기억하기에 딱 알맞은 자료구조라 할 수 있다. 결과적으로 DFS는 비교적 적은 메모리 공간이 필요하나 다음과 같은 문제점이 있다.

- 최단 거리를 보장하지는 못한다.

그렇다면 최단 거리는 어떻게 보장받을 수 있을까?

3.5.2 BFS와 큐

BFS$^{Breadth\,First\,Search}$는 모든 길을 탐색하는 방법으로 최단 거리를 보장하는 방법이다. BFS는 현재 시점에서 갈 수 있는 길(역시나 지나간 길이 아니면서 벽이 아닌 곳)을 모두 메모리에 넣는다. 이후 메모리에 저장된 길에서 저장된 지 오래된 순서대로 꺼내 해당 길에서 갈 수 있는 길을 모두 메모리에 넣는다. 이것을 반복해가면 다음 그림과 같이 거리가 1씩 증가하며 모든 길을 찾게 되므로 최종 경로를 찾을 수 있다.

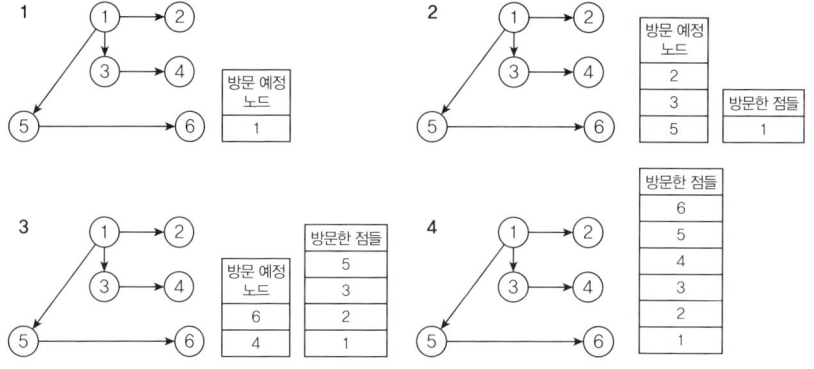

BFS 탐색 경로

이때 BFS에서 노드를 메모리에 넣는 효율적인 구조가 바로 큐이다. 큐는 First In First Out이라는 FIFO(선입선출) 구조를 띠는 자료구조로, 순서대로 들어간 데이터가 차례로 나온다는 장점이 있어 방문 예정 노드를 기준으로 다음 방문 예정 노드를 탐색하는 구조인 BFS에 적합하다. 결과적으로 BFS는 최단 거리를 찾을 수 있으나 다음과 같은 단점이 있다.

- 거리가 멀 때 영겁의 시간이 걸리며 메모리가 많이 필요하다.

이러한 문제점을 해결하기 위한 마지막 알고리즘, 다익스트라와 A*에 대해 알아보자.

3.5.3 다익스트라와 A*알고리즘

다익스트라 알고리즘

다익스트라 알고리즘은 효율적으로 최단 거리를 찾을 수 있는 알고리즘으로 에츠허르 비버 다익스트라$^{Edsger\ Wybe\ Dijkstra}$가 개발하였다. 다익스트라 알고리즘은 DFS, BFS와는 개념이 조금 다른데 앞서와 같은 그래프 구조에서 길을 찾을 때 유용하다.

현재 노드를 기준으로 방문하지 않은 인접 노드들 중 가장 짧은 경로를 선택하고, 기존에 저장한 경로보다 짧으면 해당 노드에 현재 노드 번호와 함께 저장한다(방문과는 다르다!). 저장 이후 다시 현재 노드를 기준으로 가장 짧은 경로의 노드를 방문하되 전에 방문했던 노드는 다시 방문하지 않는다. 이렇게 하면 탐색할 수 있는 노드 중 마지막 노드를 방문했을 때, 목표 노드에 저장된 노드 기록을 역으로 계속 따라가면 최단 경로를 구할 수 있다.

말로만 설명을 듣고 이해하기엔 조금 어렵다. 따라서 다음과 같은 그림과 표를 통해 다익스트라 알고리즘의 작동 원리를 단계에 따라 살펴보며 이해해보자.

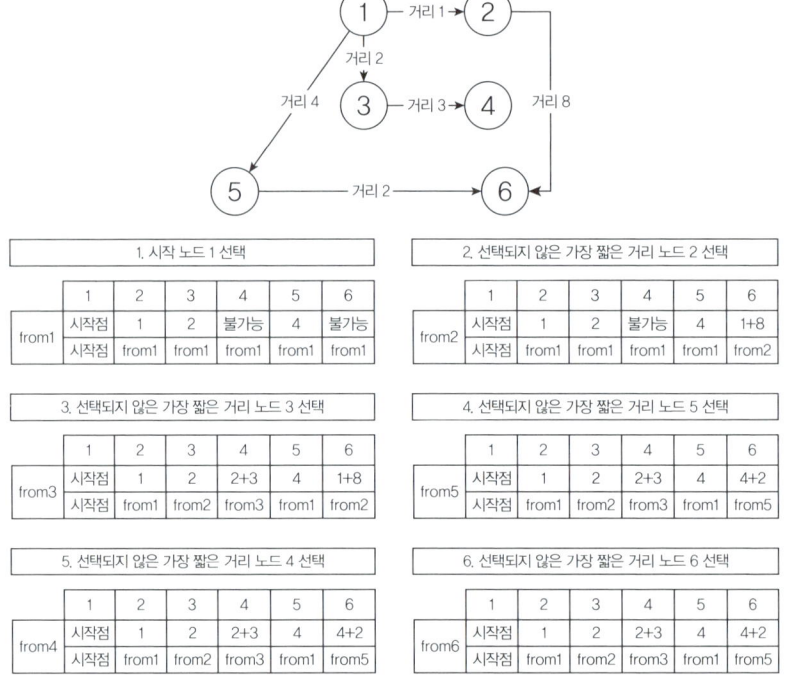

다익스트라 알고리즘 탐색 경로

이렇게 최단 경로를 찾는 방법을 알아보았다. 그렇다면 게임에서는 다익스트라 알고리즘을 어디에 어떻게 사용할까? 미리 정해진 경로나 특정 목표 지점까지의 경로 등에서 최단 경로를 구할 때는 이번 다익스트라 알고리즘을 통해 최단 경로를 구하여 활용할 수 있다. 하지만 실시간 탐색에서는 다익스트라 알고리즘을 잘 사용하지 않는다.

어째서 그럴까? 이유는 바로 속도적인 측면이다. CPU에서 수행하는 경로 연산은 생각보다 오래 걸린다. 그렇기에 더욱더 효율적인 알고리즘을 사용해야 실시간으로 길을 찾는 연산을 원활히 수행할 수 있을 것이다.

A*(A Star)알고리즘

A*는 '에이스타'라고 읽는다. 이 알고리즘은 다익스트라 알고리즘의 파생형쯤으로 볼 수 있는데, 최단 거리가 아닌 빠르게 최단 거리에 가까운 거리(필자는 최적 거리라 부른다)를 찾는 것을 목적으로 한다. 모두가 알 만한 게임 대부분은 에이스타에서 파생된 길 찾기 알고리즘이나 에이스타 자체를 활용한다. 예를 들어 리그 오브 레전드나 스타크래프트 등의 게임에서 이동을 눌렀을 때 유닛들이 이동하는 경우에 활용한다.

에이스타는 다익스트라와 다른 점이 있다. 먼저 모든 노드가 아닌 목표 노드만을 향한 경로 탐색에 중점을 둔다. 또한 다익스트라 알고리즘이 사용하는 '현재까지의 거리 + 다음 노드까지의 거리' 기준 비교가 아닌 '현재까지 걸린 거리 + 결과 지점까지 예측되는 직선 거리'(대각선 길이인 유클리드 거리 또는 가로, 세로의 길이 합으로 이루어진 맨해튼 거리)를 기준으로 사용하여 다음 노드를 선택한다.

이렇게 우리는 최적 거리와 최단 거리를 찾아 유령들이 주인공을 쫓아갈 방법을 알게 되었다. 하지만 유령이 캐릭터와 겹쳤는지 조사할 수 없어 아직 유령이 캐릭터를 잡았는지 검사하기란 불가능하다. 다음 절에서는 충돌 처리를 통해 캐릭터와의 겹침을 검사해보자.

3.6 충돌 처리 알고리즘

포인트를 얻거나 유령이 캐릭터를 잡아먹을 방법이 아직은 없다. 바로 충돌 처리 알고리즘의 부재 때문인데 이제 충돌을 검출하고 처리할 방법을 알게 되면 유령이 캐릭터를 잡는 것도, 우리가 포인트나 아이템을 획득하는 것도 모두 가능해질 것이다.

충돌 처리 알고리즘에는 대표적으로 AABB, OBB 등이 있다. 특히 이 중에서 발전된 형태인 GJK-EPA 알고리즘에 흥미가 있다면 전문 서적이나 위키피디아 등 추가 자료를 통해 학습하길 바란다.

3.6.1 원형 충돌 알고리즘

원형 충돌 알고리즘은 가장 간단한 충돌 검출 방법으로, 원형 충돌체 사이의 충돌 여부를 검사하는 방법이다. 간단하게 두 반지름의 길이 합보다 중심 사이의 거리가 짧으면 충돌로 감지한다. 이때 충돌이 발생했다면 충돌한 두 원은 서로 밀어내는 방식으로 반응하게 된다. 겹친 두 원을 되돌리려면 두 원의 중심을 잇는 벡터 방향으로 반지름의 합에서 중심 사이의 거리를 뺀 만큼 한 원을 이동시키면 된다.

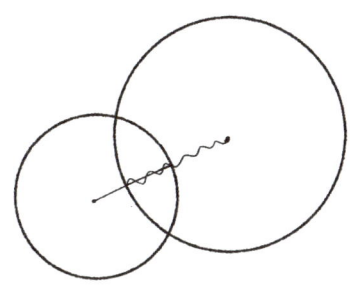

그런데 이러한 방식은 옛날 2D 게임에서 주로 사용하던 타일 스타일의 4방향 게임엔 적합하지 않은 것도 같다. 그럼 어떻게 처리해야 좋을까?

3.6.2 AABB 알고리즘

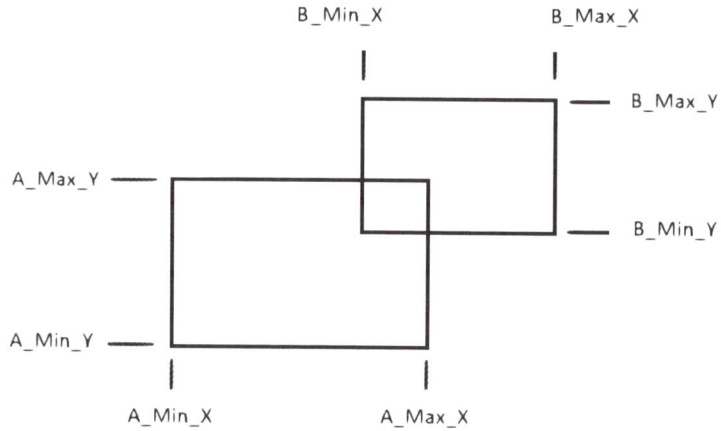

AABB$^{\text{Axis-Aligned Bounding Box}}$ 알고리즘은 사각형 상자끼리의 충돌을 감지하는 방법이다. 이 방법은 사각형의 각 변이 좌표축에 평행하다는 가정 하에 다음 조건들을 검사함으로써 충돌을 감지한다.

- A_max_x가 B_min_x보다 큰가?
- A_min_x가 B_max_x보다 작은가?
- A_max_y가 B_min_y보다 큰가?
- A_min_y가 B_max_y보다 작은가?

이러한 네 가지 조건을 모두 만족하면 충돌했다 볼 수 있다. 이 방법은 특히 정적인 물체들 사이의 충돌을 감지할 때 활용하면 좋다.

하지만 다음 그림에서처럼 총알이나 투사체와 같이 빠르게 이동하는 객체를 처리할 때, AABB 방식만으로는 문제가 생길 수 있다.

총알이 캐릭터를 그냥 통과하는 현상

이동하는 객체가 한 프레임에서 다음 프레임으로 넘어가는 사이에 충돌체를 통과해 버릴 수 있어 충돌 검출을 놓치게 된다. 이때는 Swept AABB라는 방식을 통해 해결한다.

3.6.3 Swept AABB 알고리즘

Swept AABB 알고리즘은 프레임과 프레임 사이에 물체를 통과하는 현상을 방지하는 데 쓰이는 기초적인 충돌 검사이다. 다음 그림과 같이 박스가 지나갈 때 A와 B 사이에 충돌이 되었는지 확인하려면 다음과 같은 과정을 거친다.

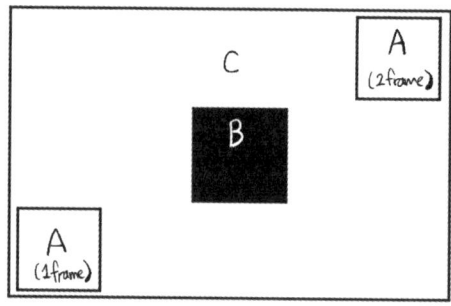

① 먼저 1프레임과 2프레임의 A 상자를 모두 포함하는 큰 상자 C를 만든다. 그리고 나서 C와 B가 충돌하였는가(AABB로 검출)를 확인한다. 만약 C와 B가 충돌하지 않았다면 B는 A와도 충돌할 일이 없다. 하지만 C와 충돌했을 때도 꼭 A와 충돌하는 것은 아니므로 좀 더 구체적으로 충돌을 확인해야 한다.

② 속도 벡터를 기준으로 A의 X축이 B에 겹치기 시작한 시간과 다시 풀려난 시간을 계산해, 겹친 시간을 계산한다(그림의 경우 A의 오른쪽 변이 B의 왼쪽 변에 도착한 시점이 시작한 시간, A의 왼쪽 변이 B의 오른쪽 변에 도착한 시간이 풀려난 시간이다). Y축으로도 해당 시간을 계산해준다(이때 각각 A의 위쪽 변이 B의 아래쪽 변에 도착한 시간과 A의 아래쪽 변이 B의 위쪽 변에 닿은 시간이지만, 1프레임과 2프레임 모두 B의 범위 내에 들어가 있어 모든 시간 동안 충돌해 있으므로 모든 시간에 모두 겹쳐 있다).

③ X축에서의 겹친 시간과 Y축에서의 겹친 시간 사이에 공통으로 겹치는 시각이 있다면 충돌로 보며, 겹치기 시작한 시각이 충돌 시각이다.

이 알고리즘을 통해 사각형의 충돌을 더 정밀하게 감지할 수 있으며 특히 팩맨과 같은 게임에 효과적으로 적용할 수 있다. 하지만 현대의 게임에서는 다양한 형태의 객체들이 등장하므로 사각형으로만 처리하면 부자연스러운 부분이 생기게 마련이다. 예를 들어 그림에서와 같이 날아오는 네모난 물체가 삼각형에 아직 닿지 않았는데도 닿은 것처럼 판별되니 말이다.

그래서 이러한 상황을 보다 정밀하게 처리하기 위해 다각형의 충돌에는 다른 여러 가지 방법을 쓰곤 한다.

3.6.4 OBB 알고리즘

OBB$^{Oriented Bounding Box}$ 알고리즘은 두 사각형 혹은 두 볼록 다각형[3] 사이의 충돌을 정확하게 검출하는 데 사용되는 방법이다. 이는 SAT$^{Separating Axis Theorem}$를 기반으로 하며, AABB가 상자에 대해 충돌을 검출하는 것과 달리 다각형에 대한 충돌을 검출할 수 있어서 더욱 정확한 충돌 처리가 가능하다.

---

[3] 볼록 다각형이란 쉽게 말하면 물체를 랩으로 감싼 것처럼 볼록한 껍질(Convex Hull)이다.

OBB 알고리즘의 충돌 판별 방법은 다음과 같다.

① 두 다각형의 모든 변에 대해 수직인 변(이하 축이라 한다)을 긋는다.
② 물체를 모든 축에 대해 각각 사영[4]한 뒤, 사영한 변에서 서로 겹치는 지점이 있는지 확인한다.
③ 모든 축에 대해 사영한 변이 겹친다면 두 물체는 충돌한 것이다. 만약 하나라도 겹치지 않는 축이 있다면 충돌이 아니다.

이때 충돌이라면 충돌 지점에서 두 객체가 겹치지 않도록 분리하는 데 필요한 최소 거리와 방향$^{\text{Minimum Translation Vector}}$(MTV)을 계산할 수 있다. 즉, 가장 겹침이 적게 일어난 점에서 겹친 만큼을 이동시키면 충돌 지점(겹치는 부분이 0이 되는 지점)을 확인할 수 있다.

3.6.5 Convex Hull을 만드는 방법

Convex Hull(볼록 껍질)은 기본적으로 가장 작은 볼록 다각형을 의미하며(3D에서는 다면체), 여기서는 2D 공간에서 대표적인 그라함 스캔$^{\text{Graham's Scan}}$ 알고리즘을 통해 Convex Hull을 구해보겠다.

---

[4] 사영이란 해당 축에 변을 수직으로 내렸을 때 겹치는 부분, 즉 축 위에 형성되는 그림자를 나타낸다.

① 도형의 모든 점 중 y 좌표가 가장 낮은 점(들)을 찾는다. 이러한 점이 여러 개라면 그중 x 좌표가 가장 작은 점을 선택한다. 이를 기준점이라고 한다.

② 기준점을 바탕으로 모든 점을 각도에 따라 반시계 방향으로 정렬한다.

③ 기준점과 정렬된 점 중 첫 번째 점을 스택에 집어넣는다. 이 스택은 Convex Hull을 구성하는 점들을 저장하는 데 사용된다.

④ 정렬된 점들을 순회하며, 현재 스택의 맨 위 두 점(즉, top-1 index의 점과 top index의 점)과 다음 점이 반시계 방향을 이루는지 검사한다. 이때 top index의 점과 다음 점이 반시계 방향이라면 해당 점을 스택에 추가하고 아니라면 스택에서 맨 위 점을 제거하고 다시 검사한다.

⑤ 4번 과정을 반복하여 모든 점을 순회한다. 이 과정을 거치면 Convex Hull을 구성하는 점들만이 스택에 남게 된다.

3.7 정리 그리고 효율에 관한 팁

지금까지 우리는 랭킹 시스템 구현, 길 찾기, 충돌 처리와 같은 핵심적인 게임 알고리즘들을 학습하며 팩맨 게임에 필요한 다양한 기능을 구현하는 방법을 알아보았다. 이외에도 팩맨 게임에서 무작위로 맵을 생성한다거나 하는 추가 기능들을 구현하고 싶을 땐 다음 절에서 다루는 다양한 방법을 익힌다면 도움이 될 것이다. 각각의 기능들을 조합하고 불연속적인 시간을 가늠하여 후처리와 캐릭터의 이동 등을 구현한다면 손쉽게 팩맨, 혹은 기능이 추가된 그 이상의 게임을 만들어낼 수 있을 것이다.

이후에 이어지는 부록 A, B에서는 게임 개발에 유용한 더 다양한 알고리즘과 기술을 소개한다.

부록 A 배워두면 좋은 게임 알고리즘

여러 가지 모양의 맵을 생성할 수 있는 알고리즘은 다음과 같다.

이진 공간 분할법과 셀룰러 오토마타

그리고 그래프의 최소 비용을 알아낼 수 있는 최소 비용 신장 트리를 계산하는 알고리즘은 다음과 같다.

크루스칼 알고리즘과 프림 알고리즘

이렇게 네 가지의 알고리즘을 추가로 학습하고 게임 개발에 적용하여 여러 가지 기능에 활용해보자. 게임의 맵 생성, 경로 탐색 및 다양한 문제를 해결하는 데 도움이 될 것이다.

A.1 이진 공간 분할법

이진 공간 분할법$^{Binary\ Space\ Partitioning}$(이후 BSP)의 기본 아이디어는 공간을 두 개의 반 공간들$^{half-spaces}$로 반복적으로 분할하는 것이며 이 과정을 재귀적으로 수행한다. BSP는 2D 게임 맵 생성에 널리 사용되는데, BSP를 사용해 맵을 생성하는 기본적인 방법은 공간을 분할하여 방과 복도를 생성하는 것이다.

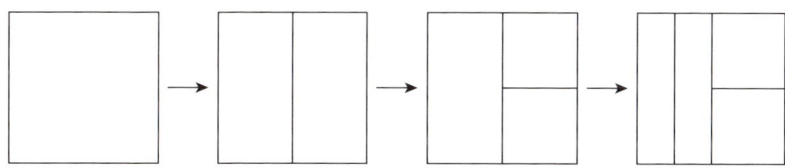

BSP를 통해 분할되어 가는 과정

BSP를 사용한 게임 맵 생성 알고리즘의 주요 과정은 다음과 같다.

- **분할**: 먼저 전체 공간을 분할한다. 이는 재귀적으로 수행되며 분할은 일정한 크기 이하가 될 때까지 이어진다. 분할은 일반적으로 수직 또는 수평으로 이루어지며 이때 분할 방향이나 위치는 랜덤하게 결정될 수도, 특정 규칙에 따라 결정될 수도 있다. 이 과정을 통해 전체 공간이 여러 개의 작은 공간으로 분할되며 이 각각의 공간은 BSP 트리의 리프 노드에 해당하게 된다.
- **방 생성**: 각 분할된 공간 내에 방을 생성한다. 이때 방의 크기나 위치는 해당 공간 내에서 랜덤하게 결정될 수 있으며, 방을 생성하는 이 과정은 BSP 트리의 각 리프 노드에서 이루어진다.
- **복도 생성**: BSP 트리를 사용하여 서로 인접한 방(일반적으로 형제 노드)끼리 복도를 생성하여 연결한다. 이후 상위 노드에서도 형제 노드에 해당하는 복도 혹은 방을 연결해 맵의 구조를 완성할 수 있다.

A.2 셀룰러 오토마타

셀룰러 오토마타란 각 셀이 다양한 상태를 가지고 있으며, 이 상태가 주변 셀의 상태에 의해 다음 단계에서 변화하는 모델이다. 예를 들어 만약 어떤 셀 주변의 8개 셀 중 5개 이상이 벽이라면, 다음 단계에서 그 셀 역시 벽으로 변할 수 있다. 이처럼 셀룰러 오토마타는 무작위성과 패턴을 결합하여 사용할 수 있는 강력한 도구로 던전이나 지형, 동굴 등 다양한 게임 맵을 생성하는 데 적합하다.

셀룰러 오토마타를 이용한 맵 생성 알고리즘은 다음과 같은 과정을 거친다.

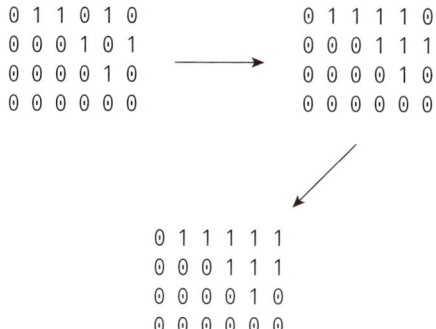

초기 상태에서 주변의 상태가 모두 1이면 자신도 1이 되는 규칙을 적용했을 때의 셀룰러 오토마타

- **초기 상태 설정**: 먼저 공간의 각 셀(배열의 원소라고 생각하면 된다)에 대해 초기 상태를 설정한다. 일반적으로 이는 랜덤하게 결정된다. 예를 들어 '빈 공간'과 '벽'의 두 가지 상태가 있다면(높이 등으로 설정해도 무관하며 이럴 시엔 주변 높이의 영향에 따라 높이가 낮아지거나 높아질 수 있도록 규칙을 적용해야 한다), 각 셀은 랜덤하게 이 두 상태 중 하나를 가지게 될 것이다.
- **규칙 적용**: 각 셀에 대해 그 주변 셀의 상태에 따른 규칙을 적용한다. 이 규칙에 따라 셀의 상태가 변경될 수 있다. 예를 들어 "만약 주변 8개의 셀 중 5개 이상이 '벽' 상태라면 현재 셀도 '벽' 상태가 된다"라는 규칙을 적용할 수 있다.
- **반복**: 설정한 규칙을 충분히 반복 적용한다. 반복이 진행됨에 따라 초기에 랜덤하게 생성된 맵은 점차 패턴을 형성하게 된다.

셀룰러 오토마타를 사용하면 무작위성과 패턴을 동시에 얻을 수 있으며 매우 복잡한 구조를 가진 맵도 비교적 간단한 규칙을 통해 생성할 수 있다. 그러나 주의할 점은 규칙이 너무 복잡하면 예측 불가능한 결과를 가져올 수 있고, 반대로 규칙이 너무 단순하면 맵이 지나치게 단조로워질 수 있다는 점이다. 따라서 원하는 맵의 특성에 맞게 적절한 복잡도를 가진 규칙을 선정하는 것이 중요하다.

A.3 최소 비용 신장 트리

우리는 게임에서 최소치에 대해 고민할 때가 있다. 캐릭터가 다수의 목적지를 방문해야 해서 최단 거리를 구해야 할 때도 있을 것이며, 던전 설계에서도 모든 방을 연결하면서도 불필요한 복잡성을 줄여야 할 때도 있을 것이다.

이때 사용할 수 있는 것이 최소 비용 신장 트리$^{\text{Minimum Spanning Tree}}$(MST)이다. 최소 비용 신장 트리란 각 노드에서 다른 노드로 갈 때의 거리가 주어진 상황에서, 모든 노드를 잇는 가장 거리가 짧은 구조를 뜻한다. 이때 사이클이 생기면 안 되기 때문에 필연적으로 트리 구조가 된다. 최소 비용 신장 트리를 활용하면 던전의 설계나 모든 목적지를 방문해야 하는 상황에서 최적화 문제를 해결할 수 있다.

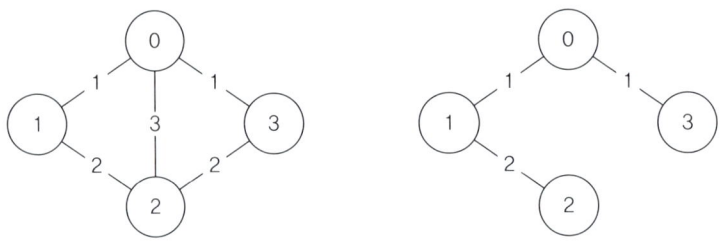

그래프와 그에 따른 최소 비용 신장 트리

최소 비용 신장 트리를 구할 때 주로 사용하는 두 가지 알고리즘은 크루스칼^{Kruskal} 알고리즘과 프림^{Prim} 알고리즘이다.

A.4 크루스칼 알고리즘

크루스칼 알고리즘으로 최소 비용 신장 트리를 구하는 과정은 다음과 같다.

① 그래프의 모든 간선을 비용에 따라 오름차순으로 정렬한다.

② 가장 적은 비용을 가진 간선부터 선택하되 해당 간선을 선택함으로써 사이클이 형성되지는 않는지 확인한다. 만약 사이클이 형성되지 않는다면 그 간선을 최소 신장 트리의 일부로 추가한다.

③ 모든 노드가 연결될 때까지 이 과정을 반복한다.

이러한 과정을 거쳐 트리에 추가된 간선들의 집합은 최소 비용 신장 트리가 된다.

A.5 프림 알고리즘

프림 알고리즘으로 최소 비용 신장 트리를 구하는 과정은 다음과 같다.

① 그래프 내에서 하나의 시작 노드를 선택한다. 이 노드는 최소 비용 신장 트리의 시작점으로 첫 번째 노드가 된다.

② 이미 최소 비용 신장 트리에 추가된 노드들과 인접한 간선 중에서 가장 비용이 적은 간선을 찾아 연결한다. 이때, 이미 추가된 노드들 사이에 위치하는 간선은 선택하지 않는다. 즉, 새로운 노드를 최소 비용 신장 트리에 추가한다. 이때, 선택된 간선 정보(시작점, 끝점, 비용 등 포함)는 추후 참조를 위해 따로 기록해놓는다.

③ 그래프의 모든 노드가 최소 비용 신장 트리에 포함될 때까지 이 과정을 반복한다.

이러한 과정을 통해 그래프의 모든 노드를 포함하면서도 총 연결 비용이 최소인 신장 트리를 구성할 수 있다.

부록 B 정렬 알고리즘

B.1   버블 정렬

버블 정렬은 매우 간단한 정렬 알고리즘으로 배열 등 원소의 나열이 존재할 때, 바로 현재 원소와 다음 원소의 비교를 통해 둘의 위치를 바꿔주는 것을 모든 원소에 대해 수행하는 정렬이다. 이처럼 모든 원소를 읽는 작업을 '순회'라고 하는데 버블 정렬에서는 한 번의 순회를 통해 해당 순회에서 가장 큰 값을 가장 오른쪽에 보낼 수 있다.

예를 들어 가장 큰 값을 가장 오른쪽에 놓고 싶다고 가정하자. 이러한 경우 지금 원소 차례(0번, 값 A라고 가정)에 현재 주소에 있는 값이 다음 주소의 값(B라고 가정)보다 클 때 이 둘을 바꿔주는데, 이어서 다음 차례에는 1번에 있는 값(여기서는 A)과 2번에 있는 값을 비교한다. 이렇게 비교하고 바꿔주는 과정을 마지막 원소까지 계속한다.

이러한 원리로 n번 순회할 때 n번째로 큰 원소가 뒤에서부터 n번째 주솟값에 도달할 수 있다. 이를 코드로 나타내면 다음과 같다.

```
public void BubbleSortArray(int[] arr)
{
    int n = arr.Length;
    for (int i = 0; i < n - 1; i++)
    {
        for (int j = 0; j < n - 1 - i; j++)
        {
            if (arr[j] > arr[j + 1])
            {
```

```
            int temp = arr[j];
            arr[j] = arr[j + 1];
            arr[j + 1] = temp;
        }
    }
  }
}
```

B.2   선택 정렬

선택 정렬은 원소들을 순회하며 가장 작은 값 혹은 정렬 규칙에 기반을 둔 값을 선택하여 이를 맨 앞으로 보내주는 알고리즘이다. 1번째 순회 땐 0번째 원소(가장 작은 값)를 결정하고, 2번째 순회 땐 1번째 원소(두 번째로 작은 값)를 결정할 수 있는 것이 특징이다.

선택 정렬 알고리즘을 코드로 나타내면 다음과 같다.

```
public void SelectionSortArray(int[] arr)
{
    int n = arr.Length;
    for (int i = 0; i < n - 1; i++)
    {
        int minIndex = i;
        for (int j = i + 1; j < n; j++)
        {
            if (arr[j] < arr[minIndex])
            {
                minIndex = j;
            }
        }
```

```
            if (minIndex != i)
            {
                int temp = arr[i];
                arr[i] = arr[minIndex];
                arr[minIndex] = temp;
            }
        }
    }
```

B.3 삽입 정렬

삽입 정렬은 배열이나 리스트의 각 원소를 적절한 위치에 '삽입'함으로써 전체를 정렬하는 방식으로, 마치 카드 게임에서 손에 든 카드를 정렬하는 방식과 비슷하다. 구체적으로는 현재 키로 잡은 값의 위치까지 이전 값들을 순회해 밀어내는 알고리즘이다.

예를 들어 {3, 5, 1, 8, 6}과 같은 배열이 있다고 가정하자. 그럼 첫 키는 1번 주소의 값인 5를 사용하는데, 임시로 키에 저장해둔다. 이어서 키의 전 주소부터 0번까지 거슬러 순회하는데 키로 잡은 주소의 원솟값보다 현재 탐색 중인 주소의 원솟값(3)이 작으니 내버려 두고 첫 번째 순회를 마친다. 이후 두 번째 순회에서는 2번 주소의 원솟값인 1을 키로 잡고 1의 전 순서인 5를 탐색한다. 5는 1보다 크므로 5를 오른쪽으로 한 칸 밀어준다. 그리곤 이전 값인 3으로 간다. 3도 1보다 크므로 한 칸 밀어준다. 이렇게 반복하다 마지막에 남는 칸에 원래의 키값을 집어넣어 준다. 그렇게 하면 원래의 키값 왼쪽에 있던 값들 중 키값보다 큰 값들은 오른쪽에 있게 되어 곧 정렬이 된다.

삽입 정렬 알고리즘을 코드로 나타내면 다음과 같다.

```
public void InsertionSortArray(int[] arr)
{
    int n = arr.Length;
    for (int i = 1; i < n; i++)
    {
        int key = arr[i];
        int j = i - 1;

        while (j >= 0 && arr[j] > key)
        {
            arr[j + 1] = arr[j];
            j--;
        }

        arr[j + 1] = key;
    }
}
```

B.4 퀵 정렬

퀵 정렬은 하나의 기준을 잡고 기준 이상과 이하로 나누어 정렬하는 알고리즘으로 대개 앞에서 설명한 알고리즘보다 빠르게 작동하기에 퀵 정렬이라는 이름이 붙었다. 하나의 기준을 잡고 나눈 두 부분에 대해서도 또 다시 각각 기준을 잡아 두 부분으로 나누며 이러한 과정을 재귀적으로 반복한다.

이렇게 큰 문제를 작은 문제로 나누어 해결한 후 그것을 다시 원래의 문제로 합쳐 해결하는 방법을 '분할 정복' 알고리즘이라 부르며 퀵 정렬은 이러한 분할 정복 알고리즘 중 하나이다. 다음은 퀵 정렬 알고리즘을 코드로 나타낸 것이다.

```csharp
// 0, arrayToSort.Length - 1이 각각 low와 high로 최초 입력
public void QuickSortArray(int[] arr, int low, int high)
{
    if (low < high)
    {
        int partitionIndex = Partition(arr, low, high);

        QuickSortArray(arr, low, partitionIndex - 1);
        QuickSortArray(arr, partitionIndex + 1, high);
    }
}

public int Partition(int[] arr, int low, int high)
{
    int pivot = arr[high];
    int i = low - 1;

    for (int j = low; j < high; j++)
    {
        if (arr[j] < pivot)
        {
            i++;
            int temp = arr[i];
            arr[i] = arr[j];
            arr[j] = temp;
        }
    }

    int temp2 = arr[i + 1];
    arr[i + 1] = arr[high];
    arr[high] = temp2;
    return i + 1;
}
```

B.5 병합 정렬

병합 정렬은 배열을 반으로 쪼갠 후 트리처럼 자식에 해당하는 배열을 만들며 해당 자식도 반으로 쪼갠다. 이를 재귀적으로 반복하여 원소가 1개인 배열이 될 때까지 쪼갠 후, 해당 배열을 다시 부모로 합쳐가는 과정에서 비교를 통해 정렬하는 방식이다.

병합 정렬 또한 퀵 정렬과 마찬가지로 분할 정복 알고리즘 중 하나로 매우 빠른 정렬 알고리즘이다. 병합 정렬 알고리즘을 코드로 나타내면 다음과 같다.

```csharp
// 0, arrayToSort.Length - 1이 각각 left와 right로 최초 입력
public void MergeSortArray(int[] arr, int left, int right)
{
    if (left < right)
    {
        int mid = (left + right) / 2;
        MergeSortArray(arr, left, mid);
        MergeSortArray(arr, mid + 1, right);
        Merge(arr, left, mid, right);
    }
}

public void Merge(int[] arr, int left, int mid, int right)
{
    int n1 = mid - left + 1;
    int n2 = right - mid;
    int[] leftArray = new int[n1];
    int[] rightArray = new int[n2];

    int i;
    for (i = 0; i < n1; i++)
    {
```

```
        leftArray[i] = arr[left + i];
    }

    for (i = 0; i < n2; i++)
    {
        rightArray[i] = arr[mid + 1 + i];
    }

    int k = left;
    int j = 0;
    i = 0;

    while (i < n1 && j < n2)
    {
        if (leftArray[i] <= rightArray[j])
        {
            arr[k] = leftArray[i];
            i++;
        }
        else
        {
            arr[k] = rightArray[j];
            j++;
        }
        k++;
    }

    while (i < n1)
    {
        arr[k] = leftArray[i];
        i++;
        k++;
    }

    while (j < n2)
```

```
        {
            arr[k] = rightArray[j];
            j++;
            k++;
        }
    }
```

B.6 힙 정렬

힙 정렬은 말 그대로 앞서 자료구조에서 설명한 힙을 활용한 정렬로 제일 크거나 제일 작은 값이 위에 오는 점을 활용한 정렬이다.

다음 코드는 이진 트리 구조를 배열로 나타내어 힙 정렬한 것이다. 이진 트리 구조를 배열로 나타내는 법은 간단하다. 부모 노드가 i의 주소를 가질 때(루트 노드는 일반적으로 0번이다), 자식 노드는 각각 $2 \times i + 1$, $2 \times i + 2$의 주솟값을 갖는 배열로 나타난다.

```
public void HeapSortArray(int[] arr)
{
    int n = arr.Length;
    for (int i = n / 2 - 1; i >= 0; i--)
    {
        Heapify(arr, n, i);
    }

    for (int i = n - 1; i >= 0; i--)
    {
        int temp = arr[0];
        arr[0] = arr[i];
```

```
            arr[i] = temp;
            Heapify(arr, i, 0);
        }
    }

    public void Heapify(int[] arr, int n, int i)
    {
        int largest = i;
        int left = 2 * i + 1;
        int right = 2 * i + 2;
        if (left < n && arr[left] > arr[largest])
        {
            largest = left;
        }

        if (right < n && arr[right] > arr[largest])
        {
            largest = right;
        }

        if (largest != i)
        {
            int temp = arr[i];
            arr[i] = arr[largest];
            arr[largest] = temp;
            Heapify(arr, n, largest);
        }
    }
```

CHAPTER 4

게임 프로그래밍 방법론

GAME
PROGRAMMING

4.1 왜 배워야 할까?

우리는 앞서 수학과 물리, 자료구조와 알고리즘이라는 게임 프로그래밍에 있어 기초적인 지식을 배웠다. 이제 4장에서는 객체 지향과 디자인 패턴 등을 통해 게임 프로그래밍 방법론을 배울 것이다. 이 점에 다소 의구심이 드는 독자도 분명 있으리라고 생각한다. 기초 지식을 익혔으면 이제 빨리 게임을 만들고 실습을 해야 할 텐데 갑자기 처음으로 돌아간 기분이 들 수 있다.

물론 바로 실습을 할 수도 있다. 즉, 이 책의 남은 지면을 간단한 퍼즐이나 액션 게임을 만드는 법을 알려주는 데 모두 할애할 수도 있다. 하지만 그렇게 하지 않을 것이다. 여기에는 두 가지 중요한 이유가 있다.

첫째, 실습을 자세히 다루는 다른 훌륭한 책이 많다.
이미 세상에는 각종 게임 엔진과 장르, 난이도별로 다양한 게임 프로그래밍 실습서가 존재하며 최신 버전에 맞춰 지금도 새로운 자료가 나오는 중일 것이다. 물론 책뿐만 아니라 공식 문서나 프로젝트, 동영상 자료 등이 넘쳐나는 상황에 굳이 이 책에서 실습을 할 필요는 없어 보인다.

둘째, 이 책에서는 물고기 자체가 아닌 물고기 잡는 법 혹은 물고기를 맛있게 먹는 법을 알려주고 싶다.
솔직히 게임 프로그래밍에 관해 앞서 소개한 기초 지식을 알면 좋지만 몰라도 어떻게든 게임은 만들 수 있다. 유니티나 언리얼처럼 범용적인 게임 엔진도 존재하지만 RPGMaker, RenPy와 같이 특정 장르를 만드는 데 특화된 게임 엔진도 많이 존재한다. 또한 대부분의 프로그래밍 언어와 게임 엔진에서 수학, 물리, 자료구조, 알고리즘과 관련된 기능을 이미 구현해놓아서 직접 구현할 일은 적을 것이다.

하지만 중력이나 공간을 조작하는 류의 게임이라고 하면 수학과 물리를 모르고서는 구현하기 힘들 것이며, 자료구조와 알고리즘을 모르고서 개성적인 행동 패턴을 가진 AI나 대규모 유저 데이터를 관리하는 일은 힘들 것이다. 게임 프로그래밍 방법론도 똑같다. 당장 간단한 게임을 만드는 데는 몰라도 크게 상관이 없지만 더 큰 규모의 작업이나 기능 추가에 더 유연함을 부여하기 위해서는 프로그래밍 방법론을 익히는 편이 훨씬 좋다고 말할 수 있다.

여기까지 읽었음에도 크게 학습의 필요성을 느끼지 못한 독자가 있을 수도 있다. 하지만 여기까지 묵묵히 읽어온 독자라면 이미 그 필요성을 어느 정도 이해하고 있으리라 생각한다. 또한 책의 어디에서도 게임을 직접적으로 만드는 법은 적혀 있지 않다는 점도 눈치챘을 것이다.

이 책의 마지막 장인 게임 프로그래밍 방법론을 통해 게임을 효율적으로 설계하고, 코드를 효과적으로 구조화하는 방법을 배우게 될 것이다. 또한 코드의 유지보수와 확장성을 개선하는 방법도 이해하게 될 것이다.

4.2 객체 지향 프로그래밍

이제 본격적으로 게임 프로그래밍 방법론에 대해 배워보도록 하자. 읽어 나가며 도저히 이해되지 않는 부분이 있다면, 잠시 책갈피를 꽂아두고 일단 다음 내용으로 넘어가보자. 앞서 이야기했듯 방법론의 학습에는 사전적 정의와 세부 사항보다는 전체적인 맥락을 이해하는 것이 중요하기 때문이다. 많은 예제를 접할수록 여러분의 감각도 늘어날 것이다.

4.2.1 객체 지향 프로그래밍이란?

객체 지향 프로그래밍 Object Oriented Programming (OOP)은 컴퓨터 프로그래밍 패러다임 중 하나로, 현실 세계 또는 허구의 개념을 소프트웨어 단위의 '객체'로 추상화하여 프로그래밍하는 방식이다.

사람도, 고양이도, 케이크도, 온도라는 개념도 전부 객체다.
심지어 '숨을 쉰다'는 행위도 객체가 될 수 있다.

앞의 문장이 이해가 가지 않더라도 괜찮다. 단순히 모든 개념을 객체를 통해 접근한다는 사실에만 주목하자. 즉, 그림에서처럼 '사람'과 같이 실제로 존재하는 물체도, '온도'와 같은 개념도 전부 객체로서 생각하는 사고방식이다. 이러한 객체에 특성을 부여하고, 객체 간의 상호작용을 정의하는 것으로 문제를 해결하는 과정을 통틀어 객체 지향 프로그래밍이라고 한다. 물론 이러한 사고방식은 '몬스터', '마나', '포탈' 등 현실에 존재하지 않는 개념 또한 동일하게 '객체'로서 다룰 수도 있기에 유연하고 이해하기 쉬운 프로그램을 작성하는 데 큰 도움을 준다. 객체 지향 프로그래밍을 통해 복잡한 개념을 단순화시켜 문제를 해결할 수 있으며 코드의 재사용성, 유지 보수성, 확장성 등을 증가시킬 수 있다.

이번 절에서는 객체 지향 프로그래밍의 기초 개념과 이를 활용한 예제를 다룰 것이다. 객체 생성, 상속, 다형성, 캡슐화 등의 핵심 개념을 실제 코드로 구현해보며 학습을 진행한다. 이를 통해 객체 지향 프로그래밍이 실제 어떻게 사용되는지 이해하고 디자인 패턴을 학습하기 위한 기초 지식을 다져 나가는 것을 목표로 한다.

4.2.2 객체란 무엇인가

객체 지향 프로그래밍에서는 말 그대로 모든 것이 객체가 될 수 있다. 앞에서 간단하게 소개한 대로 물리적 형체가 존재하는 물건도 객체가 될 수 있고, 이론적으로만 존재하는 개념 또한 객체가 될 수 있다.

게임의 경우를 한번 생각해보자. 일반적인 RPG 게임의 '플레이어' 개념도 객체가 될 수 있고 아이템인 'HP 포션'도 객체가 될 수 있다. 추상적인 개념인 'HP'도 객체가 될 수 있으며 심지어는 '아이템은 사용할 수 있다.', '포션을 마시면 HP를 회복한다.' 등의 정의를 포함한 세상의 모든 개념이 객체가 될 수 있다.

객체의 추상화

객체 지향 프로그래밍에서 핵심적인 요소 중 하나는 '추상화'이다. 바로 앞에서 HP라는 개념을 추상화한 것이 바로 그 예이다. 우리는 이미 세상의 모든 개념을 객체로 추상화할 수 있다는 사실을 알고 있다. 여기서 중요한 것은 '무엇을', '어디까지' 추상화할 것이냐는 점이다.

추상화는 우리가 원하는 상황에 맞게 그 정도를 조절해야 한다. 취미로 게임을 만드는데 모든 공기 분자의 움직임과 NPC 캐릭터의 모든 세포의 움직임, 광합성의 원리 따위를 구현할 필요는 없지 않은가? 물론 머나먼 미래에는 가능할지도 모른다. 하지만 그 미래가 온다고 해도 분자의 움직임을 구현하는 과정과 게임 세계를 만든다는 두 개념은 나눠서 생각해야 한다.

게임은 현실 세계를 어느 정도 모방하지만 현실의 완벽한 복제본일 필요는 없다. 모든 물리 법칙을 게임상에 구현할 필요는 없으며 필요에 따라 세상에 존재하지 않는 개념의 추상화도 필요하다. 즉, 추상화 정도는 필요에 따라서 조절해야 하며 때로는 과감한 생략도 필요하다는 것이다. 이런 극단적인 상황이 아니더라도 모니터에 캐릭터가 그려지는 과정과 게임 규칙을 설계하는 과정은 분리해서 생각할 필요가 있다.

객체의 역할

이제 우리는 모든 개념을 객체로 표현할 수 있다는 사실을 알게 되었다. 하지만 객체가 실제로 어떻게 상호작용하는지는 쉽게 연상이 되지 않을 것이다. 상호작용을 위해서 우리는 객체에 두 가지 특성을 부여할 것이다. 바로 '속성'과 '동작'이다.

RPG 게임의 '플레이어' 객체는 'HP', '공격력' 속성을 가지며 '이동', '공격', '점프'

동작이 존재한다. 필요에 따라 속성과 동작을 더하거나 빼는 것도 가능하다. 공격이 없는 게임이라면 공격력 속성과 공격 동작을 제외하면 그만이다. 추상화 정도에 따라서 얼마든지 변경할 수 있으며, 속성과 동작 둘 중 하나만 있거나 둘 다 없는 경우도 있을 수 있다. 객체가 어떤 특성을 지닐지는 프로그램 설계자의 의도에 달려 있다(설계자는 이 책을 읽고 있는 바로 여러분이다).

마찬가지로 몬스터나 아이템도 객체로 볼 수 있으며 객체 간의 속성과 동작이 상호작용하며 하나의 게임이 완성된다. 이러한 객체의 특성을 정의해두는 문서를 '클래스'라고 한다. 앞에서 정의한 '플레이어' 객체의 클래스를 코드로 표현하면 다음과 같다.

```
// Player 객체가 지녀야 할 특성을 정의하는 '클래스'
public class Player
{
    // 플레이어의 속성
    public int Hp { get; set; }
    public int AttackPower { get; set; }

    // 플레이어의 동작
    public void Attack() { /* 공격! */ }
    public void Move()   { /* 이동! */ }
    public void Jump()   { /* 점프! */ }
}
```

객체의 특성

객체가 지녀야 하는 속성과 동작은 프로그래밍 언어나 사용되는 맥락에 따라 부르는 용어가 조금씩 다르고 실제로는 명확한 정의와 기능도 다르다. 이 책에서는

C#을 기준으로 설명할 것이며, 특별히 언급이 없는 한 프로퍼티property를 속성, 메서드method를 동작으로서 사용하겠다.

다음 목록에 객체의 속성과 동작을 부르는 다양한 용어를 나열해두었다. 외울 필요는 없고 한번 읽어보는 것으로 충분하다.

- 객체의 속성
    - 프로퍼티property
    - 필드field
    - 멤버 변수member variable
    - 인스턴스 변수instance variable
    - 상태state
    - 데이터data
    - 특성attribute

- 객체의 동작
    - 메서드method
    - 함수function
    - 프로시저procedure
    - 서브루틴subroutine
    - 루틴routine
    - 행동action
    - 작업task
    - 연산operation
    - 행위behavior

즉, 앞에서 다룬 Player 클래스에서 HP는 int 타입의 프로퍼티이며, Attack() 은 void 리턴 타입의 매개변수가 없는 메서드라고 말할 수 있다.

우리는 이제 객체가 무엇이고 무엇이 객체가 될 수 있는지 무엇을 객체로 만들어야 하는지 배웠으며, 객체의 특성인 속성과 동작을 클래스를 통해 나타낼 수 있다는 사실을 배웠다. 그렇다면 이제부터 객체를 어떻게 사용하는지, 객체 간 상호작용이 어떻게 이루어지는지 자세히 알아보도록 하자.

4.2.3 클래스와 인스턴스

클래스-인스턴스 관계

앞에서 객체 지향 프로그래밍에서는 모든 사물과 개념을 객체로서 나타낸다는 사실을 배웠다. 이 말은 동일한 객체가 여럿 존재할 수도 있다는 뜻이다. 예를 들어 여러분 주머니 속 100원짜리 동전 3개는 각각 독립적인 객체지만, 모두 동일한 설계도로부터 만들어져 구성 성분이나 무게, 가치가 동일하다. 각각 별개의 쇳덩어리지만 모두 '100원'이라는 동일한 개념으로 설명할 수 있다.

여기서 우리는 '100원'이라는 개념과 '주머니 속 개별적으로 존재하는 동전들'의 두 가지 개념을 분리해서 생각해볼 수 있다. 이것이 바로 클래스와 인스턴스의 관계이다. 이를 코드로 나타내면 다음과 같다.

```
// Coin 클래스는 개념으로서의 100원을 의미한다.
public class Coin
{
    // 동전의 가치는 변경되어서는 안 되기 때문에 set; 프로퍼티가 존재하지 않는다.
```

```
    // 이는 후술할 '캡슐화' 개념에서 자세히 설명한다.
    public int Value { get; } = 100;
}
```

```
// 주머니 클래스를 정의했다.
public class Pocket
{
    // 주머니 속에 동전이 3개 들어갈 공간을 만들어준다.
    public Coin[] Coins { get; } = new Coin[3];

    // 주머니를 초기화하는 과정
    public Pocket()
    {
        Coins[0] = new Coin(); // 설계도를 이용해 100원 동전 인스턴스를 생성
        Coins[1] = new Coin(); // 또 다른 100원 동전 인스턴스를 생성
        Coins[2] = new Coin(); // 또 또 다른 100원 동전 인스턴스를 생성
    }
}
```

해당 코드에서 클래스를 '선언'하는 부분은 `public class Coin{ }` 부분에 해당되며, 인스턴스를 '생성'하는 부분은 `new Coin();`에 해당된다. 물론 Pocket도 클래스로 선언했기 때문에 실제로 사용하려면 `new Pocket();`과 같이 생성해줘야 한다. 여기서 클래스는 선언하는 것이며, 인스턴스는 생성한다는 점을 잘 기억해두자.

즉, 클래스는 설계도고 인스턴스는 설계도로 제작한 제품인 셈이다. 여러분이 영어 문법에 친숙하다면 클래스는 부정관사 a/an에 해당하고, 인스턴스는 정관사 the에 해당한다고 기억해도 좋다.

개별 상태를 가지는 인스턴스

여기서 한 가지 주의해야 할 점이 있다. 무작정 '클래스=설계도'라고 기억해버리면 모든 인스턴스가 동일한 모양을 가져야만 한다고 오해할 수도 있다. 하지만 모든 인스턴스는 각각 별개의 상태를 가질 수도 있다. 이해를 돕고자 앞의 100원짜리 동전 예를 살짝 변형한 고블린 클래스를 예로 들어 살펴보겠다.

```csharp
// Goblin 클래스는 개념으로서의 고블린을 의미한다.
public class Goblin
{
    public int Hp { get; set; } = 100;
}

// 게임 지도 클래스를 정의했다.
public class GameMap
{
    // 지도에 고블린이 3마리 들어갈 공간을 만들어준다.
    public Goblin[] Goblins { get; } = new Goblin[3];

    // 지도를 초기화하는 과정
    public GameMap()
    {
        Goblins[0] = new Goblin(); // 설계도를 이용해 고블린 인스턴스를 생성
        Goblins[1] = new Goblin(); // 또 다른 고블린 인스턴스를 생성
        Goblins[2] = new Goblin(); // 또 또 다른 고블린 인스턴스를 생성
    }
}
```

여기까지만 보면 앞의 100원 동전 예와 완전히 동일한 구조이다. 하지만 동전과는 다르게 고블린은 게임 속 몬스터인 만큼, 플레이어가 공격하게 된다면 Hp가 감소할 것이다. 이를 간단하게 구현해보면 다음과 같다.

```
// 게임 클래스를 정의했다.
public class Game : MonoBehaviour
{
    // GameMap 클래스로 Map 이름을 가진 인스턴스를 생성했다.
    public GameMap Map { get; } = new();

    // 게임의 매 1프레임마다 호출된다.
    public void Update()
    {
        // 키보드의 A 키를 누른 경우
        if (Input.GetKeyDown(KeyCode.A))
        {
            // 지도의 0번 고블린의 체력을 10 감소시킨다.
            Map.Goblins[0].Hp -= 10;
        }
    }
}
```

이 예제는 고블린의 체력을 감소시키기만 하고, 죽이는 기능도 없고, 무조건 0번 고블린만 공격하는 등 문제가 많다. 하지만 인스턴스가 각자 별개의 상태를 가질 수도 있다는 점을 설명하기에는 부족함이 없다. 이 예제를 실행해보면 다음과 같은 결과를 기대할 수 있다.

```
0: 100 / 1: 100 / 2: 100
A 키 입력
0: 90 / 1: 100 / 2: 100
A 키 입력
0: 80 / 1: 100 / 2: 100
...
```

결과에서 확인할 수 있듯이 0, 1, 2번 고블린 모두 Goblin 클래스에서 생성된 인스턴스지만 각자 Hp는 따로 관리된다. 같은 설계도로 만들어진 인스턴스라고 하더라도 각각의 인스턴스는 독립적인 객체라는 것이다.

100원 동전의 예처럼 모든 인스턴스가 동일한 상태를 가지게 만들 수도 있고, 고블린의 예처럼 인스턴스별로 독립적인 상태를 가지게 만들 수도 있다. 원한다면 모든 인스턴스가 공유하는 상태를 만들 수도 있을 것이다. 우리는 클래스 설계를 통해 이러한 인스턴스를 어떻게 다룰 것인지를 정의할 수 있다.

클래스 생성자

클래스는 다양한 프로퍼티와 메서드를 가질 수 있지만 그중 특별하게 취급되는 메서드가 있다. 바로 생성자^{constructor}이다. 생성자 메서드는 클래스로부터 인스턴스를 생성할 때 사용되는 메서드이며, 이때 인스턴스의 기본값을 초기화하는 등의 역할을 수행한다.

```
// Player 클래스 정의
public class Player
{
    // Name, Hp 프로퍼티를 지닌다.
    public string Name { get; set; }
    public int Hp { get; set; }

    // Player 인스턴스를 생성하는 특별한 메서드인 생성자가 바로 이것이다.
    public Player(string name, int hp)
    {
        Name = name;
        Hp = hp;
    }
}
```

```
// 생성자는 다음과 같이 사용한다.
var player = new Player("김용사", 100);
```

이렇게 생성자를 활용하면 객체가 생성될 때 필요한 초기 설정을 간편하게 수행할 수 있으며 객체의 일관성을 유지할 수 있다.

4.2.4 객체의 포함과 상속

객체의 포함 관계

객체는 다른 객체를 포함할 수 있다. 쉽게 생각해서 '숲' 객체는 속성으로서 '나무' 객체를 포함하고 있을 수 있다. 이는 간단하게 코드로 표현 가능하다.

```
public class Forest
{
    // Forest 객체가 지녀야 하는 속성
    // Forest 객체는 Tree 객체를 '포함'해야 한다.
    public Tree[] Trees { get; set; }
}
```

```
public class Tree { /* 나무의 속성과 동작 */ }
```

여기서 한 걸음 더 나아가 객체 간의 포함 관계를 더욱 발전시켜보자. 객체 지향 프로그래밍은 추상적인 개념조차 객체로서 다룬다. 따라서 속성뿐만 아니라 동작 또한 객체로 이루어질 수 있다.

이를테면 '플레이어'가 할 수 있는 동작 중 하나인 '이동'이라는 개념을 객체로서 생각해볼 수 있다. '이동' 객체는 '속력'과 '방향'이라는 속성을 가지며 '움직임'이라는 동작이 존재할 것이다. 플레이어는 스스로 이동 동작을 처리하는 대신 이동 객체를 통해 이동 동작을 처리하게 변경할 수 있다. 이를 코드로 구현하면 다음과 같다.

```csharp
// '이동'이라는 추상적인 개념을 나타내는 Mover 클래스
public class Mover
{
    public float Speed { get; set; }
    public Vector2 Direction { get; set; }

    public void Move() { /* 이동! */ }
}
```

```csharp
public class Player
{
    // 플레이어의 속성
    public int Hp           { get; set; }
    public int AttackPoint  { get; set; }

    // Player 객체는 Mover 객체를 포함한다.
    private Mover _mover = new();

    // 플레이어의 동작
    public void Attack() { /* 공격! */ }
    public void Move()    => _mover.Move(); // Mover를 통해 이동
    public void Jump()   { /* 점프! */ }
}
```

이처럼 객체의 속성과 동작은 다른 객체로 구성되어 있을 수 있으며, 이러한 관계를 객체의 포함 관계라고 한다. 여기에 제한은 없다. 객체는 다른 여러 객체를 포함할 수 있고, 동시에 여러 객체에 포함될 수도 있다. 심지어는 다음과 같은 순환 포함 관계도 가능하다.

```
// 'Game' 클래스는 현재 지도 정보를 가지고 있다.
public class Game
{
    public Map CurrentMap { get; set; }
}

// 'Map' 클래스는 현재 게임 정보를 가지고 있다.
public class Map
{
    public Game CurrentGame { get; set; }
}
```

물론 이처럼 서로를 포함하는 행위는 일반적으로 좋은 생각은 아니다. 여러분 프로그램에 이런 코드가 많다면 당장은 아니더라도 크고 작은 문제를 겪게 될 것이 분명하니 객체를 설계할 때는 충분한 주의가 필요하다. 그럼에도 불구하고 객체의 다양한 특성과 상호작용은 프로그램을 더욱 견고하고 유연하게 만들어주는 도구가 될 수 있다. 객체라는 도구의 특성을 잘 이해하고 활용할 수 있도록 하자.

객체의 상속 관계

객체는 다른 객체의 속성과 동작을 상속받을 수 있다. 일반적으로 '상속'이라는 단어를 들으면 대부분은 재산 상속과 같은 개념을 떠올릴 것이다. 하지만 프로그래밍에서의 상속은 재산 상속과는 사뭇 다르다. 프로그래밍 세계에서는 상속세를

낼 필요도 없고 피상속인의 재산도 사라지지 않는다. 오히려 부모의 특성을 물려받는 유전의 개념에 가깝다.

간단한 예를 들어 보자면 '인간' 객체는 '동물' 객체를 상속받는 개념이다. 이 밖에도 동물 객체를 상속받는 객체는 '개', '물고기', '조류' 등 다양하다. 여기까지만 들어보자면 상속이라는 개념이 단순히 객체를 분류하는 기준으로만 생각할 수도 있을 것이다. 하지만 상속은 단순한 분류에 그치지 않고 상위 객체의 특성을 물려받는다는 특징이 있다.

모든 동물은 각자의 방식으로 움직일 수 있다.

모든 동물 객체는 '움직일 수 있다'라고 정의하면, 동물을 상속받은 모든 객체도 동일하게 움직임에 대해 정의해야 한다(실제 세계에서는 움직일 수 없는 동물도 물론 존재할 수 있지만, 여기서는 움직일 수 있는 동물만을 생각한다). 여기서 중요한 점은 동물 객체는 '움직일 수 있다'라는 동작만을 정의했을 뿐, 실제로 어떻게 움직일지는 상속받는 객체가 결정할 수 있다는 점이다. 인간 객체는 '걷는다', 조류 객체는 '비행한다'는 행위를 통해 각자가 '움직일 수 있다'는 개념을 상속받는다. 이는 다음과 같이 표현할 수 있다.

```csharp
// '동물'이라는 개념은 그 자체로 실존하는 객체가 될 수 없다.
// '인간 철수', '강아지 백구' 등 실존하는 객체를 포괄하는 추상적 개념이기 때문이다.
// 따라서 '동물' 클래스는 추상 클래스로 구현한다.
// (추상 클래스에 대한 자세한 내용은 뒤에서 다루도록 하겠다.)
public abstract class Animal
{
    // '동물'에 해당되는 객체는 '이동'의 개념을 가져야 한다.
    public abstract void Move();
}

// '인간' 객체는 '동물'을 상속받았으므로 움직일 수 있어야 한다.
public class Human : Animal
{
    public override void Move()
    {
        /* 걷는다 */
    }
}
```

```csharp
// '조류'에 해당되는 객체도 '동물'을 상속받았기 때문에 움직일 수 있어야 한다.
// 여기서, '조류'라는 개념도 '동물' 개념과 마찬가지로 추상 클래스로 구현한다.
// 하지만 모든 조류는 날 수 있기 때문에 Move() 메서드의 동작을 미리 구현해둘 수 있다.
public abstract class Birds : Animal
{
    public override void Move() { /* 비행한다 */ }
}
```

```csharp
// 인간 객체를 상속받은 프로그래머, 군인, 존 스미스 모두 걸어서 움직인다.
// 부모 객체인 인간 클래스가 Move() 메서드를 구현했기 때문에
// 자식은 걷는 방법의 구현을 생략할 수 있다.
```

```
public class Programmer : Human { }
public class Soldier : Human { }
public class JohnSmith : Human { }

// 마찬가지로 독수리, 참새도 조류 클래스에서 비행 방법을 정의했기 때문에 생략
가능하다.
public class Eagle : Birds { }
public class Sparrow : Birds { }
```

이처럼 부모 객체의 특성을 자식 객체가 물려받는 관계를 객체의 상속 관계라고 한다. 물론 상속 관계는 연쇄적으로 이루어질 수도 있다. 바로 앞의 예시에서도 확인할 수 있듯이 '동물 → 조류 → 독수리'와 같은 상속 관계가 가능하다.

상속의 제약 사항

상속은 포함과는 다르게 약간의 제약 사항이 존재한다. 부모를 상속받는 자식은 여럿 존재할 수 있지만, 동시에 여러 부모로부터 상속받을 수는 없다(정확히 말하자면, 할 수는 있겠지만 해서는 안 된다). 왜 여러 부모로부터 상속받을 수 없는 걸까? 다음 예제를 통해 확인해보자.

```
// 인간과 조류를 동시에 상속받은 존 참새 스미스씨.
// 과연 이 객체는 Move() 명령을 내릴 때 어떻게 움직이게 될까?
public class JohnSparrowSmith : Human, Birds { }
```

JohnSparrowSmith 클래스는 인간과 새를 동시에 상속받게 만들었다(현실에서는 불가능하지만 프로그래밍 세계에서는 이러한 상상도 자유다). 과연 Move() 메서드를 실행하면 '존 참새 스미스'씨는 걸어갈 것인가, 날아갈 것인가?

이처럼 상속받은 부모에게 동일한 구조의 명령이나 속성이 존재할 경우, 어느 부모의 것을 고를지 알 수 없기 때문에 생기는 문제를 '죽음의 다이아몬드 the deadly diamond of death'라고 한다.

인간인 동시에 참새일 수는 없다.

이러한 문제를 보고 단순하게 '둘 중 하나를 고르면 되지 않나요?'라고 생각할 수도 있다. 그렇다면 조금 더 극단적인 예시를 살펴보자.

```
// 파일 시스템의 명령을 클래스로 만들었다.
public abstract class Command
{
    // 명령은 '실행'이라는 행동이 가능
    public abstract void Execute();
}
```

```
// 파일을 생성하는 명령
public class CreateCommand : Command
{
    public override void Execute() { /* 파일을 생성한다 */ }
}
```

```
}
// 파일을 제거하는 명령
public class RemoveCommand : Command
{
    public override void Execute() { /* 파일을 삭제한다 */ }
}
```

```
// CreateCommand, RemoveCommand로부터 동시에 상속받아
// 파일을 생성, 제거하는 명령. 도대체 무엇을 해야 하는가?
public class CreamoveCommand : CreateCommand, RemoveCommand { }
```

```
public class Program : MonoBehaviour
{
    public void Start()
    {
        // CreateCommand를 생성해 명령을 실행
        var createCommand = new CreateCommand();
        createCommand.Execute(); // 파일이 생성되었다.
        // RemoveCommand를 생성해 명령을 실행
        var removeCommand = new RemoveCommand();
        removeCommand.Execute(); // 파일이 제거되었다.
        // CreamoveCommand를 생성해 명령을 실행
        var creamoveCommand = new CreamoveCommand();
        creamoveCommand.Execute(); // ??? 무슨 일이 일어날지 알 수 없다.
    }
}
```

앞의 예제에서는 파일 생성과 제거를 동시에 상속받는 CreamoveCommand 클래스를 만들어보았다(실제로 이런 단어는 없다. 말이 안 되는 행위임을 표현하기 위

해 지어낸 단어이다). 해당 클래스를 통해 Execute 명령을 내리면 파일을 생성했다 지워야 할까? 아니면 파일을 지우고 다시 만들어야 할까? 아니면 아무것도 하지 말아야 할까?

좋다, 여러분이 다중 상속을 지원하는 언어를 사용해서 앞의 코드가 생성 직후 삭제 동작을 하게 만들었다고 가정해보자. 그럼에도 여러분의 코드는 여전히 위험성을 내포하고 있다.

자식 클래스는 부모 클래스가 사용되는 모든 상황에 사용 가능하다("인간이 아닌 프로그래머만 모여주세요."와 같은 명령이 불가능하듯 말이다). 여러분 프로그램을 사용하는 누군가가 "CreamoveCommand가 뭔지는 모르겠지만, Create Command의 자식 클래스니 분명 파일을 만드는 명령이겠지?"라고 생각하며 CreamoveCommand 클래스를 사용하게 된다면 어떻게 될까? 여러분은 상사에게 크게 혼나거나 매일 수백 통의 항의 전화가 쏟아져 고생할지도 모른다.

이처럼 죽음의 다이아몬드 문제는 해결하기 어려운 문제이며, 해결하려고 해서도 안 되는 문제이다. C++ 등 동시에 여러 부모를 상속받는 게 가능한 언어도 존재하나, 가능하다 하더라도 하지 않는 것이 바람직하다. 그럼에도 불구하고 여러 부모를 동시에 상속받아야 하는 상황이라면 대신 '인터페이스'를 이용해서 구현하는 것이 일반적이다(이는 이어지는 절에서 설명하겠다).

```
// 닭이 먼저일까 달걀이 먼저일까?
public class Chicken : Egg { }
public class Egg : Chicken { }
```

```
// A의 부모는 C의 부모는 B의 부모는 A의 부모는...
public class A : C { }
public class B : A { }
public class C : B { }
```

당연하겠지만 서로를 부모로 상속받는 것도 불가능하다. 닭이 먼저냐, 달걀이 먼저냐 하는 문제는 현실 세계에서 논하는 것으로 충분하다.

그래서 상속을 왜 쓰는가

상속은 객체 지향 프로그래밍에서 중요한 개념 중 하나이다. 상속을 사용하면 부모-자식 관계가 명확해진다. 부모가 할 수 있는 일은 자식도 모두 할 수 있어야 하며, 부모가 사용되는 경우를 전부 자식으로 대체할 수도 있어야 한다. 이러한 상속의 특성은 다형성polymorphism을 구현하는 데 중요한 역할을 한다.

또한 상속을 사용하면 기존 클래스의 기능을 확장하거나 변경할 수 있다. 자식 클래스에서 부모 클래스의 메서드를 재정의(오버라이딩)하거나 새로운 메서드를 추가할 수 있다. 이러한 특성으로 인해 유연하고 확장성 있는 코드를 쉽게 작성할 수 있다.

무엇보다 매력적인 기능은 부모 클래스에 미리 정의해둔 내용을 자식 클래스에서 그대로 사용할 수 있다는 점이다. 다시 말해 똑같은 코드를 반복해서 작성할 필요가 없다. 그 누구도 똑같은 코드를 몇 번이고 반복해서 작성하고 싶지는 않을 것이라고 믿는다.

이처럼 상속은 적절히 사용하면 코드를 재활용하고 유연한 구조를 만들 수 있으며, 다양한 문제를 해결하는 데 큰 도움이 되는 강력한 도구로 활용할 수 있다.

4.2.5 다형성

다형성의 필요성

게임 프로그래밍에서는 공격할 때 무기를 사용하거나 스킬을 적게 사용하는 등 여러 객체들이 상호작용하며 다양한 행동을 하게 된다. 이때 동일한 행위에 대해 다양한 기능을 지원해야 하는 경우가 자주 생기곤 한다. 이럴 때 유용하게 활용할 수 있는 객체 지향의 특성 중 하나가 바로 다형성이다.

다형성은 크게 메서드 오버로딩$^{method\ overloading}$과 메서드 오버라이딩$^{method\ overriding}$ 두 가지 요소로 구현할 수 있다. 이름은 비슷하지만 이들 둘의 역할은 크게 다르다.

메서드 오버로딩

메서드 오버로딩은 같은 이름의 메서드가 매개변수^{parameter}의 개수나 타입 등이 다르게 정의되어 다른 기능을 수행할 수 있는 것을 말한다. 메서드 이름이 같고 매개변수의 타입, 개수, 순서 등이 다르면 오버로드된 메서드라고 말할 수 있다.

예를 들어 게임 플레이어의 생성자 메서드를 생각해보자. 이 메서드는 플레이어 객체의 이름과 초기 HP를 입력받아 객체를 생성하고 반환하는 역할을 한다. 이 때, HP를 입력하지 않는 경우에도 대응할 수 있게 메서드를 하나 더 만들어야 한다고 해보자. 그러면 다음과 같이 표현할 수 있다.

```
// Player 클래스 정의
public class Player
{
    // Name, Hp 프로퍼티를 지닌다.
    public string Name { get; set; }
    public int Hp { get; set; }
```

```
    // Player 생성자 메서드
    public Player(string name, int hp)
    {
        Name = name;
        Hp = hp;
    }

    // Player 생성자 메서드. Hp를 지정하지 않은 경우 기본값 100을 지정한다.
    public Player(string name)
    {
        Name = name;
        Hp = 100;
    }
}
```

이 예제 코드에서는 Player 클래스에 생성자 메서드를 두 개 정의했다. 첫 번째 생성자는 이름과 HP를 입력받아 객체를 생성하고, 두 번째 생성자는 이름만 입력받아 HP를 기본값 100으로 설정하여 객체를 생성한다. 이렇게 생성자를 오버로딩함으로써 HP를 꼭 입력하지 않아도 Player 인스턴스를 생성할 수 있게 만들었다.

```
// HP를 입력하지 않는 경우
var player1 = new Player("김용사");

// HP를 입력하는 경우
var player2 = new Player("박공주", 200);
```

앞의 예제 코드에서 player1 객체는 HP를 입력하지 않았으므로 두 번째 생성자가 호출되어 HP가 기본값인 100으로 설정된다. 반면, player2 객체는 HP를 입력했으므로 첫 번째 생성자가 호출되어 입력받은 체력값인 200이 설정된다.

물론, 생성자뿐만 아니라 일반적인 메서드도 오버로딩할 수 있다.

```
public class Weapon
{
    public void Attack()                    { /* 허공에 공격 */ }
    public void Attack(Enemy enemy)         { /* 적을 공격 */ }
    public void Attack(Enemy[] enemies)     { /* 적들을 공격 */ }
    public void Attack(int x, int y)        { /* 특정 좌표를 공격 */ }
    public void Attack(int times)           { /* 특정 횟수 반복 공격 */ }
}
```

이처럼 메서드 오버로딩은 객체를 다룰 때 일관된 사용성을 제공하며 기능을 확장하기 편한 유연성을 제공해준다.

메서드 오버라이딩

메서드 오버라이딩은 부모 클래스의 메서드를 상속받은 자식 클래스에서 재정의하는 것을 말한다. 즉, 자식 클래스에서 부모 클래스와 동일한 이름과 형식의 메서드를 덮어쓰는 행위다. 이때, 자식 클래스가 오버라이드한 메서드는 부모 클래스의 메서드 대신 호출되며 자식 클래스에 정의된 구현 내용이 실행된다.

사실 우리는 앞에서 상속의 개념을 설명할 때 이미 메서드 오버라이딩에 대해 다뤘다. 다음은 앞에서 다룬 코드를 살짝 변형한 것이다.

```
// 인간 클래스를 만들었다.
public class Human
{
    // 자식 클래스에서 오버라이딩이 가능하게 virtual 키워드로 선언한다.
    public virtual void Move() { /* 걷는다 */ }
}
```

```
public class Programmer : Human
{
    // 인간 클래스를 상속받은 프로그래머는 허리가 아파서 잘 못움직인다.
    public override void Move() { /* 아이고, 허리야! */ }
}
```

```
public class Soldier : Human
{
    // 인간 클래스를 상속받은 군인은 뛰어서 움직인다.
    public override void Move() { /* 뛰어간다 */ }
}
```

코드에서 Programmer 클래스와 Soldier 클래스는 Human 부모 클래스에서 정의된 Move() 메서드를 재정의하고 있다. 그렇다면 재정의한 메서드는 어떻게 작동할까? 다음 코드를 보며 확인해보자.

```
Human human = new Human();
human.Move(); // 걷는다.

Programmer programmer = new Programmer();
```

```
programmer.Move(); // 아이고, 허리야!

Soldier soldier = new Soldier();
soldier.Move(); // 뛰어간다.
```

앞에서 설명한 대로, 자식 클래스가 오버라이드한 메서드는 부모 클래스의 메서드 대신 호출된다. 여기서 한 걸음 더 나아가 생각해보자. 앞의 코드에서 programmer 인스턴스는 Programmer 클래스의 Move() 메서드를 호출한 것이며 Soldier 클래스도 그러하다. 하지만 Programmer, Soldier 클래스는 동시에 Human 클래스이기도 하다. 따라서 다음과 같이 표현할 수도 있다.

```
Human human = new Human();
human.Move(); // 걷는다.

Human programmer = new Programmer();
programmer.Move(); // ???

Human soldier = new Soldier();
soldier.Move(); // ???
```

이 경우 ???로 표시한 부분의 실행 결과는 어떻게 될까? 모두 '걷는다'가 될까, 아니면 자식 클래스에서 재정의한 Move() 메서드의 실행 결과가 나오게 될까? 정답은 후자이다. 자식 클래스의 형식을 부모 클래스로 변환한다고 해서 programmer 인스턴스의 본질이 바뀌는 것은 아니기 때문이다. 이처럼 메서드를 오버라이딩하면 어떤 형태로 변환되더라도 자식 클래스에서 오버라이딩한 메서드를 실행하게 된다. 따라서 여러분은 programmer 인스턴스가 갑자기 걷거나 뛰게 될까 걱정하지 않아도 된다.

이처럼 메서드 오버라이딩은 부모 클래스에서 지정한 기능을 자식 클래스에서 변경하거나 확장해야 하는 경우에 활용할 수 있으며, 신뢰성 있는 동작을 설계할 때 도움이 된다.

예를 들어 어떤 무기든지 클릭하면 공격한다는 기능을 구현할 때 이를 활용할 수 있다. 즉, 부모 클래스에서 '공격' 메서드를 지정해두는 것만으로 자식 클래스에서 '칼은 찌르고, 총은 발사하고, 마법은 시전한다' 등 각자의 기능을 구현할 수 있기 때문이다. 총을 무기고에 보관한다고 해서 발사하는 기능이 사라지거나 갑자기 마법이 나오면 말이 안 되듯이, 메서드를 오버라이딩하면 자식 클래스에 구현된 내용을 실행해야 한다는 사실도 연관 지어 생각하면 이해하기 쉬울 것이다.

4.2.6 추상 클래스와 인터페이스

추상 클래스

추상 클래스는 인스턴스를 만들 수 없는, 즉 실체가 없는 개념이다. 앞에서 접해본 '동물' 클래스가 바로 추상 클래스다.

```
// '동물'이라는 개념은 그 자체로 실존하는 객체가 될 수 없다.
// '인간 철수', '강아지 백구' 등 실존하는 객체를 포괄하는 추상적 개념이기 때문이다.
// 따라서 '동물' 클래스는 추상 클래스로 구현한다.
public abstract class Animal
{
    // '동물'에 해당되는 객체는 '이동'의 개념을 가져야 한다.
    public abstract void Move();
}
```

추상 클래스가 일반적인 클래스와 구분되는 가장 큰 특징은 추상 클래스로부터는 인스턴스를 직접 생성할 수 없다는 점이다.

우리는 앞에서 클래스가 일종의 설계도 역할을 한다고 배웠다. 따라서 '인간' 설계도를 가지고 '철수', '영희' 인스턴스를 생성할 수 있다. 하지만 '동물' 설계도만 가지고는 인간도, 강아지도 만들 수 없다. 이런 추상 클래스를 어디에 사용할 수 있는지 궁금할 수도 있다. 게임 인벤토리에 아이템을 넣는 예제를 통해 자세히 확인해보자.

```csharp
// Item 클래스는 아이템을 나타내는 추상 클래스이다.
public abstract class Item
{
    // Item 인스턴스의 이름을 가져오는 메서드
    // abstract 키워드를 사용함으로써 상속받은 클래스에서 구현하도록 강제한다.
    public abstract string GetName();

    // 추상 메서드뿐만 아니라 일반적인 메서드나 필드도 선언 가능하다.
    public int GetPrice() => 100;
}
```

우선 Item 클래스를 추상 클래스로 구현했다. 추상 클래스는 그 자체로 인스턴스를 만들 수 없고 상속받을 클래스가 해야 할 일만을 지정하는 클래스이다. 설계도의 설계도인 셈이다. 따라서 추상 클래스의 메서드도 추상 메서드이다. 앞에서는 GetName() 메서드가 추상 메서드에 해당한다.

하지만 추상 클래스라고 해서 모두 추상 메서드만 가질 필요는 없다. GetPrice() 메서드와 같이 자식 클래스에서 별도로 지정하지 않을 경우의 기본값 또한 지정할 수 있다.

C#의 경우 abstract 클래스는 자식 클래스에게 구현을 강제하고 virtual 클래스는 구현을 선택 가능하게 만들 수 있다. 아무 키워드도 지정하지 않은 경우는 자식 클래스에서 구현하기를 원하지 않는 경우로 해석 가능하다.

이처럼 추상 클래스는 설계 의도에 따라 유연하게 만들 수 있다. 심지어는 내용이 비어 있는 추상 클래스 또한 선언할 수 있다.

```csharp
// Weapon 클래스는 Item 클래스를 상속받는 클래스이다.
public class Weapon : Item
{
    // Item 클래스에서 abstract로 선언한 메서드는 반드시 구현해야 한다.
    // 자식 클래스에서 구현할 경우 override 키워드를 이용해 나타낸다.
    public override string GetName() => "무기";

    // Weapon 클래스에서만 사용되는 대미지 속성
    public int Damage { get; } = 100;
}
```

```csharp
// Potion 클래스는 Item 클래스를 상속받는 클래스이다.
public class Potion : Item
{
    // Item 클래스에서 abstract로 선언한 메서드는 반드시 구현해야 한다.
    // 자식 클래스에서 구현할 경우 override 키워드를 이용해 나타낸다.
    public override string GetName() => "물약";

    // Potion 클래스에서만 사용되는 행동
    public void Drink() { /* 물약을 마신다. */ }
}
```

이어서 Item 클래스에서 상속받아 Weapon, Potion 클래스를 만들어보았다. 여기서 주목할 점은 다음과 같은 두 가지다.

가장 먼저 GetName() 메서드를 살펴보자. 부모 클래스에서 추상 메서드로 선언한 GetName() 메서드는 부모 클래스에서는 아무런 내용도 없는 대신, 자식 클래스에서 내용을 구현하도록 강제하는 역할을 한다. 따라서 자식 클래스에서 '무기', '물약'과 같이 반드시 내용을 구현해줘야 한다.

두 번째로는 Damage 속성과 Drink() 메서드다. 부모로부터 상속받은 클래스는 자신만의 특성을 새롭게 정의할 수 있다. 물론 Potion 클래스에서 새롭게 정의한 Drink() 메서드를 Porion의 자식 클래스에서 다시 정의할 수도 있다.

이제 앞에서 준비한 Weapon, Potion 아이템을 담아 둘 인벤토리를 구현해보자.

```
// Inventory 클래스는 Item을 보관하는 클래스이다.
public class Inventory
{
    // 인벤토리에 보관할 Item 인스턴스들의 배열
    private List<Item> _items = new();

    // 인벤토리에 아이템을 추가하는 메서드
    public void AddItem(Item item)
    {
        _items.Add(item);
    }

    // 인벤토리에 보관된 모든 아이템의 이름을 출력하는 메서드
    public void PrintAllItems()
    {
        foreach (var item in _items)
        {
```

```
            Debug.Log(item.GetName());
        }
    }
}
```

인벤토리 클래스에는 아이템을 추가하는 메서드와 보관된 모든 아이템의 이름을 출력하는 메서드를 정의해두었다. 여기서 AddItem() 메서드는 입력 인자로서 Item 형을 받는데, 이는 Weapon, Potion뿐만 아니라 Item을 상속받은 클래스는 모두 추가할 수 있도록 하기 위함이다. Quest, Food 등 Item을 상속받은 새로운 클래스가 생긴다고 하더라도 Inventory 클래스는 동일하게 작동할 것이다.

마지막으로 이러한 인벤토리 시스템을 게임에 적용해보자.

```
// Game 클래스를 정의한다.
public class Game : MonoBehaviour
{
    // Player 인스턴스와 Inventory 인스턴스를 생성한다.
    private Inventory _inventory = new();

    // 게임 시작 시 호출된다.
    private void Start()
    {
        // Item 인스턴스를 생성한다.
        // Inventory 인스턴스에 새로운 아이템을 추가한다.

        // 해당 코드는 컴파일되지 않는다.
        // _inventory.AddItem(new Item());

        _inventory.AddItem(new Weapon());
        _inventory.AddItem(new Potion());
```

```
        _inventory.AddItem(new Potion());

        // 결과는 다음과 같이 표시될 것이다.
        // 무기
        // 물약
        // 물약
        _inventory.PrintAllItems();
    }
}
```

Game 클래스는 인벤토리를 새로 만들어 무기 1개와 포션 2개를 차례대로 집어넣고 모든 아이템 정보를 출력한다. AddItem() 메서드의 입력값을 추상 클래스인 Item으로 설정했기 때문에 Item 형식의 인스턴스는 모두 인벤토리에 들어갈 수 있는 것을 확인할 수 있다.

단, Item 클래스는 자식 클래스에서 해야 할 일만을 정의해둔 추상 클래스이기 때문에 new Item()과 같이 직접 인스턴스를 생성하는 것은 불가능하다는 점을 기억해두자.

인터페이스

인터페이스^{interface}는 추상 클래스와 비슷한 개념이지만 추상 클래스보다 추상화 정도가 더 높다. 인터페이스는 구현부를 가질 수 없으며 인터페이스를 상속받는 클래스에서 인터페이스에 선언된 멤버들을 모두 구현해줘야 한다. 추상 클래스와 마찬가지로 인터페이스는 직접 인스턴스를 생성할 수 없기 때문에, 상속받은 클래스에서 인터페이스의 멤버를 모두 구현한 후에 해당 클래스를 인스턴스화해야 사용할 수 있다.

다음은 앞에서 사용한 Item 추상 클래스 예제 코드를 인터페이스로 변경한 경우이다.

```csharp
// Item 클래스는 아이템을 나타내는 추상 인터페이스이다.
// 인터페이스라는 점을 확실하게 나타내기 위해서 I 접두사를 추가했다.
public interface IItem
{
    // Item 인스턴스의 이름을 가져오는 메서드
    // 인터페이스이기 때문에 상속받은 클래스에서 무조건 구현해야 한다.
    string GetName();

    // 마찬가지로 인터페이스는 실체가 없이 형식만을 지정해준다.
    int GetPrice();

    // 인터페이스는 구현부를 포함할 수 없기 때문에 아래 코드는 에러가 발생한다.
    // string GetName() => "아이템";
    // int    GetPrice() => 100;
}
```

```csharp
// Weapon 클래스는 Item 인터페이스를 상속받는(=구현하는) 클래스이다.
public class Weapon : IItem
{
    // Item 인터페이스에서 선언한 메서드는 모두 구현해야 한다.
    public string GetName() => "무기";
    public int GetPrice() => 100;

    // Weapon 클래스에서만 사용되는 대미지 속성
    public int Damage { get; } = 100;
}
```

```
// Potion 클래스는 Item 인터페이스를 상속받는(=구현하는) 클래스이다.
public class Potion : IItem
{
    // Item 인터페이스에서 선언한 메서드는 모두 구현해야 한다.
    public string GetName() => "물약";
    public int GetPrice() => 50;

    // Potion 클래스에서만 사용되는 행동
    public void Drink() { /* 물약을 마신다 */ }
}
```

추상 클래스와 사용법은 비슷하지만 약간의 차이가 있다는 점을 확인할 수 있다. 추상 클래스는 기본 구현을 미리 포함해둘 수 있지만 인터페이스는 불가능하다. 게다가 인터페이스의 내용은 반드시 모두 구현해줘야 한다.

인터페이스의 다중 상속

그렇다면 이렇게 제약이 더 많은 인터페이스를 왜 사용하는지 의문이 드는 독자도 있을 것이다. 인터페이스의 가장 큰 특징 중 하나는 다중 상속이 가능하다는 점이다. 이는 프로그램의 덩치가 커지면서 하나의 클래스가 다양한 역할을 수행해야 할 때 유용하다.

앞에서 소개한 IItem 인터페이스와 Weapon, Potion 클래스에는 다음과 같은 기능이 추가될 수 있다.

```
// 아이템은: 구매 가능하고 / 판매 가능하고 / 떨어뜨릴 수 있고 / 이동시킬 수 있다.
public interface IItem : IBuyable, ISellable, IDroppable, IMovable
{
```

```
    }

    // 무기는: 아이템이며 / 공격 가능하고 / 장비 가능하고 / 강화 가능하다.
    public class Weapon : IItem, IAttackable, IEquippable, IEnchantable
    {
        // 생략
    }

    // 포션은: 아이템이며 / 소비 가능하고 / 던질 수 있다.
    public class Potion : IItem, IComsumable, IThrowable
    {
        // 생략
    }
```

지금까지 내용을 잘 따라온 독자라면 "다중 상속은 죽음의 다이아몬드 문제가 발생하니 사용하면 안 된다고 하지 않았나요?"라고 물을 수도 있다. 훌륭한 지적이다. 인터페이스도 다중 상속의 일부이기 때문에 죽음의 다이아몬드 현상이 발생할 수 있다.

하지만 다행히 인터페이스의 경우 구현부를 가지지 않기 때문에 다이아몬드 상속으로 인한 메서드 충돌만큼은 피할 수 있다. 동일한 이름과 구조의 메서드가 존재하더라도 무엇을 실행해야 할지는 자식 클래스에서 정할 수 있다는 장점이 있다. 따라서 많은 언어에서 클래스의 다중 상속을 지원하는 대신 인터페이스의 다중 상속을 지원하는 식으로 구현되어 있다.

다중 상속을 아예 사용하지 않고 프로그래밍을 하면 안 되냐고 반문할 수도 있다. 이러한 제약도 물론 가능하다. 하지만 하나의 클래스에 모든 기능을 몰아넣어 관리가 힘들어질 바에, 죽음의 다이아몬드 문제를 추상화라는 우아한 방식을 통해 해결하는 인터페이스를 활용하는 것이 훨씬 더 유리할 것이다.

물론 인터페이스의 경우도 동일한 이름과 구조의 메서드를 다르게 구현할 경우 죽음의 다이아몬드 문제가 발생할 수도 있다. 하지만 C#과 같은 최신 객체 지향 언어의 경우 메서드가 속하는 인터페이스를 직접 지정하게 할 수 있는 등 인터페이스를 사용하며 발생할 수 있는 문제를 해결할 문법적 구조를 제공하기 때문에, 프로그램 구조 설계에 인터페이스를 적극적으로 활용하기 좋다.

정리하자면 클래스나 인터페이스의 다중 상속은 분명 강력한 도구이나 이로 발생하는 문제(특히 클래스의 다중 상속으로 인한 문제)는 완전히 해결하기 어렵기 때문에 프로그램 구조를 설계할 때부터 이러한 문제가 발생하지 않도록 충분히 주의를 기울이는 것이 좋다.

4.2.7 캡슐화와 정보 은닉

캡슐화

객체 지향에 대해 마지막으로 알아볼 특성은 캡슐화와 정보 은닉이다. 지금까지 내용을 잘 따라온 독자라면 이러한 개념도 손쉽게 이해할 수 있을 것이다.

우선 캡슐화는 단어에서 유추할 수 있듯이 프로그램에서 필요한 속성과 동작들을 적절히 분류해 모듈화하는 것이다. Player 클래스에는 플레이어의 정보와 플레이어의 행동을 정의하고 Weapon 클래스에는 무기의 정보와 행동을 담아 각자 맡은 역할을 수행한다.

사실 앞에서 다룬 모든 예제가 바로 캡슐화의 적절한 예이다. "속성과 동작들을 기능별로 나누어 한 곳에 모아 모듈화한다." 이는 프로그래밍을 할 줄 모른다고 하더라도 합리적이며 충분히 이해되는 내용일 것이다.

그렇다면 역으로 캡슐화를 하지 않을 때는 어떤 문제가 발생할까? 프로그램 전체를 관리하는 단 하나의 클래스만을 이용해서 프로그래밍을 해보면 알 수 있다. 똑같은 코드를 수십, 수백 번씩 반복해서 적어야 하며 코드의 어디쯤에 내가 원하는 기능이 있는지를 전부 기억해야 한다. 이름이 겹치지 않게 하기 위해 만든 변수도 잔뜩 있을 것이다. 대략 다음과 같은 모습으로 말이다.

```
// ... 생략 (약 1338번째 줄 정도일 것이다.)

    string playerName    = "김용사";
    int    playerHp      = 100;
    int    playerLevel   = 12;
    string monsterName1  = "드래곤";
    int    monsterHp1    = 560;

// ... 생략 (약 226638번째 줄 정도일 것이다.)

    void Player_Attack_Monster532_With_Weapon_23() { }
    void Player_Attack_Monster1024_With_Magic_61() { }
    void Monster99_Attack_Player_With_Skill_Jump() { }

// ... 생략 (이제 세는 것도 힘들 지경이다.)
```

아무도 이런 끔찍한 코드를 작성하고 싶어하지 않을 것이며 그리 해서도 안 된다. 너무 극단적인 예시라고 생각하는가? 올바로 설계하지 않는다면 그렇게 드문 일도 아닐 것이다. 개발할 시간이 없다는 핑계로 Player 클래스에 모든 몬스터의 정보나 게임 일시 정지 기능을 넣는 등의 실수는 업계에서도 흔히 일어난다.

처음부터 주의 깊게 캡슐화 구조를 잘 생각하고 디자인 패턴을 잘 활용하여 대비한다면 이런 끔찍한 일은 일어나지 않을 것이다.

은닉화

정보 은닉이란 캡슐화된 클래스의 데이터를 외부에서 함부로 수정하지 못하게 접근을 제한하는 것을 말한다. 이를테면 Player 클래스의 Hp가 여기에 해당된다.

여기까지만 들어본다면 "그러면 Player의 Hp는 평생 고정된 값인가요?"라고 의문을 제기하고 싶을 것이다. 정보 은닉의 핵심은 무작정 모든 것을 제한하는 것이 아닌, 내가 의도한 경로를 통해서만 값을 수정할 수 있게 만드는 것이다.

예제를 통해 자세히 살펴보자. 우선 Hp값만을 가지는 Player 클래스부터 만들어 보자.

```csharp
public class Player
{
    public int Hp;

    public Player(int hp)
    {
        Hp = hp;
    }
}
```

해당 클래스는 외부에서 Player 인스턴스를 생성해 Hp를 마음대로 수정할 수 있다.

```csharp
var player = new Player(100);   // 100
player.Hp = 1000;               // 1000
player.Hp = -1;                 // -1
```

여기서 플레이어의 Hp가 0 이하가 된 순간 사망 판정을 추가해보자.

```
public class Player
{
    public int Hp;

    public Player(int hp)
    {
        Hp = hp;
    }

    public void DecreaseHp(int amount)
    {
        Hp -= amount;
        if (Hp <= 0)
        {
            Debug.Log("으악 죽었다!");
        }
    }
}
```

이제 다음과 같이 호출하면 Player 인스턴스가 사망 메시지를 표시하는 걸 확인할 수 있다.

```
var player = new Player(100);   // 100
player.DecreaseHp(30);          // 70
player.DecreaseHp(200);         // -130, 으악 죽었다!
```

하지만 앞의 코드는 여전히 Hp값을 직접 수정할 수 있기 때문에 DecreaseHp( ) 메서드를 호출하지 않고도 Hp를 음수로 바꿀 수 있는 문제가 존재한다.

CHAPTER 4 게임 프로그래밍 방법론 **215**

```
var player = new Player(100);  // 100
player.DecreaseHp(30);         // 70
player.Hp = -130;              // -130, 아무 일도 일어나지 않는다.
```

이러한 의도치 않은 외부의 변경을 막기 위한 기술이 '은닉화'다. 은닉화를 구현하기 위한 가장 일반적인 방법은 모든 변수에의 접근을 차단하고 변수의 읽기/쓰기 전용 메서드를 통해서만 접근할 수 있도록 구현하는 것이다. 이는 자바 등의 언어에서 지겹도록 사용되는 Getter, Setter의 개념이다.

여기 몇 가지 정보 은닉의 방법을 소개한다.

```
// 정보 은닉이 되지 않은 변수
public int Hp;

// 정보 은닉이 된 변수, GetHp, SetHp 메서드를 통해서만 접근 가능하다.
private int _hp;

// 읽기에 사용하는 메서드
public int GetHp()
{
    return _hp;
}

// 쓰기에 사용하는 메서드, private로 변경하면 읽기 전용이 된다.
public void SetHp(int hp)
{
    _hp = hp;
    if (_hp <= 0)
    {
        Debug.Log("으악 죽었다!");
```

```csharp
        }
}
```

```csharp
// C#에서는 프로퍼티를 통해 외부에서 변수처럼 사용 가능한 표현 또한 가능하다.
private int _hp;

public int Hp
{
    get => _hp;
    set
    {
        _hp = value;
        if (_hp <= 0)
        {
            Debug.Log("으악 죽었다!");
        }
    }
}
```

다음은 필자가 가장 선호하는 방법이다. 외부에서는 읽기 전용으로 작동하게 공개시키고, 쓰기 메서드는 private으로 숨긴 채 의미를 지니는 메서드를 통해 대신 이용하는 것이다.

```csharp
public int Hp { get; private set; }

public void IncreaseHp(int amount)
{
    Hp += amount;
}
```

```
public void DecreaseHp(int amount)
{
    Hp -= hp;
    if (Hp <= 0)
    {
        Debug.Log("으악 죽었다!");
    }
}
```

4.3 게임 디자인 패턴

이제 객체 지향에 대한 기초 지식을 습득했으니 본격적으로 디자인 패턴을 배워 나갈 차례이다. 여기까지의 내용을 무리 없이 이해했다면 앞으로도 큰 지장 없이 내용을 이해할 수 있을 것이다.

4.3.1 디자인 패턴의 이해

프로그래밍 학습을 본격적으로 시작해본 사람이면 디자인 패턴에 대해 들어봤을 지도 모른다. 몇몇 독자들은 디자인 패턴을 이미 활용하고 있을지도 모른다! 하지만 여러 디자인 패턴을 알고 있는 독자라고 하더라도, 실제 게임 프로그래밍에 어떻게 적용해야 할지는 쉽게 연상되지 않을 것이다.

피자 공장을 짓고 에스프레소를 아이스 카페라테로 바꾸는 기계를 만들어도 사용법을 모른다면 의미가 없다.

디자인 패턴을 전문적으로 다루는 자료는 대부분 현실 세계의 예를 들어 이해하기 쉽게 설명하고 있다. 예를 들면 팩토리 메서드$^{factory\ method}$ 패턴 설명에는 피자 공장을 추상적으로 만드는 코드를 활용하거나 데코레이터^{decorator} 패턴 설명에는 에스프레소에 우유를 추가하거나 얼음을 추가해 커피에 추가할 토핑을 추상화하는 방법을 소개하는 식이다.

이러한 예제를 접해보지 못한 독자를 위해 조금 더 자세하게 살펴보겠다. 예제가 의미하는 바를 당장 이해하지 못하더라도 괜찮다. 코드를 한 줄도 이해하지 못하더라도 일단 한글로 적어둔 주석을 읽어가며 느끼는 점을 기억해두자.

```csharp
// '피자'의 개념을 정의
public abstract class Pizza
{
    // 피자는 이름과 소스 정보를 제공
    public string Name { get; }
    public string Sauce { get; }
}

// 두 가게가 공통으로 사용하는 '치즈 피자' 레시피
public class CheesePizza : Pizza
{
    public string Name => "치즈 피자";
    public string Sauce => "토마토 소스";
}

// '대한 피자 가게'의 '김치 피자' 레시피
public class KimchiPizza : Pizza
{
    public string Name => "김치 피자";
    public string Sauce => "김치 소스";
}
```

```csharp
// '유기농 피자 가게'의 '포테이토 피자' 레시피
public class PotatoPizza : Pizza
{
    public string Name => "포테이토 피자";
    public string Sauce => "토마토 소스와 마요네즈";
}
```

```csharp
// '피자 가게'의 개념을 정의
public abstract class PizzaStore
{
    // 피자 가게에서는 피자를 주문할 수 있다.
    public Pizza OrderPizza(string type)
    {
        Pizza pizza = CreatePizza(type);
        return pizza;
    }

    // 주문이 들어오면 주방에서 피자를 만든다. (팩토리 메서드)
    protected abstract Pizza CreatePizza(string type);
}

// '대한 피자 가게'의 정의
public class DaehanPizzaStore : PizzaStore
{
    // 주문이 들어오면 주방에서 피자를 만든다. (팩토리 메서드)
    protected override Pizza CreatePizza(string type)
    {
        // 'cheese' 주문이 들어오면 '치즈 피자'를 만든다.
        if (type.Equals("cheese"))
        {
            return new CheesePizza();
        }
```

```
            // 'special' 주문이 들어오면 '김치 피자'를 만든다.
            if (type.Equals("special"))
            {
                return new KimchiPizza();
            }

            // 무슨 주문인지 모르면 피자를 만들지 않는다.
            return null;
        }
    }

    // '유기농 피자 가게'의 정의
    public class OrganicPizzaStore : PizzaStore
    {
        // 주문이 들어오면 주방에서 피자를 만든다. (팩토리 메서드)
        protected override Pizza CreatePizza(string type)
        {
            // 'cheese' 주문이 들어오면 '치즈 피자'를 만든다.
            if (type.Equals("cheese"))
            {
                return new CheesePizza();
            }

            // 'special' 주문이 들어오면 '포테이토 피자'를 만든다.
            if (type.Equals("special"))
            {
                return new PotatoPizza();
            }

            // 무슨 주문인지 모르면 피자를 만들지 않는다.
            return null;
        }
    }
```

```csharp
// 피자 가게를 방문해 피자를 시키는 프로그램
public class Program : MonoBehaviour
{
    // 프로그램 실행
    public void Start()
    {
        // 방문할 피자 가게와 피자를 담을 바구니를 준비
        PizzaStore pizzaStore = null;
        Pizza pizza = null;

        // '대한 피자 가게'에 방문
        pizzaStore = new DaehanPizzaStore();

        // 'cheese' 이름을 가진 피자를 주문
        pizza = pizzaStore.OrderPizza("cheese");
        // 주문하신 치즈 피자 나왔습니다!
        Debug.Log($"주문하신 {pizza.Name} 나왔습니다!");

        // 'special' 이름을 가진 피자를 주문
        pizza = pizzaStore.OrderPizza("special");
        // 주문하신 김치 피자 나왔습니다!
        Debug.Log($"주문하신 {pizza.Name} 나왔습니다!");

        // '유기농 피자 가게'에 방문
        pizzaStore = new OrganicPizzaStore();

        // 'cheese' 이름을 가진 피자를 주문
        pizza = pizzaStore.OrderPizza("cheese");
        // 주문하신 치즈 피자 나왔습니다!
        Debug.Log($"주문하신 {pizza.Name} 나왔습니다!");

        // 'special' 이름을 가진 피자를 주문
        pizza = pizzaStore.OrderPizza("special");
        // 주문하신 포테이토 피자 나왔습니다!
```

```
            Debug.Log($"주문하신 {pizza.Name} 나왔습니다!");
        }
    }
}
```

앞의 코드는 팩토리 메서드 패턴 설명에 주로 활용되는 피자 공장 예제이다. 프로그램은 각각의 피자에 대한 정보를 가지고 있는 대신 피자 가게에게 "cheese", "special" 등의 정보를 전달한다. 피자 가게는 자신의 가게에 맞는 피자를 만들어 제공한다. "special" 피자를 요청한 경우 DaehanPizzaStore는 김치 피자, OrganicPizzaStore는 포테이토 피자를 제공하는 식이다.

여기서 팩토리 메서드가 뭔지 이해하지 못하더라도 넘어가보자. 팩토리 메서드 패턴은 어차피 나중에 본격적으로 설명할 것이다. 여기서는 피자 가게의 개념을 이용해 게임 프로그래밍에서 무엇을 할 수 있는지 상상해보자.

또 다른 예로 데코레이터 패턴에 주로 사용되는 커피 토핑의 추상화 예제를 살펴보자.

```
// '커피'의 개념을 정의
public abstract class Coffee
{
    // 커피는 재료와 가격 정보를 제공
    public string Ingredients { get; }
    public int Price { get; }
}

// 커피의 일종인 '에스프레소'
public class Espresso : Coffee
{
```

```csharp
    public string Ingredients => "에스프레소";
    public int Price => 4000;
}
```

```csharp
// '커피 토핑'의 개념을 정의 (데코레이터)
public abstract class CoffeeToppings : Coffee
{
    // 토핑을 추가할 대상 커피
    private Coffee _decoratedCoffee;

    // '커피 토핑'을 추가할 때 추가 대상 커피를 지정한다.
    public CoffeeToppings(Coffee coffee)
    {
        _decoratedCoffee = coffee;
    }

    // 추가 토핑에서 재료와 가격 정보를 변경할 수 있게 대상 커피 정보를 제공
    public virtual string Ingredients => _decoratedCoffee.Ingredients;
    public virtual int Price => _decoratedCoffee.Price;
}

// '우유 토핑'을 추가한 경우의 정의
public class MilkToppings : CoffeeToppings
{
    public MilkToppings(Coffee coffee) : base(coffee)
    {
    }

    // 커피에 우유를 더하고 가격을 1000원 올린다.
    public override string Ingredients => $"{base.Ingredients}+우유";
    public override int Price => base.Price + 1000;
}
```

```csharp
// '얼음 토핑'을 추가한 경우의 정의
public class IceToppings : CoffeeToppings
{
    public IceToppings(Coffee coffee) : base(coffee)
    {
    }

    // 커피에 얼음을 더하고 가격을 500원 올린다.
    public override string Ingredients => $"{base.Ingredients}+얼음";
    public override int Price => base.Price + 500;
}
```

```csharp
// 커피 제조기 프로그램
public class Program : MonoBehaviour
{
    // 프로그램 실행
    public static void Start()
    {
        // 커피를 담아둘 잔을 마련한다.
        Coffee coffee = null;

        // 커피잔에 우선 '에스프레소'를 담는다.
        coffee = new Espresso();
        // 가격: 4000, 재료: 에스프레소
        Debug.Log($"가격: {coffee.Price}, 재료: {coffee.Ingredients}");

        // '에스프레소'에 '우유 토핑'을 추가한다.
        coffee = new MilkToppings(coffee);
        // 가격: 5000, 재료: 에스프레소+우유
        Debug.Log($"가격: {coffee.Price}, 재료: {coffee.Ingredients}");

        // '우유 토핑'이 추가된 상태에 이어서 '얼음 토핑'도 추가한다.
        coffee = new IceTollings(coffee);
```

```
        // 가격: 5500, 재료: 에스프레소+우유+얼음
        Debug.Log($"가격: {coffee.Price}, 재료: {coffee.Ingredients}");
    }
}
```

이 코드는 이미 만들어진 커피인 "Espresso"에 추가로 우유, 얼음 등의 옵션을 자유롭게 조합할 수 있게 데코레이터 패턴을 이용해 확장한 예시이다.

마찬가지로 구현 방법이 이해되지 않더라도 괜찮다. 두 예제를 읽고 어떤 느낌이 드는가? 아마 영리한 독자라면 두 패턴의 목적이나 사용법을 눈치챘을지도 모른다. 하지만 게임 프로그래밍에서 어떻게 활용할지는 쉽게 예상되지 않을 것이다. (여러 활용법이 당연한 듯이 떠오른다면 이 책 맨 앞의 저자 연락처로 연락 바란다.)

이처럼 디자인 패턴은 개념을 쉽게 이해시키기 위해 현실 세계를 빗대어 설명하는 예가 많은 편이다. 이러한 예제는 프로그래밍을 잘 모르더라도 개념적으로 무엇을 하고 싶은지 이해하기 쉬운 장점이 있다. 그러나 이러한 예제들은 상당히 추상적이기 때문에 실전에 바로 활용하기 어렵다(물론, 피자 가게나 카페의 주문 키오스크를 만든다면 큰 도움이 될 수도 있다).

따라서 이 책에서는 개념을 곧바로 설명하기보다는 패턴을 적용하지 않은 상태의 간단한 게임을 직접 만들어가며 디자인 패턴을 통해 설계를 발전시켜 가는 방식으로 설명할 것이다. 실제 프로그래밍에서도 처음부터 디자인 패턴을 적용하는 경우도 많지만 대부분은 엉망진창인 코드를 디자인 패턴을 통해 개선하는 방법을 많이 사용하기 때문이다.

또한 모든 디자인 패턴을 소개하기보다는 게임 프로그래밍에서 자주 사용되는 디자인 패턴들을 중심으로 설명할 것이다. 예를 들어 앞서 팩토리 메서드 패턴을 설명하기 위해 활용한 피자 공장의 경우 몬스터나 아이템 생성 등에 활용할 수 있을 것이며, 커피 데코레이터 패턴은 플레이어에 새로운 이동 능력을 추가하는 등 기능을 확장하는 데 사용할 수 있을 것이다. 이러한 과정을 통해 디자인 패턴이 '언제', '왜' 필요한지 이해할 수 있기 바란다.

디자인 패턴

디자인 패턴이란 '소프트웨어 설계에서 주로 사용하는 패턴'을 의미한다. 프로그래밍을 하며 겪는 일반적인 문제들에 대한 해결책을 제시하는 구체적인 방법이다. 쉽게 말해 프로그래밍 버전 '족보' 또는 '답안지'이다. 자주 나오는 문제 유형에는 정형화된 풀이법이 존재하고 이를 수험생 사이에서 공유하듯, 디자인 패턴 또한 '문제에 대한 풀이법'과 '소통의 도구' 두 가지 측면을 모두 가지고 있다. 이는 게임 프로그래밍뿐만 아니라 일반적인 프로그래밍까지 널리 사용되는 기법 중 하나이며, 디자인 패턴의 활용 여부에 따라 코드의 품질과 작성 속도가 크게 차이 날 수도 있다.

편한 길을 미리 알 수 있다면 얼마나 좋을까?

이러한 디자인 패턴은 3차원 좌표를 계산하거나 메모리에 값을 저장하는 등 직접적인 프로그래밍 과정에서 한 걸음 물러서, 이러한 명령들을 '어떻게' 설계할지에 대해 집중하는 방법론이다. 즉, 개별 코드의 세부 사항보다는 프로그램의 전체적인 구조와 객체 간의 상호작용에 집중한다. 따라서 앞서 배운 물리와 수학, 알고리즘과 자료구조 단원에서 이해하지 못한 부분이 있더라도 크게 걱정할 필요가 없다.

이 책에서 설명하는 디자인 패턴은 객체 지향 프로그래밍의 기초 지식을 전제로 하지만 그 둘을 무조건 연관 지어 기억할 필요는 없다. 디자인 패턴의 아이디어 자체는 프로그래밍 패러다임과 관련 없이 일반적인 상황에도 적용할 수 있기 때문이다. 물론 객체 지향 프로그래밍 언어의 문법이 강제되는 패턴도 존재하는 등 예외는 존재한다.

따라서 정확한 구현 방법을 일일이 기억하기보다는 디자인 패턴의 사고방식 자체를 이해하기를 추천한다. 구현이 아닌 구조를 이해함으로써 추후 어떤 프로그래밍 언어를 사용하든 적용할 수 있으며 더 나아가 자신만의 디자인 패턴을 만드는 데도 도움이 될 것이다.

프로그래밍을 하다 보면 누구나 설계상의 문제를 맞이하게 된다. 새로운 기능을 추가하기 위해서 파일 10군데를 수정해야 한다든지, 퀘스트 전용 아이템을 구현하기 위해 인벤토리 시스템을 뜯어 고쳐야 하는 등 상황은 다양하다. 심지어는 사용하지 않는 것처럼 보이는 코드를 지우려고 해도 어디선가 은근슬쩍 사용되고 있어서 프로그램 전체를 검토해야 하는 경우도 수두룩하다.

이럴 때 상황에 맞는 디자인 패턴을 적용하면 손쉽게 문제를 해결할 수 있다. 디자인 패턴은 수많은 개발자의 개발 경험을 바탕으로 정리되어 있으며, 그들의 사고

방식과 노하우를 그대로 전수받을 수 있는 유용한 도구다. 이를 잘 이해하고 활용하는 것은 좋은 소프트웨어를 개발하는 데 큰 도움이 된다.

디자인 패턴은 크게 세 가지 유형으로 분류된다.

- **생성 패턴** creational pattern : 객체를 생성하는 방법과 관련된 패턴
- **구조 패턴** structural pattern : 객체들의 구성을 설계하는 패턴
- **행동 패턴** behavioral pattern : 객체 간의 상호작용과 역할 분담을 설계하는 패턴

이는 패턴을 기능에 따라 분류하고 찾아보기 쉽게 만들기 위한 분류이다. 이러한 방식은 필요한 패턴을 찾아볼 때는 유용하지만 학습 순서로서는 적합하지 않다. 사전을 소설책을 읽듯 첫 장부터 차례대로 읽지 않는 것과 마찬가지다. 따라서 이 책에서는 사전식으로 각각의 개념을 하나씩 설명하는 대신 예제와 함께 다양한 패턴을 학습할 것이다.

도구로서의 디자인 패턴

디자인 패턴은 일종의 도구이기도 하다. 소스 코드를 읽고 분석할 때 어떠한 디자인 패턴이 사용되고 있는지 이해한다면 코드 전체를 확인하지 않고도 필요한 부분을 손쉽게 찾을 수 있다. 인터넷에서 자료를 검색할 때는 물론이고 한 달 전 자신이 작성한 복잡한 소스 코드를 이해하는 데도 큰 도움이 된다.

이러한 디자인 패턴을 사용할 때는 상황에 알맞은 패턴을 선택하는 것이 중요하다. 보통 프로그래밍을 하며 겪는 문제들의 대부분은 해결법이 하나 이상 존재한다. 단순히 조건문을 몇 줄 추가하는 방법도 있을 것이며 디자인 패턴을 적용할 수도 있을 것이다. 이럴 때 자신이 알고 있는 해결법이 많을수록 적절한 방법을 선택하는 데 도움이 된다.

나무를 베는 데 도끼를 쓰는 것이 최선의 선택이지만,
때로는 손톱깎이를 사용할 수밖에 없을지도 모른다.

많은 사람이 프로그래밍에 정답은 없으나 '최선의 선택'은 존재한다고 한다. 나무를 베는 데 칼이나 곡괭이를 사용할 수도 있지만 도끼를 쓰는 것이 최선의 선택이듯, 디자인 패턴도 프로그램의 구조와 상황에 맞춰 사용해야 한다. 물론 실제 프로그래밍을 하다 보면 어쩔 수 없이 손톱깎이로 나무를 베어야 하는 상황도 많이 생길 것이다. 처음부터 그런 일이 발생하지 않도록 하는 것이 최선의 선택이겠지만, 만약 그런 상황에 직면하더라도 이쑤시개보다는 손톱깎이를 선택할 수 있도록 하자.

하지만 모든 도구가 그러하듯 디자인 패턴을 남발하는 것은 코드를 복잡하게 만들 수 있다. 디자인 패턴은 특정 문제 해결을 위한 도구이기 때문에 반드시 필요한 상황에서만 사용해야 한다. 디자인 패턴이나 '아름다운 설계'에 너무 집착한 나머지 코드의 가독성을 떨어뜨리거나 유지 보수를 어렵게 만드는 일이 없도록 신중하게 판단해야 한다. "망치를 든 사람에게는 모든 게 못으로 보인다."라는 격언처럼, 디자인 패턴이 유용하다고 해서 모든 걸 디자인 패턴으로 해결하려고 해서는 쉬운 일도 멀리 돌아가게 될 우려가 있다.

그렇다고 해서 프로그램을 단순한 구조로만 만들라는 뜻은 아니다. 언제, 어떻게 기획이 변경될지는 아무도 예상할 수 없으며 규모가 성장함에 따라 예전에 짜둔 구조가 발목을 잡는 경우도 많이 경험하게 될 것이다. 이는 팀으로 작업하든 혼자서 작업하든 마찬가지다. 결국 디자인 패턴을 언제, 어디에 적용할지는 시행착오를 겪으며 배워나가는 방법이 최선이라고 생각한다. 이 책에서 예제를 통해 이러한 실전 감각을 익혀 나갈 수 있기를 바란다.

게임 개발에서의 디자인 패턴

이러한 디자인 패턴은 게임 개발에서 널리 사용되고 있다. 디자인 패턴을 적용하면 신규 콘텐츠 추가 등 다양한 기획 변경에 유동적으로 대응할 수 있고 게임 개발에 필요한 시간을 단축시킬 수도 있다.

여러분이 생각하는 게임 요소 대부분에는 알게 모르게 디자인 패턴이 활용되고 있다.

게임 개발에서 디자인 패턴이 어떻게 활용되는지 일부 예를 들어보겠다.

- **싱글턴**singleton **패턴**: 리소스 매니저 등 자원의 효율적인 관리를 위해서 사용하기도 하며 게임 매니저 등 유일한 기능을 제공하기 위해서 사용하기도 한다.
- **옵저버**observer **패턴**: 아이템 간의 상호작용, 행동에 따른 업적 시스템 구현 등 서로 다른 객체 간의 효율적인 데이터 전달을 위해 사용한다.
- **상태**state **패턴**: 게임 진행/일시 정지/종료, 플레이어의 걷기/뛰기/잠수 등 다양한 상태 관리를 위해 사용한다.
- **반복자**iterator **패턴**: 플레이어가 소지한 모든 아이템, 체력이 50% 이하인 모든 몬스터 등 다양한 목록을 일반화시켜 관리하기 위해 사용한다.
- **전략**strategy **패턴**: 캐릭터의 무기 선택, 적 AI의 전략 선택 등 객체의 실행 방식을 변경할 때 사용한다.

예를 든 패턴 외에도 게임 개발에서는 다양한 디자인 패턴을 사용한다. 게임 프로그래밍에 특화된 패턴도 많이 존재한다. 이러한 디자인 패턴을 적재적소에 활용한다면 게임 개발에 분명 큰 도움이 될 것이다.

4.3.2 어떤 무기로 공격하지? – 상속, 전략 패턴

우리가 처음으로 배울 디자인 패턴은 전략 패턴이다. 전략strategy 패턴은 앞에서 배운 객체 지향의 개념을 이용하는 패턴 중 가장 기초적이며 핵심적인 패턴으로 볼 수 있다.

전략 패턴은 프로그램 실행 도중에 코드의 실행 방식을 실시간으로 변경할 필요가 있는 경우에 사용할 수 있다. 전략 패턴을 사용하면 특히 새로운 기능을 추가하기 편리해진다. 즉, 알고리즘을 개별 객체로서 정의하고 교체 가능하게 만드는 패턴이다.

전략 패턴은 주로 다음과 같은 상황에 사용한다.

- 여러 알고리즘 중 하나를 선택하여 실행해야 할 경우
- 알고리즘의 변화에 따른 코드 수정을 최소화하려는 경우
- 알고리즘을 확장하거나 수정할 가능성이 있는 경우

전략 패턴을 사용하면 다양한 알고리즘을 쉽게 교체하고 확장할 수 있으며, 코드와 알고리즘 사이의 결합도를 낮춰 유지 보수가 간편해진다. 하지만 전략 객체의 수가 많아질수록 관리가 어려워질 수도 있기 때문에 상황에 따라 전략 패턴을 적용하는 것이 중요하다.

게임 만들어보기

여러분이 그동안 배운 프로그래밍 실력을 활용해 간단한 게임을 만든다고 가정해보자. 우선 다음 코드처럼 간단하게 체력을 가지며 공격 기능을 구현한 플레이어 클래스를 만들었다(이동, 공격 대상 지정 등의 세부 사항은 생략했다).

```
public class Player
{
    private int Hp = 100;
    public void Attack() { /* 구현은 생략 */ }
}
```

Player 클래스만으로는 게임이라고 할 수 없기 때문에 키보드 입력을 받아 공격하는 기능을 관리하는 Game 클래스도 추가로 만들어보자.

```
public class Game : MonoBehaviour
{
    private Player _player = new();
```

```
    // 게임이 실행되는 도중 계속 실행된다.
    private void Update()
    {
        // 공격 버튼을 누른 경우 공격 명령을 수행한다.
        if (Input.GetKeyDown(KeyCode.Space))
        {
            _player.Attack();
        }
    }
}
```

앞의 코드는 의사코드이기 때문에 실제로 작동하지 않고 의미도 없다. 다만, 패턴을 설명하고자 구조를 나타낸 참고 자료로 생각하자.

하나의 클래스에 넣어보기

여러분은 이렇게 만든 게임에 더 다양한 공격 기능을 만들고 싶어져 Player 클래스에 마법 공격 기능을 새롭게 추가했다. 이와 더불어 원래 공격 기능도 SwordAttack()으로 변경했다.

```
public class Player
{
    private int Hp = 100;
    public void SwordAttack() { /* 마법 공격 기능과 구분하기 위해 이름 변경 */ }
    public void MagicAttack() { /* 새로 추가된 마법 공격 기능 */ }
}
```

하지만 MagicAttack() 메서드를 새로 만든 것만으로는 아무런 기능을 수행하지 못한다. 이에 맞춰서 Game 클래스도 변경이 필요하므로 다음처럼 수정했다.

```
public class Game: MonoBehaviour
{
    private string _attackMode = "Sword";
    private Player _player = new();

    private void Update()
    {
        // F1을 누르면 칼, F2를 누르면 마법 공격 모드로 변경한다.
        if (Input.GetKeyDown(KeyCode.F1))
        {
            _attackMode = "Sword";
        }
        if (Input.GetKeyDown(KeyCode.F2))
        {
            _attackMode = "Magic";
        }
        // 스페이스 바를 누른 시점의 공격 모드에 따라 SwordAttack(),
MagicAttack()을 호출
        if (Input.GetKeyDown(KeyCode.Space))
        {
            if (_attackMode.Equals("Sword"))
            {
                _player.SwordAttack();
            }
            if (_attackMode.Equals("Magic"))
            {
                _player.MagicAttack();
            }
        }
    }
}
```

이제 제법 그럴싸한 코드가 만들어졌다. 새롭게 총기 공격을 추가하려고 한다면 GunAttack() 메서드를 만들고 AttackMode를 Gun으로 교체해주면 그만이다.

하지만 단순히 새로운 공격 기능을 추가하는 것인데 Player 클래스와 Game 클래스 양쪽의 수정이 불가피하다. 공격 방식이 한두 개 정도로 고정되어 있다면 이러한 문제를 고민하지 않아도 될 것이다. 그러나 총, 활, 도끼 등 다양한 공격 기능을 만들려고 하면 여러분이 만든 두 클래스는 점점 복잡해질 것이다. 또한 반대로 기능을 없애려고 할 때도 두 클래스 모두를 검사해야 한다.

상속 활용하기

여러분은 앞의 방식대로 작업을 진행하다 Player 클래스가 너무 복잡해지는 게 걱정되었다. 그렇다면 이번에는 객체 지향을 배우며 알게 된 상속 개념을 이용해 Player 클래스를 다시 설계해보자.

```
// Player 클래스를 추상 클래스로 변경해 SwordPlayer, MagicPlayer가 상속받게 만
들었다.
abstract class Player
{
    protected abstract int Hp { get; set; }
    public abstract void Attack(); // Player 클래스를 상속받은 클래스가 정의
하는 추상 함수
}

class SwordPlayer : Player
{
    protected override int Hp { get; set; } = 100;
    public override void Attack() { /* 칼로 공격하는 기능을 구현 */ }
}
```

```csharp
class MagicPlayer : Player
{
    protected override int Hp { get; set; } = 100;
    public override void Attack() { /* 마법으로 공격하는 기능을 구현 */ }
}
```

이제 Player 클래스를 무기에 따라 나누었고 Game 클래스에서는 AttackMode에 따라 SwordPlayer나 MagicPlayer의 Attack() 메서드를 호출하면 될 것으로 보인다. 다음과 같이 말이다.

```csharp
public class Game : MonoBehaviour
{
    private Player _player = new SwordPlayer();

    private void Update()
    {
    // 공격 모드 변경 시 상태를 저장해두고, 공격 버튼을 누를 때 저장된 상태를 판단하는 대신,
    // 공격 모드 변경 시 Player 클래스 자체를 하나의 상태로서 저장하게 수정했다.
        if (Input.GetKeyDown(KeyCode.F1))
        {
            _player = new SwordPlayer();
        }
        if (Input.GetKeyDown(KeyCode.F2))
        {
            _player = new MagicPlayer();
        }
        // 현재 Player 클래스에 알맞은 공격을 하게 될 것이다.
        if (Input.GetKeyDown(KeyCode.Space))
        {
            _player.Attack();
```

```
            }
        }
    }
```

처음에 설계한 구조보다는 약간 복잡해졌지만 이제 새로운 무기를 만들고 싶으면 Player 클래스를 수정할 필요 없이 Player 클래스를 상속받은 새로운 클래스를 만들고 Game 클래스에 조건식을 추가하면 된다.

하지만 이러한 방법에도 한계가 존재한다. 사실 앞의 예시는 의도적으로 문제가 있도록 만들었다. 다시 한번 코드를 살펴보자. SwordPlayer나 MagicPlayer는 모두 Hp라는 공격과는 무관한 값을 가지고 있다. 당연히 Hp값은 공격 모드가 바뀐다고 해서 변해서는 안 될 것이다.

그러나 지금 코드에서는 공격 모드가 바뀔 때 새로운 Player 인스턴스를 생성하기 때문에 공격 모드를 바꿀 때마다 Hp가 100으로 초기화될 것이다. 나중에 Player 클래스에 Money 같은 값이 추가된다고 하더라도 동일한 현상이 발생하게 될 것이다.

그렇다면 공격 모드를 변경하기 전에 Hp를 저장해둔 다음, 변경된 Player 클래스에 저장해둔 값을 할당하는 방법도 있을 것이다. 그러나 Money 등의 값이 새로 추가될 때마다 값을 복사하는 코드를 매번 수정해야 하므로 이 또한 바람직하지 않다. 이러한 문제를 해결하기 위해 이번에는 전략 패턴을 이용해보겠다.

전략 패턴

상속을 이용한 이전 코드와 유사하지만 이번에는 공격 종류에 따라 Player 클래스를 나누는 것이 아닌 '공격 종류' 개념 자체를 클래스로 만들어 교체할 수 있게 만들어보겠다.

```csharp
// Player 클래스에서 Attack() 메서드만 빼내온 '공격'이라는 개념의 추상 클래스
public abstract class AttackStrategy
{
    public abstract void Attack();
}

public class SwordAttack : AttackStrategy
{
    public override void Attack() { /* 칼로 공격하는 기능을 구현 */ }
}

public class MagicAttack : AttackStrategy
{
    public override void Attack() { /* 마법으로 공격하는 기능을 구현 */ }
}
```

우선 전략 패턴을 구현하기 위해 AttackStrategy 클래스를 선언하고 Attack() 이라는 기능을 각자 상속받은 클래스에서 처리하게 변경해보았다.

이전에 구현했던 SwordPlayer, MagicPlayer 구조보다 더 자연스러워 보이지 않는가? 내가 마법을 이용해 공격한다고 해서 나 자신이 마법사가 되는 것은 분명 이상하다. 나의 공격 수단이 마법으로 변했을 뿐이니 새로 작성한 SwordAttack, MagicAttack 클래스가 더 자연스러운 설계임에 분명하다.

이제 새로 설계한 Attack 클래스들을 활용해 Player 클래스를 다시 작성해보자.

```csharp
// Player 클래스를 다시 일반 클래스로 변경했다.
public class Player
{
    private int Hp = 100;

    // 현재 공격 방식을 저장해두는 변수, 기본값에 SwordAttack을 할당해두었다.
    private AttackStrategy _currentStrategy = new SwordAttack();

    // 공격 방식을 변경할 수 있는 함수
    public void SetAttackStrategy(AttackStrategy newStrategy)
    {
        _currentStrategy = newStrategy;
    }

    // 현재 공격 방식의 공격 기능을 실행
    public void Attack()
    {
        _currentStrategy.Attack();
    }
}
```

Player 클래스는 이전과 같이 Hp를 가지며 Attack() 메서드를 가지고 있다. 그러나 이전과는 다르게 Player가 직접 공격을 수행하는 것이 아닌, 현재 지정된 AttackStrategy 클래스에 공격 명령을 전달하고 있다. 이것이 전략 패턴의 기본적인 구조이다.

칼이나 마법으로 공격하는 기능 등 핵심이 되는 코드를 쉽게 교체하고 새로운 기능을 만들기 편하게 하고 싶을 때 이러한 전략 패턴을 사용한다. 이어서 Game 클래스도 다시 설계해보자.

```
public class Game : MonoBehaviour
{
    private Player _player = new();

    private void Update()
    {
        // 이제 공격 방식이 변해도 Player 클래스 인스턴스는 변하지 않는다.
        // 대신 Player 클래스에 새로운 공격 전략을 할당해 변경한다.
        if (Input.GetKeyDown(KeyCode.F1))
        {
            _player.SetAttackStrategy(new SwordAttack());
        }

        if (Input.GetKeyDown(KeyCode.F2))
        {
            _player.SetAttackStrategy(new MagicAttack());
        }
        // 현재 Player 클래스에 지정된 AttackStrategy 클래스에서 구현한 공격 실행
        if (Input.GetKeyDown(KeyCode.Space))
        {
            _player.Attack();
        }
    }
}
```

이것으로 공격 모드를 변경할 때 Player 클래스의 Hp와 같은 값은 그대로 유지하면서 현재의 공격 전략만 바꿔 다양한 무기로 공격할 수 있게 되었다. 맨 처음 설계보다 훨씬 복잡하고 어렵다고 불평을 내뱉는 독자가 있을지도 모르겠다. 필자도 맨 처음 디자인 패턴을 배워 나갈 때는 그렇게 생각했다.

"아니, 공격 기능 추가하는데 Player 클래스를 조금 수정한다고 어디가 덧나냐"

라고 생각하며 맨 처음 설계를 고집할 수도 있다. 하지만 대부분의 프로그램, 특히 게임에서는 유동적으로 작동 방식을 교체해야 하는 경우가 많다. 나중에 가서 칼로 공격하는 기능을 제거하고 싶을지도 모르고, SwordAttack()과 같은 이름의 메서드를 만들어야 될 상황이 올지도 모른다. 하지만 이러한 변경 사항을 모두 예측할 수는 없는 노릇이다.

디자인 패턴은 이러한 불확실성을 최소화하며 최소한의 수정으로 프로그램의 작동 방식을 변경할 수 있게 도움을 준다. 이제 우리는 Player에서 무기별로 달라지는 Attack 코드를 분리하는 데 성공했다. 새로운 공격 모드를 추가하려면 Attack Strategy 클래스를 상속받는 새로운 클래스를 작성해서 Game 클래스에 분기문으로 추가하기만 하면 된다. 다음과 같이 말이다.

```
public class GunAttack : AttackStrategy
{
    public override void Attack() { /* 총으로 공격하는 기능을 구현 */ }
}
```

하지만 여전히 부족한 점이 남아 있다. Game 클래스는 게임의 흐름을 정하는 클래스인데, 새로운 무기를 추가하려 할 때 여전히 Game 클래스를 수정해야 하는 문제가 존재한다. Game 클래스는 게임의 흐름만을 제어하고 무기 변경 기능은 분리하는 것이 바람직할 것 같다. 이러한 문제를 수정하기 위해 심플 팩토리를 적용해보자.

심플 팩토리

심플 팩토리는 엄밀히 말해 '디자인 패턴'이라고 정의되어 있지는 않다. Game 클래스에서 AttackStrategyFactory 클래스를 만들어서 무기 변경 기능을 분리한다고 해도 새로운 무기를 추가하려면 결국 AttackStrategyFactory 클래스를 변경해야 하는 문제가 남아 있기 때문이다.

그렇다고 해서 심플 팩토리가 무조건 나쁜 것은 아니다. 실제로 게임 프로그래밍을 하다 보면 자주 접하게 되는 설계고 없는 것보단 낫다. 사실 우리는 전략 패턴을 학습하며 이미 심플 팩토리의 기본적인 구조를 만들어냈다. 다음 코드를 살펴보자.

```csharp
public class Game : MonoBehaviour
{
    private Player _player = new();
    private AttackStrategyFactory _factory = new();

    void Update()
    {
        // 공격 모드를 AttackStrategyFactory를 통해 생성
        // strategy가 null인 경우는 변경을 건너뛰고 기존의 상태를 유지함
        var strategy = _factory.CreateInstance();
        if (strategy != null)
        {
            _player.SetAttackStrategy(strategy);
        }
        // 현재 Player 클래스에 지정된 AttackStrategy 클래스에서 구현한 공격 실행
        if (Input.GetKeyDown(KeyCode.Space))
        {
            _player.Attack();
        }
    }
}
```

```csharp
public class AttackStrategyFactory
{
    // 공격 모드 변경 키에 대응되는 AttackStrategy 인스턴스를 반환
    public AttackStrategy CreateInstance()
    {
        if (Input.GetKeyDown(KeyCode.F1))
        {
            return new SwordAttack();
        }

        if (Input.GetKeyDown(KeyCode.F2))
        {
            return new MagicAttack();
        }
        // 아무런 입력도 없다면 null을 반환
        return null;
    }
}
```

앞의 코드를 살펴보면 단순히 우리가 기존에 작성한 코드에서 Game 클래스에 있던 AttackStrategy 생성 부분만을 별도의 클래스로 분리한 것에 불과하다. 하지만 이러한 변경을 통해 우리는 새로운 무기를 추가할 때 Player 클래스와 Game 클래스를 전혀 변경할 필요가 없게 되었다.

Player 클래스는 이제 공격 전략을 변경하고 공격 명령이 들어오면 현재의 공격 전략을 수행하는 역할을 한다. Game 클래스는 무기 변경 버튼이 눌리면 AttackStrategyFactory 클래스를 통해 생성된 AttackStrategy 클래스를 Player 한테 할당해주고, 공격 버튼이 눌리면 Player에게 공격 명령을 내리는 관리자 역할 클래스가 되었다.

이제 새로운 무기를 추가하려면 AttackStrategy 클래스를 상속받아 자신만의 공격 전략을 만들고 AttackStrategyFactory 클래스에서 원하는 버튼에 자신의 무기를 지정해주면 된다. 맨 처음 만든 코드보다 구조는 약간 복잡해졌지만 새로운 기능을 만들기는 훨씬 쉬워졌다. 이처럼 디자인 패턴은 약간의 구조적 개선을 통해 이전보다 더욱 유연한 코드를 짜기 쉽게 만들어주는 도구다.

4.3.3 도전 과제 달성률 100% – 옵저버 패턴

이번 절에서는 옵저버 패턴에 대해 배워볼 것이다. 옵저버^{observer}라는 영어 단어는 감시자, 관찰자라는 뜻을 담고 있다. 즉, 다른 객체의 상태와 행동을 감시하고 싶을 때 사용하는 패턴이다. 따라서 옵저버 패턴을 사용하는 주된 경우는 서로 다른 두 객체 간의 일방적인 상호작용 상황이다.

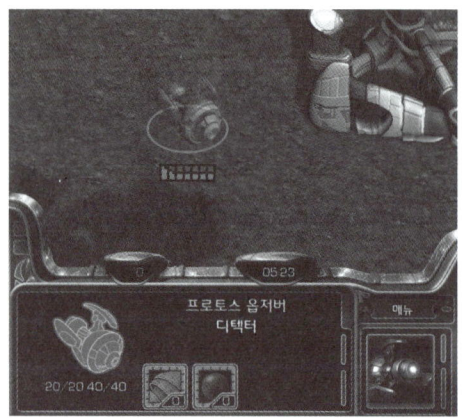

네? 저요?

서로 다른 두 객체 간의 상호작용 상황이라고 설명했으나 옵저버 패턴은 1:1 대응 관계보다는 1:N 대응 관계로 보는 게 더 정확하다. TV 방송을 예로 들면 각 채널은 1개지만 시청자는 수만 명이 될 수 있는 것과 같은 이치다. 물론 여러 채널이 존재하며 시청자가 한 채널만 보는 것은 아니기 때문에 N:N 대응 관계로 생각할 수도 있다.

지금까지는 일반적으로 A 객체가 B 객체에게 명령을 내리는 식으로 프로그램을 작성했을 것이다. 이는 아주 직관적이며 군더더기 없는 방식이다.

```
유저가 A 버튼을 입력
"키보드" 객체가 입력을 감지
"게임" 객체에 명령을 전달
"플레이어" 객체에게 공격 명령을 전달
"플레이어" 객체가 점수를 획득
"도전 과제" 객체에게 점수를 전달
일정 점수를 달성하면 "보상" 객체를 실행
```

하지만 이러한 방식은 객체 간 의존이 높아져 유지 보수와 확장을 어렵게 만든다. 예를 들어 '최단 시간 클리어'와 같은 새로운 도전 과제를 추가하기 위해서는 플레이어 객체와 보상 객체를 수정해야 할 것이다. A 버튼을 누를 때 공격 이펙트, 효과음, 서버로 데이터 전송을 추가하기 위해서는 게임 객체, 더 나아가 키보드 객체를 수정해야 한다.

종국에는 플레이어 객체는 도전 과제, 효과음, 네트워크 등 모든 로직을 실행하는 '전지전능한' 객체가 될 것이다. 이렇게 되면 간단한 기능을 수정하려고만 해도 플레이어 객체가 안전하게 작동할지 매번 확인해야 하므로 코드 수정 자체가 두려운 작업이 될 수 있다.

```
public class Player
{
    public void Attack()
    {
        Achievement.AddPoint(1);
        audioSource.Play(audioClip);
        Network.SendPlayerAttack();
        // ... 이런 코드가 계속된다면 Player 객체의 크기는 점점 방대해질 것이다.
    }
}
```

이는 매우 번거로운 일이 될 수 있다. 그렇다면 그냥 플레이어가 공격을 하는 '이벤트'가 실행될 때 각각 필요한 기능이 자동으로 알아서 실행되면 더 좋지 않을까? 이럴 때 사용하는 것이 바로 옵저버 패턴이다.

패턴 구조

옵저버 패턴은 주로 한 객체(주체, Subject)가 변경될 때 다른 객체(옵저버, Observer)에게 알려주는 방식으로 사용된다. 이를 통해 주체 객체와 옵저버 객체 사이에 느슨한 결합loose coupling이 형성되어 결과적으로 객체 간 의존성이 줄어든다.

간단한 예로 스마트폰의 시계 앱 내 알람 기능을 생각해볼 수 있다. 여러분의 스마트폰 시계 앱에 알람을 설정하면 시스템은 시간이 바뀔 때마다 이벤트를 발생시킨다. 설정된 모든 알람은 등록된 시간과 현재 시간을 비교해 일치하는 경우 알람을 실행한다. 이때 시간을 관리하는 시스템이 곧 주체 객체이며 시계 앱과 앱 내에 등록된 알람들이 옵저버 객체에 해당된다.

여기서 주목할 점은 시스템은 시계 앱을 알지 못한다는 사실이다. 생각해보면 당연한 사실이다. 아무리 많은 시계 앱을 설치한다 하더라도 시스템 코드는 수정되지 않는다. 시계 앱에서 시스템 시간 변경을 감시하지, 시스템에서 시간이 바뀔 때마다 시계 앱의 코드를 실행시키지는 않기 때문이다.

만약 옵저버 패턴을 적용하지 않았다면, 시계 앱에서 알람을 새로 추가할 때마다 시스템 코드를 변경하거나 시계 앱이 1초마다 새로운 정보를 얻기 위해서 시간을 직접 체크해야 하며, 이전 상태와 비교해 바뀐 점은 없는지 직접 확인하며 관리해야 한다.

따라서 옵저버 패턴을 사용함으로써 시스템과 앱 간의 결합도를 낮추고, 각각 독립적으로 운영되면서도 필요한 정보를 실시간으로 공유할 수 있는 유연한 구조를 만들 수 있다.

패턴 구성

옵저버 패턴은 다음과 같은 구성 요소로 이루어져 있다.

① **주체**subject : 상태를 관찰하고 알림을 발송할 대상 객체
② **옵저버**observer : 주체 객체의 상태를 감시하고 알림을 받을 객체
③ **구독**subscribe : 옵저버 객체가 주체 객체의 알림을 받도록 등록하는 작업
④ **알림**notify : 주체 객체가 옵저버 객체에게 상태 변화를 알리는 작업

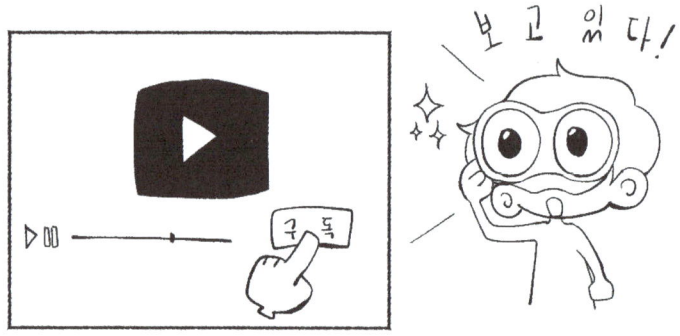

옵저버 패턴은 유튜브의 구독 알림 서비스와 같은 개념이다.

갑자기 복잡한 이야기가 나와서 놀랄 수도 있을 것이다. 하지만 이러한 구조는 앞서 몇 가지 예시에서 설명했듯 우리가 일상에서 쉽게 접할 수 있는 구조다. 유튜브의 구독자 알림 서비스를 예로 들어 설명하겠다.

새로운 영상에 대한 알림을 받아보고 싶은 구독자(=옵저버)는 방송인(=주체)이 준비해둔 구독 버튼을 클릭한다(=구독). 새로운 영상이 올라오면 구독자는 알림 메시지를 받는다(=알림).

여기서 구독자가 할 수 있는 행동은 다음과 같은 세 가지로 정리해볼 수 있다.

- 구독 등록
- 구독 취소
- 알림 설정(스마트폰, 이메일 등)

반대로 주체가 할 수 있는 일은 다음과 같다.

- 구독과 구독 취소 버튼 제공
- 구독자 목록 관리
- 새 영상 등록(=모든 구독자에게 알림 전송)

다음은 이를 간단한 인터페이스로 정의한 것이다.

```csharp
// 주체(Subject) 인터페이스
public interface ISubject
{
    // 옵저버(Observer) 등록 메서드
    public void AddObserver(IObserver observer);

    // 옵저버(Observer) 제거 메서드
    public void RemoveObserver(IObserver observer);

    // 알림(Notification) 발송 메서드
    // 위의 두 메서드를 통해 등록된 옵저버 전체를 순회하며 Update를 호출
    public void NotifyObservers();
}

// 옵저버(Observer) 인터페이스
public interface IObserver
{
    // 알림(Notification) 수신 메서드
    // ISubject가 NotifyObservers()를 호출한 시점에 해당 메서드가 호출된다.
    public void OnScoreUpdated(int score);
}
```

업적 시스템 구현

앞에서 배운 옵저버 패턴을 이용해 게임에 업적 시스템을 구현하는 예제를 살펴보자. 업적 시스템은 게임에서 플레이어가 특정 조건을 충족할 경우 얻을 수 있는 보상이다.

직접 호출로 구현해보기

패턴을 적용하기 전의 업적 시스템은 다음과 같다.

```
public class Player
{
    private int _score;

    // 이미 달성한 업적 체크용
    private bool _isAchievement1Cleared = false;
    private bool _isAchievement2Cleared = false;
    private bool _isAchievement3Cleared = false;

    public int GetScore()
    {
        return _score;
    }

    public void AddScore(int score)
    {
        _score += score;

        // 점수가 더해질 때 업적 달성 여부를 체크한다.
        CheckAchievements();
    }

    private void CheckAchievements()
    {
        // 각 점수 이상이고 업적을 달성한 적 없으면 업적 달성
        if (_score >= 100 && _isAchievement1Cleared == false)
        {
            _isAchievement1Cleared = true;
            Debug.Log("100점 달성!");
        }
        else if (_score >= 500 && _isAchievement2Cleared == false)
```

```
            {
                _isAchievement2Cleared = true;
                Debug.Log("500점 달성!!");
            }
            else if (_score >= 1000 && _isAchievement3Cleared == false)
            {
                _isAchievement3Cleared = true;
                Debug.Log("1000점 달성!!!");
            }
        }
    }
}
```

```
public class Game : MonoBehaviour
{
    public void Start()
    {
        var player = new Player();

        // player 객체를 통해 점수를 더하면 내부에서 업적 달성을 체크한다.
        player.AddScore(100); // 100점 달성!
        player.AddScore(400); // 500점 달성!!
        player.AddScore(300);
        player.AddScore(200); // 1000점 달성!!!
    }
}
```

앞의 코드에서는 Player 클래스에서 점수를 추가할 때마다 CheckAchievements() 메서드를 호출하여 업적 달성 여부를 확인하고 메시지를 표시한다. 이때 CheckAchievements() 메서드에서 업적 달성 여부를 확인하는 코드가 각 업적마다 중복되어 등장한다.

옵저버 패턴 적용해보기

패턴을 적용한 후의 업적 시스템은 다음과 같다.

```csharp
// Player 클래스는 정보 발행 주체이다.
public class Player
{
    private int _score;

    private List<IObserver> _observers = new List<IObserver>();

    public int GetScore()
    {
        return _score;
    }

    public void AddScore(int score)
    {
        _score += score;
        NotifyObservers();
    }

    // 구독 기능을 제공한다.
    public void AddObserver(IObserver observer)
    {
        _observers.Add(observer);
    }

    // 구독 해지 기능을 제공한다.
    public void RemoveObserver(IObserver observer)
    {
        _observers.Remove(observer);
    }
```

```csharp
// AddScore 메서드가 호출되어 점수가 바뀔 때 모든 옵저버의 Update 메서드를
실행한다.
    public void NotifyObservers()
    {
        foreach (IScoreObserver observer in _observers)
        {
            observer.OnScoreUpdated(_score);
        }
    }
}

// 옵저버는 점수가 업데이트될 때 호출되는 용도의 메서드 정의만을 가진다.
public interface IScoreObserver : IObserver
{
    void OnScoreUpdated(int score);
}

// 도전 과제를 관리하는 클래스를 옵저버로 만들었다.
public class Achievement : IScoreObserver
{
    private bool _isAchievement1Cleared = false;
    private bool _isAchievement2Cleared = false;
    private bool _isAchievement3Cleared = false;

    // 해당 옵저버 클래스는 점수가 업데이트될 때 점수를 체크한다.
    public void OnScoreUpdated(int score)
    {
        CheckAchievements(score);
    }

    private void CheckAchievements(int score)
    {
        if (score >= 100 && _isAchievement1Cleared == false)
        {
            _isAchievement1Cleared = true;
```

```csharp
            Debug.Log("100점 달성!");
        }
        else if (score >= 500 && _isAchievement2Cleared == false)
        {
            _isAchievement2Cleared = true;
            Debug.Log("500점 달성!!");
        }
        else if (score >= 1000 && _isAchievement3Cleared == false)
        {
            _isAchievement3Cleared = true;
            Debug.Log("1000점 달성!!!");
        }
    }
}
```

```csharp
public class Game : MonoBehaviour
{
    public void Start()
    {
        // 주체 클래스 Player 인스턴스 생성
        var player = new Player();

        // 옵저버 클래스 Achievement 인스턴스 생성
        var achievement = new Achievement();

        // 위에서 생성한 옵저버를 등록한다.
        player.AddObserver(achievement);

        player.AddScore(100); // 100점 달성!
        player.AddScore(400); // 500점 달성!!
        player.AddScore(300);
        player.AddScore(200); // 1000점 달성!!!
    }
}
```

기존 코드에서는 Player 클래스가 업적까지 같이 관리했으나 패턴을 적용한 후에는 Player 클래스에서 ISubject 인터페이스를 구현하여 옵저버들을 등록하고 알림을 보내는 메서드를 구현한다. 업적 관리 클래스는 IScoreObserver 인터페이스를 구현하며 업적 달성 여부를 확인하는 기준과 보상 지급을 담당한다.

이렇게 하면 새로운 업적을 추가하더라도 Player 클래스를 수정할 필요 없이 Achievement 클래스만 수정하면 된다. 하지만 왜 굳이 옵저버 패턴을 사용했는지는 쉽게 와닿지 않을 것이다. 단순히 Player 코드를 두 개로 나눈 것처럼 느껴질 것이다. 하지만 여느 디자인 패턴이 그렇듯 기능이 확장되고 시스템이 복잡해질수록 진가를 보인다. 한번 Achievement 클래스를 조금씩 수정해가며 기능을 확장해보자.

도전 과제의 클래스화

먼저 앞에서 한 클래스에 몰려 있던 도전 과제를 각각의 클래스로 분리해보자.

```csharp
public class Achievement1 : IScoreObserver
{
    private bool _isAchievementCleared = false;

    public void OnScoreUpdated(int score)
    {
        if (score >= 100 && _isAchievementCleared == false)
        {
            _isAchievementCleared = true;
            Debug.Log("100점 달성!");
        }
    }
}
```

```csharp
public class Achievement2 : IScoreObserver
{
    private bool _isAchievementCleared = false;

    public void OnScoreUpdated(int score)
    {
        if (score >= 500 && _isAchievementCleared == false)
        {
            _isAchievementCleared = true;
            Debug.Log("500점 달성!!");
        }
    }
}
```

```csharp
public class Achievement3 : IScoreObserver
{
    private bool _isAchievementCleared = false;

    public void OnScoreUpdated(int score)
    {
        if (score >= 1000 && _isAchievementCleared == false)
        {
            _isAchievementCleared = true;
            Debug.Log("1000점 달성!!!");
        }
    }
}
```

```csharp
public class Game : MonoBehaviour
{
    public void Start()
```

```
    {
        var player = new Player();
        var achievement1 = new Achievement1();
        var achievement2 = new Achievement2();
        var achievement3 = new Achievement3();

        player.AddObserver(achievement1);
        player.AddObserver(achievement2);
        player.AddObserver(achievement3);

        player.AddScore(100); // 100점 달성!
        player.AddScore(400); // 500점 달성!!
        player.AddScore(300);
        player.AddScore(200); // 1000점 달성!!!
    }
}
```

여기서 우리는 각 옵저버를 나눌 수 있는 최소 단위의 객체로 분리했다. 객체를 분리하며 기능을 수정하지는 않았기 때문에 기존에 작성한 코드들과 동일하게 작동한다. 하지만 굳이 이렇게 할 필요가 있을까? 심지어 이전 코드보다 더 복잡해 보인다.

다음 예제를 살펴보면 이렇게 객체를 분리한 이유를 알 수 있다.

```
public class Game : MonoBehaviour
{
    public void Start()
    {
        var player = new Player();
        var achievement1 = new Achievement1();
        var achievement2 = new Achievement2();
```

CHAPTER 4 게임 프로그래밍 방법론　**259**

```
        var achievement3 = new Achievement3();

        player.AddObserver(achievement1);
        player.AddObserver(achievement2);
        player.AddObserver(achievement3);

        player.AddScore(100); // 100점 달성!
        player.AddScore(400); // 500점 달성!!
        player.AddScore(300);

        player.RemoveObserver(achievement3); // 더욱 유연하게 시스템을 조합할
 수 있다.

        player.AddScore(200);
    }
}
```

우리가 처음에 ISubject 인터페이스에서 정의한 RemoveObserver() 메서드를 기억하는가? 옵저버 패턴에서 주체는 옵저버에게 구독 기능을 제공함과 동시에 구독 해지 기능도 제공한다. 따라서 내가 원할 때 옵저버를 유연하게 등록할 수 있는 것이다.

여기 예제에서도 1000점을 달성하기 전에 관련 도전 과제 옵저버의 등록을 해지함으로써 1000점 달성 기능을 비활성화할 수 있었다. 맨 처음 작성한 코드라면 더 많은 if 문과 조건 변경 로직이 필요했을 것이다.

더 나아가 100, 500, 1000, 2000, 3000, 4000, 5000점마다 도전 과제를 만든다고 하면 여기서 바꾼 구조를 손쉽게 이용할 수 있다.

```csharp
// 매번 똑같은 조건 검사 로직을 복사-붙여넣기 하는 대신
// 인스턴스 생성 시 업적 조건과 메시지를 만들게 변경했다.
public class Achievement_Observer : IScoreObserver
{
    // 업적 중복 달성 방지용 체크
    private bool _isAchievementCleared = false;

    // 업적을 달성하기 위해서 넘어야 하는 최소 점수
    private int _threshold;

    // 업적 달성 시 표시할 메시지
    private string _message;

    public Achievement_Observer(int threshold, string message)
    {
        _threshold = threshold;
        _message = message;
    }

    public void OnScoreUpdated(int score)
    {
        if (score >= _threshold && _isAchievementCleared == false)
        {
            _isAchievementCleared = true;
            Debug.Log(_message);
        }
    }
}
```

```csharp
public class Game : MonoBehaviour
{
    public void Start()
    {
```

```
        var player = new Player();
        var achievement1 = new Achievement_Observer(100, "100점 달성!");
        var achievement2 = new Achievement_Observer(500, "500점 달성!!");

        player.AddObserver(achievement1);
        player.AddObserver(achievement2);

        // 물론 achievement1, 2처럼 직접 다 만들어도 무관하다.
        for (var i = 1000; i <= 5000; i += 1000)
        {
            var achievement = new Achievement_Observer(i, $"{i}점 달성!!!");
            player.AddObserver(achievement);
        }

        player.AddScore(100); // 100점 달성!
        player.AddScore(400); // 500점 달성!!
        player.AddScore(300);
        player.AddScore(200); // 1000점 달성!!!
        player.AddScore(1000); // 2000점 달성!!!
        player.AddScore(1000); // 3000점 달성!!!
        player.AddScore(1000); // 4000점 달성!!!
        player.AddScore(1000); // 5000점 달성!!!
        player.AddScore(1000);
    }
}
```

이 코드에서 우리는 업적을 개별 클래스로 나누는 대신 각각의 인스턴스 생성 시에 조건과 결과를 직접 설정하게 만들었다. 이를 통해 이제는 아무리 많은 업적도 손쉽게 만들 수 있게 되었다. 여기서는 옵저버 패턴으로 업적 시스템을 구현하는 방법만 살펴봤지만 다른 시스템으로도 쉽게 확장할 수 있다.

```
public class ScoreSoundEffect : IScoreObserver
{
    public void OnScoreUpdated(int score)
    {
        //오디오 소스 플레이
    }
}
```

```
public class ScoreVisualEffect : IScoreObserver
{
    public void OnScoreUpdated(int score)
    {
        //파티클 시스템 플레이
    }
}
```

```
public class Game : MonoBehaviour
{
    public void Start()
    {
        var player = new Player();
        var achievement1 = new Achievement(100, "100점 달성!");
        var achievement2 = new Achievement(500, "500점 달성!!");

        player.AddObserver(achievement1);
        player.AddObserver(achievement2);

        var soundEffect = new ScoreSoundEffect();
        player.AddObserver(soundEffect);

        var visualEffect = new ScoreVisualEffect();
```

```
        player.AddObserver(visualEffect);
    }
}
```

이제는 아주 간편하게 점수가 추가될 때 각종 추가 기능을 만들 수 있게 되었다.

정리

옵저버 패턴은 게임 개발에서 가장 흔하게 사용하는 디자인 패턴 중 하나이다. 옵저버 패턴은 객체 간의 의존도를 줄이고 새로운 기능을 추가하거나 제거하기 쉽게 만들어준다. 플레이어 객체는 업적 시스템이나 효과음 등의 객체를 알 필요 없이 해당 객체가 스스로 점수 이벤트에 등록한다. 또한 사용자가 원하는 타이밍에 이벤트를 등록하고 해제할 수 있기 때문에 게임 실행 도중에 복잡한 조건 계산식 없이 로직을 쉽게 교체할 수 있다.

필자는 옵저버 패턴이 게임 개발을 하며 가장 유용하고 많이 사용하게 되는 디자인 패턴이라고 생각한다. 옵저버 패턴은 프로그래밍 언어에서 이벤트 처리 기능의 형태로 따로 문법적으로 제공되는 경우도 많다. 이러한 옵저버 패턴을 적재적소에 활용하는 방법을 배운다면 개발 능력도 한층 성장할 수 있을 것이라 장담한다.

4.3.4 걷고 뛰고 공격하는 캐릭터의 상태 – 상태 패턴

여러분은 FSM이라는 단어를 들어본 적 있는가? (날아다니는 스파게티 괴물을 말하는 것은 절대 아니다.) 여기서 말하는 FSM은 'Finite State Machine' 직역하면 '유한 상태 기계'이다. 유한 상태 기계란 무엇을 의미하는 것일까? 간단한 그림을 통해 알아보자.

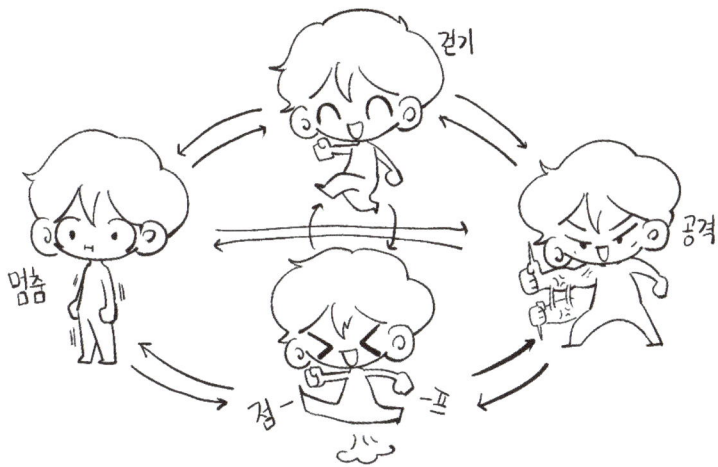

캐릭터가 가질 수 있는 상태는 서로 전환 가능하다.

어디에나 있을 법한 간단한 게임 캐릭터의 움직임을 생각해보자. 실제로는 달리기, 웅크리기, 수영하기 등 복잡한 동작도 존재하겠지만 먼저 기본적인 동작부터 생각해보자. 같은 맥락으로 점프와 낙하 모션 또한 동일한 동작으로 취급해보자. 상태 패턴을 학습하고 난 뒤에는 복잡한 동작도 쉽게 추가할 수 있을 것이다.

그림에서 표현한 대로 네 가지 상태만 구현하려고 해도 총 열두 가지의 상태 전환을 구현해야 한다. 물론 게임 기획에 따라 상태 전환이 불가능한 경우도 존재할 것이다. 예를 들면 점프 도중 공격이 불가능한 식으로 말이다.

캐릭터 상태 전환 구현해보기

앞에서 정의한 캐릭터 상태를 기반으로 직접 캐릭터 상태 전환을 구현해보자. 물론 모두 구현 가능하겠지만 독자 여러분을 위해 공중에서는 공격할 수 없다는 규칙을 추가로 넣어 경우의 수를 열 가지로 줄인 예제를 구현해보도록 하겠다.

공중에서 공격이 불가능한 게임이라면 이러한 상태를 가질 것이다.

열 가지도 적지 않기는 하지만 지금까지 배워온 지식을 활용하면 간단히 구현할 수 있을 것 같다. 다음은 switch-case(혹은 if-else)로 간단하게 구현한 코드다.

```
// 캐릭터 상태를 나타낼 enum 정의
public enum CharacterState
{
    Idle,
    Walk,
    Jump,
    Attack
}
```

```
// 캐릭터 상태를 관리할 클래스 정의
public class Character : MonoBehaviour
{
    private CharacterState _currentState = CharacterState.Idle;
```

```csharp
// 캐릭터의 상태를 업데이트하는 함수
public void Update()
{
    // Space, Z, RightArrow 키를 누르면 각각 Jump, Attack, Walk 상태로 변경
    // 아무 키도 누르지 않으면 Idle 상태로 변경

    if (Input.GetKey(KeyCode.Space))
    {
        ChangeState(CharacterState.Jump);
    }
    else if (Input.GetKey(KeyCode.Z))
    {
        ChangeState(CharacterState.Attack);
    }
    else if (Input.GetKey(KeyCode.RightArrow))
    {
        ChangeState(CharacterState.Walk);
    }
    else
    {
        ChangeState(CharacterState.Idle);
    }
}

private void ChangeState(CharacterState newState)
{
    // 이전 상태에서 새로운 상태로 바뀔 때의 동작을 정의
    switch (_currentState)
    {
        case CharacterState.Idle:
            PlayAnimation("Idle");
            break;
        case CharacterState.Walk:
            PlayAnimation("Walk");
```

```
                break;
            case CharacterState.Jump:
                if (newState == CharacterState.Attack)
                {
                    // Jump 도중 Attack이 불가능하기 때문에
                    // 상태를 변경하지 않고 함수를 종료
                    return;
                }

                PlayAnimation("Jump");
                break;
            case CharacterState.Attack:
                if (newState == CharacterState.Jump)
                {
                    // Attack 도중 Jump가 불가능하기 때문에
                    // 상태를 변경하지 않고 함수를 종료
                    return;
                }

                PlayAnimation("Attack");
                break;
        }

        // 상태 변경에 알맞은 동작을 수행한 후 현재 상태를 변경
        _currentState = newState;
    }

    private void PlayAnimation(string animationName)
    {
        // 애니메이션을 재생하는 코드
    }
}
```

앞서 그림에서 표기한 대로 정지, 걷기, 점프, 공격의 네 가지 상태 변화를 모두 나타낼 수 있는 코드가 완성되었다. 하지만 눈치가 빠른 독자라면 이러한 코드는 상태가 하나만 추가되어도 모든 경우의 수를 검토해야 한다는 사실을 알 수 있을 것이다.

여러분 게임에 새롭게 회복 아이템이 추가되었다.

가령 정지 또는 걷기 상태에서만 사용 가능한 '회복' 상태를 새로 추가해보자.

```
public enum CharacterState
{
    Idle,
    Walk,
    Jump,
    Attack,
    Heal // 회복 상태를 새로 정의했다.
}
```

```
public class Character : MonoBehaviour
{
    private CharacterState _currentState = CharacterState.Idle;
```

CHAPTER 4 게임 프로그래밍 방법론 **269**

```
public void Update()
{
    if (Input.GetKey(KeyCode.Space))
    {
        ChangeState(CharacterState.Jump);
    }
    else if (Input.GetKey(KeyCode.Z))
    {
        ChangeState(CharacterState.Attack);
    }
    else if (Input.GetKey(KeyCode.RightArrow))
    {
        ChangeState(CharacterState.Walk);
    }
    else if (Input.GetKey(KeyCode.H))
    {
        // H 키를 누르면 회복 상태로 변경
        ChangeState(CharacterState.Heal);
    }
    else
    {
        ChangeState(CharacterState.Idle);
    }
}

private void ChangeState(CharacterState newState)
{
    switch (_currentState)
    {
        case CharacterState.Idle:
            PlayAnimation("Idle");
            break;
        case CharacterState.Walk:
            PlayAnimation("Walk");
```

```
        break;
case CharacterState.Jump:
    if (newState == CharacterState.Attack)
    {
        // Jump 도중 Attack이 불가능하기 때문에
        // 상태를 변경하지 않고 함수를 종료
        return;
    }

    if (newState == CharacterState.Heal)
    {
        // Jump 도중 Heal이 불가능하기 때문에
        // 상태를 변경하지 않고 함수를 종료
        return;
    }

    PlayAnimation("Jump");
    break;
case CharacterState.Attack:
    if (newState == CharacterState.Jump)
    {
        // Attack 도중 Jump가 불가능하기 때문에
        // 상태를 변경하지 않고 함수를 종료
        return;
    }

    if (newState == CharacterState.Heal)
    {
        // Attack 도중 Heal이 불가능하기 때문에
        // 상태를 변경하지 않고 함수를 종료
        return;
    }

    PlayAnimation("Attack");
    break;
```

```
            }

            // 상태 변경에 알맞은 동작을 수행한 후 현재 상태를 변경
            _currentState = newState;
        }

        private void PlayAnimation(string animationName)
        {
            // 애니메이션을 재생하는 코드
        }
    }
```

경우의 수가 하나 늘어난 것만으로도 코드를 많이 수정해야 한다. 지금은 각 상태에 해당되는 애니메이션만 재생하도록 만들었지만 만약 상태 간 전환마다 애니메이션을 따로 작성해야 한다면, 다음과 같은 코드를 모든 상태마다 삽입해야 할 것이다.

```
    ...

    case CharacterState.Attack:
        switch (newState)
        {
            case CharacterState.Idle:
                // Attack에서 Idle로 바뀔 때의 동작
                break;
            case CharacterState.Walk:
                // Attack에서 Walk로 바뀔 때의 동작
                break;
            case CharacterState.Jump:
                // Attack에서 Jump로 바꿀 수 없기 때문에
                // 상태를 변경하지 않고 함수를 종료
                return;
```

```
        case CharacterState.Attack:
            // Attack 상태가 유지되는 경우의 동작
            break;
        case CharacterState.Heal:
            // Attack에서 Heal로 바꿀 수 없기 때문에 상태를 변경하지 않고 함수를 종료
            return;
    }
    break;

...
```

2중, 3중으로 중첩된 switch-case 문이라니 상상만 해도 귀찮을 것 같이 느껴진다. 물론, 앞의 코드도 FSM을 구현하는 방법 중 한 가지이지만 상태를 고작 하나 추가한 것만으로도 모든 코드를 검토해야 하는데 계속 이런 행동을 반복할 수는 없는 노릇이다.

여기서 더욱 객체 지향적이며 FSM을 구현할 때 일반적으로 사용되는 디자인 패턴인 상태state 패턴을 소개하고자 한다.

상태 패턴 적용해보기

상태 패턴에서는 다른 여느 객체 지향 디자인 패턴이 그러하듯, 각각의 상태 자체를 객체로 추상화해서 생각한다. 가령 Idle, Walk 등 앞에서 열거형으로 선언한 각각의 상태가 그 예이다.

```
// '상태'라는 개념 자체를 추상화한 클래스
// 상태를 추상화했기 때문에 CharacterState 열거형은 이제 사용하지 않는다.
public abstract class State
```

```csharp
{
    protected Character _character;

    protected State(Character character)
    {
        _character = character;
    }

    protected void ChangeState(State newState)
    {
        _character.SetState(newState);
    }

    protected void PlayAnimation(string animationName)
    {
        // 애니메이션을 재생하는 코드
    }

    // 각 상태 변화가 필요한 경우에만 오버라이드
    public virtual void HandleIdle()   { }
    public virtual void HandleWalk()   { }
    public virtual void HandleJump()   { }
    public virtual void HandleAttack() { }
    public virtual void HandleHeal()   { }
}
```

이렇게 정의한 State 클래스를 상속받아 각 상태를 만들면 다음과 같은 형태가 될 것이다.

```csharp
public class IdleState : State
{
    public IdleState(Character character) : base(character) { }
```

```
    public override void HandleIdle()   => PlayAnimation("Idle");
    public override void HandleAttack() => ChangeState(new AttackState(_character));
}
```

```
public class AttackState : State
{
    public AttackState(Character character) : base(character) { }
    public override void HandleIdle()   => ChangeState(new IdleState(_character));
    public override void HandleAttack() => PlayAnimation("Attack");
}
```

이전에 switch-case 문을 통해 구현한 코드보다 훨씬 이해하기 쉽고 간단하지 않은가? 또한 새로운 상태가 추가되면 새로운 클래스를 추가해 상태 전환이 존재하는 클래스에 해당 내용을 구현하면 그만이다. 원한다면 상태 전환에 필요한 조건을 추가하거나 수정하기도 훨씬 간편하다. 이어서 기존의 캐릭터 클래스를 변경해보자.

```
public class Character : MonoBehaviour
{
    private State _currentState;

    public Character()
    {
        // 상태 생성에 Character를 넘겨줘 SetState 메서드를 통해 상태를 변경 가능하게 구현
        _currentState = new IdleState(this);
```

```csharp
    }

    public void SetState(State state)
    {
        _currentState = state;
    }

    public void Update()
    {
        // 현재 상태 클래스에 해당되는 메서드를 실행

        if (Input.GetKey(KeyCode.Space))
        {
            _currentState.HandleJump();
        }
        else if (Input.GetKey(KeyCode.Z))
        {
            _currentState.HandleAttack();
        }
        else if (Input.GetKey(KeyCode.RightArrow))
        {
            _currentState.HandleWalk();
        }
        else if (Input.GetKey(KeyCode.H))
        {
            _currentState.HandleHeal();
        }
        else
        {
            _currentState.HandleIdle();
        }
    }
}
```

이제 캐릭터 클래스에는 키보드 입력에 따른 자신의 상태를 변경하는 코드만 존재하게 되었다. 여기 예제에서는 입력 키와 상태가 1:1 대응이지만 실제 게임에서는 조합 키가 추가되거나 이전 상태에 따라서 같은 키여도 다른 기능을 해야 하는 경우가 있다. 예를 들어, 같은 키 입력이라도 캐릭터가 특정 상태에 있을 때만 변신하거나 다른 모드로 전환하는 등 복잡한 처리가 필요할 수 있다. 이럴 때 이와 같이 코드를 분리한 장점이 더욱 돋보이게 될 것이다.

개념 정리

게임에서 캐릭터의 상태 변화는 매우 중요한 요소 중 하나이다. 예를 들어, 캐릭터가 대기 상태일 때와 이동 상태일 때의 모션은 완전히 다르다. 이러한 상태 변화를 구현하는 방법은 다양하지만 상태 패턴은 이를 객체 지향적으로 구현하는 데 있어 효과적인 방법 중 하나이다.

상태 패턴은 상태를 객체로 추상화하여 각 상태마다 클래스를 만들고 상태 전환을 위한 코드를 분리하여 유지 보수의 편의성을 높인다. 상태 패턴을 사용하면 각 상태별 클래스를 만들어서 캐릭터의 행동을 구현하고 캐릭터의 상태 변화에 따라 객체를 변경하는 방식으로 구현할 수 있다.

예를 들어, 캐릭터가 대기 상태일 때는 `IdleState` 클래스를 사용하고 이동 상태일 때는 `WalkState` 클래스를 사용하는 식이다. 이렇게 구현하면 상태 변화에 따른 코드의 수정과 추가가 용이해지며 유지 보수성이 향상된다.

상태 패턴을 사용하면 특히 상태의 종류가 많은 게임에서는 코드를 더욱 객체 지향적으로 만들 수 있다. 물론 상태와 전환이 적은 게임에서는 디자인 패턴을 적용하지 않아도 무관하다. 그러나 상태가 많아질 경우 상태 패턴을 적용하는 것이 좋다. 이는 더욱 복잡한 상황에서도 코드를 관리하기 쉽고 유지 보수성을 높이기 위함이다. 결론적으로 상태 패턴은 게임 개발에서 상태 변화를 구현하는 데 유용한 디자인 패턴이다.

덧붙이자면 유니티나 언리얼 같은 대부분의 상용 게임 엔진에서는 이러한 FSM을 자체적으로 구현하고 있다. 이러한 기능들은 엔진에서 자체적으로 제공해주는 기능이기 때문에 사용하기 쉽고 시각적인 피드백 또한 우수하다. 특히 애니메이션 작업에 있어서는 사용하지 않을 이유가 없다. 그러나 엔진을 통해 작성된 기능은 다른 엔진으로의 전환이 유연하지 않으며 기능을 확장하기 어렵다는 문제점이 있다. 따라서 자신이 작업하는 환경과 프로젝트 규모를 고려해서 적절한 방식을 선택할 필요가 있을 것이다(대부분의 경우는 엔진에 포함된 상태 머신을 사용한다).

4.3.5 BABO IS ME – 커맨드 패턴

이번 절에서는 커맨드 패턴에 대해 배워볼 것이다. 커맨드^{command}라는 영어 단어는 명령, 지시 등의 뜻을 가지고 있다. 커맨드 패턴도 역시 특정 작업을 명령으로 변환하는 디자인 패턴이다.

애초에 프로그램이라는 것이 수많은 명령문의 집합이니 커맨드 패턴이 뭐가 특별한가 하는 생각이 들지도 모른다. 하지만 커맨드 패턴의 주된 역할은 명령을 대기열에 넣어 순차적으로 처리하거나 기존에 실행한 명령을 취소할 수 있게 추상화하는 것이다.

예를 들어 대부분의 독자들이 사용해보았을 문서 편집기에는 대부분 Ctrl+Z 등의 '실행 취소' 기능이 존재한다. 대부분 실행 취소를 번복하는 기능 또한 존재하며 이러한 기능들이 대표적인 커맨드 패턴이다.

커맨드 패턴은 실행 취소 기능을 구현한다는 점에서 메멘토 패턴과 비슷하게 느껴질 수 있다. 메멘토 패턴은 객체의 특정 시점의 스냅샷을 기록해 실행 취소를 구현하는 반면, 커맨드 패턴은 행동 자체를 객체로 추상화한다는 점이 다르다. 실행 취소라는 행동 자체가 커맨드 패턴의 핵심은 아니지만 커맨드 패턴을 통해 쉽게 구현할 수 있기 때문에 같이 설명한다.

다른 디자인 패턴 관련 서적을 읽어보면 대부분 커맨드 패턴을 문서 편집기의 저장, 복사, 붙여넣기, 실행 취소 등을 예시로 들어 설명하고 있을 것이다. 전문적인 예제에서는 작업 예약, 작업 대기열, 원격 실행 등으로 설명하기도 할 것이다. 문서 편집기를 만들어보는 것도 좋은 경험이 되겠지만, 여기서는 고전적인 스타일의 2D 퍼즐 게임을 만들어가며 커맨드 패턴에 대해 배워보도록 하자.

게임 만들어보기

'소코반'이라는 게임을 들어본 적 있는가? 몇몇 독자는 이 게임을 직접 플레이해본 경험이 있을 수 있겠지만 오래된 게임이기 때문에 대부분은 존재조차 모를 것이라 생각한다.

이 게임의 룰은 굉장히 간단하다. 플레이어는 상하좌우로 이동 가능하며 한 번에 격자 한 칸만을 이동할 수 있다. 플레이어가 이동할 위치에 박스가 존재하는 경우 박스를 한 칸씩 밀어낸다. 모든 박스를 창고에 집어넣으면 이기는 간단한 게임이다.

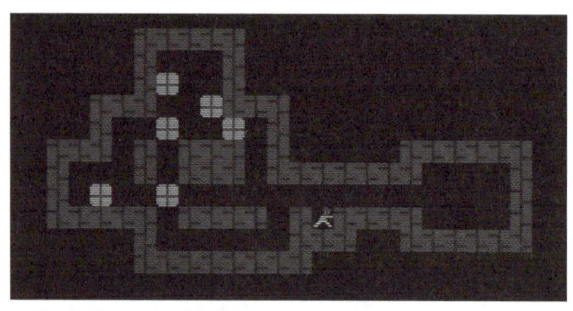

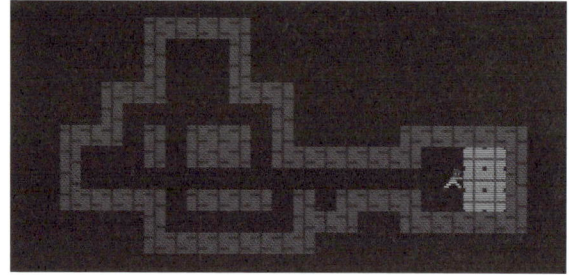

박스를 창고에 집어넣는 고전적인 스타일의 2D 퍼즐 게임 '소코반'
SOKOBAN ⟨Thinking Rabbit, 1982⟩

간단한 규칙이지만 두뇌를 자극하는 매력적인 플레이 스타일로 인해 소코반의 핵심 규칙을 응용해 만들어진 'BABA IS YOU' 등의 멋진 퍼즐 게임도 많이 존재한다.

BABA IS YOU ⟨Hempuli, 2019⟩

아쉽게도 여기에서는 BABA IS YOU 같이 플레이어가 벽으로 변신하고 깃발이 플레이어로 변하는 등의 복잡한 게임은 만들지 않는다. 이 책을 다 읽어갈 즈음이면 여러분도 멋진 게임을 만들 수 있을 것이다. 이번 절에서는 간단한 소코반 게임을 만들어보고 Z 키를 누르면 직전 행동을 취소하고 한 칸 돌아가는 기능을 만들어본다.

게임 설계해보기

앞에서 설명한 소코반의 기본 규칙을 커맨드 패턴으로 구현하고 더 나아가 실행 취소 기능까지 같이 구현해보자.

우리가 만들 게임 세계를 상상해보자.

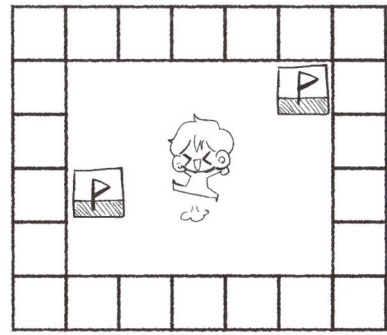

게임 클리어 상태는 이러할 것이다.

우선 수학과 물리 파트에서 배운 내용을 활용해 게임 지도를 만드는 것부터 시작해보자. 2D 게임의 좌표는 X축과 Y축으로 표현할 수 있다. 그림으로 표현하면 간단하지만 이대로는 게임을 만들 수 없다. 컴퓨터에 집어넣기 좋은 형태로 추상화해보자. 그림과 비슷하게 격자를 만들고 다음과 같은 규칙에 따라 블록을 표현해보자.

- W: 벽
- P: 플레이어
- B: 박스
- G: 목표
- C: 박스가 겹쳐 들어간 목표

박스와 목표는 동일한 좌표에 겹칠 수 있다는 점을 염두에 두자.

xy	0	1	2	3	4	5
0	W	W	W	W	W	W
1	W					W
2	W		P	B		W
3	W	G	B			W
4	W				G	W
5	W	W	W	W	W	W

규칙에 따라 게임 세계를 추상화했다.

xy	0	1	2	3	4	5
0	W	W	W	W	W	W
1	W					W
2	W					W
3	W	C	P			W
4	W				C	W
5	W	W	W	W	W	W

클리어 상태는 이러할 것이다.

다음으로는 게임의 규칙을 하나씩 다시 검토해보자. 소코반의 규칙은 단순해서 다들 쉽게 상상할 수 있겠지만, 이러한 규칙들을 정리해놓지 않으면 프로그래밍 도중 생각하지 못한 예외가 발생하거나 버그가 생길 수 있기 때문에, 자신이 만들 대상의 규칙을 정확히 파악하는 것이 중요하다.

우리가 만들 게임의 기본 규칙을 정리해보면 다음과 같다.

① 플레이어는 하나만 존재한다.
② 플레이어는 상하좌우로 이동 가능하다.
③ 플레이어는 한 번에 한 칸씩만 움직일 수 있다.
④ 플레이어는 벽과 박스를 통과할 수 없다.
⑤ 플레이어는 박스를 몸으로 밀어서 한 칸씩 움직일 수 있다.
⑥ 박스는 비어 있는 공간 혹은 목표 좌표로만 이동 가능하다.
　즉, 박스는 벽 또는 다른 박스가 이미 존재하는 위치로는 이동할 수 없다.
⑦ 플레이어와 박스는 같은 위치에 겹칠 수 없다.
⑧ 플레이어와 박스는 벽을 통과할 수 없다.
⑨ 모든 박스를 목표 좌표에 집어넣으면 게임 클리어.

이제 게임의 추상적인 규칙을 정했으니 실제 게임을 구현하기 위해 필요한 요구사항을 정리해보자.

- 상하좌우 이동은 각각 'W', 'S', 'A', 'D' 키에 대응한다.
- 모든 동작은 'Z' 키를 눌러 되돌릴 수 있다.
- 지도 데이터는 다음과 같이 주어진다.
  - 0: 빈 공간
  - 1: 벽
  - 2: 목표
  - 3: 박스
  - 4: 플레이어

자, 이제 주어진 정보들을 활용해 실제 게임을 만들어보자. 우선 커맨드 패턴을 사용하지 않고 플레이 가능한 기본 틀을 먼저 만든 뒤, 커맨드 패턴을 추가해 뒤로가기 기능을 구현해보자. 이번에는 그동안 사용한 예제와는 다르게 실제 작동 가능한 게임의 프로토타입을 제작하기 때문에 예제 코드의 규모가 다소 크다고 느껴질 수 있지만, 하나씩 나눠서 천천히 이해해보도록 하자.

게임 구현해보기

먼저 앞에서 추상화한 게임 규칙을 하나씩 코드로 변환해보자. 우선 가장 간단한 지도를 만들어본다. 앞에서 W, P, B, G, C로 표현했던 데이터를 숫자로 변환해보면 다음과 같다.

```
public static class Tile
{
    // Wall, Player 등의 글자를 직접 입력하는 대신 각 숫자에 의미를 부여해서 사용한다.
```

```
    public const int EMPTY  = 0;
    public const int WALL   = 1;
    public const int GOAL   = 2;
    public const int BOX    = 3;
    public const int PLAYER = 4;
}

public static class MapData
{
    // Stage1 데이터를 2차원 정수 배열로 나타냈다.
    public static readonly int[][] Stage1 = new int[][]
    {
        new int[] { 1, 1, 1, 1, 1, 1 },
        new int[] { 1, 0, 0, 0, 0, 1 },
        new int[] { 1, 0, 4, 3, 0, 1 },
        new int[] { 1, 2, 3, 0, 0, 1 },
        new int[] { 1, 0, 0, 0, 2, 1 },
        new int[] { 1, 1, 1, 1, 1, 1 },
    };

    // 이어서 Stage2, Stage3 ...
}
```

다음으로는 게임 세계의 근본을 지탱하는 좌표계, 즉 위치를 나타낼 때 필요한 구조를 설계해보자. 정수로 된 x와 y값을 담아두는 구조체면 충분할 것이다.

```
// 플레이어, 박스 등의 위치를 나타낼 구조체 선언
public readonly struct Vector2
{
    // 한번 설정된 좌표는 바뀌지 않도록 readonly로 선언한다.
    public readonly int X;
    public readonly int Y;
```

```csharp
    public Vector2(int x, int y)
    {
        X = x;
        Y = y;
    }

    // 물체의 이동 방향을 나타내기 위한 상수를 선언한다.
    // 이동 방향에 대응해 어느 좌표를 가감해야 하는지의 정보를 담아둔다.
    // 이 부분이 이해하기 어렵다면 잠시 벡터와 좌표평면 파트를 다시 읽고 오면
도움이 될 것이다.
    public static readonly Vector2 Up    = new(0, -1);
    public static readonly Vector2 Down  = new(0, +1);
    public static readonly Vector2 Left  = new(-1, 0);
    public static readonly Vector2 Right = new(+1, 0);

    // 벡터 간의 덧셈과 뺄셈을 정의한다.
    public static Vector2 operator +(Vector2 a, Vector2 b)
    {
        return new Vector2(a.X + b.X, a.Y + b.Y);
    }

    public static Vector2 operator -(Vector2 a, Vector2 b)
    {
        return new Vector2(a.X - b.X, a.Y - b.Y);
    }

    // 벡터 간의 비교를 정의한다.
    public static bool operator ==(Vector2 a, Vector2 b)
    {
        return a.X == b.X && a.Y == b.Y;
    }

    public static bool operator !=(Vector2 a, Vector2 b)
    {
        return a.X != b.X || a.Y != b.Y;
```

```
        }
}
```

사실 우리가 방금 만든 Vector2 구조체는 유니티, 언리얼 엔진 등 대부분의 게임 엔진에 기본적으로 구현되어 있다. 따라서 굳이 완전히 동일한 기능을 하는 Vector2 구조체를 정의해서 사용할 필요는 없지만 여기서는 게임의 구조를 설명하기 위해 임의로 새로운 구조체를 정의해서 사용한다.

다음으로는 플레이어와 박스를 설계해보자. 맵에 정적으로 고정되어 있는 벽이나 목표와는 다르게 움직일 수 있다. 따라서 Player, Box 클래스를 새로 만들어 이동할 때 맵 정보를 갱신하게 해보자.

```
// Player, Box가 공통으로 상속받을 추상 클래스
public abstract class MovableObject
{
    // 자식 클래스에서 스스로 타일 종류를 정의한다.
    public abstract int TileType { get; }

    // 자기 자신의 위치를 담아둔다.
    public Vector2 Position { get; private set; }

    // 물체가 서 있는 타일의 종류를 담아둔다. (Tile.EMPTY, Tile.GOAL)
    public int StandingTileType { get; private set; } = Tile.EMPTY;

    // 맵 데이터를 저장해둔다.
    private readonly int[][] _mapData;

    // 생성자에서 맵 데이터와 초기 위치를 받아온다.
    public MovableObject(int[][] mapData, Vector2 initialPosition)
    {
```

```
            _mapData = mapData;
            Position = initialPosition;
        }

        // 물체를 이동시킨다.
        public void Move(Vector2 newPosition)
        {
            // 목표 좌표의 타일 종류를 가져온다.
            var nextTile = _mapData[newPosition.X][newPosition.Y];

            // 물체가 서 있던 타일을 이전 상태로 되돌린다.
            _mapData[Position.X][Position.Y] = StandingTileType;

            // 목표 타일의 상태를 저장해둔다. (Tile.EMPTY, Tile.GOAL)
            StandingTileType = nextTile;

            // 자신의 위치를 갱신한다.
            Position = newPosition;

            // 다음 타일을 자기 자신의 타일로 설정한다.
            _mapData[Position.X][Position.Y] = TileType;
        }
    }

    // 이제 MovableObject를 상속받은 Player와 Box 객체를 만들자.
    public class Player : MovableObject
    {
        public override int TileType => Tile.PLAYER;

        public Player(int[][] mapData, Vector2 initialPosition)
            : base(mapData, initialPosition) { }
    }

    public class Box : MovableObject
    {
```

```
    public override int TileType => Tile.Box;

    public Box(int[][] mapData, Vector2 initialPosition)
        : base(mapData, initialPosition) { }
}
```

이제 타일 종류와 지도, 좌표, 플레이어, 박스를 설계했으니 이러한 객체들이 상호작용할 수 있도록 만들어보자. 지도, 플레이어, 박스를 한 번에 관리할 수 있는 객체인 Stage 클래스를 다음과 같이 작성하자.

```
public class Stage
{
    private readonly int[][] _mapData = null;

    private readonly Player _player = null;

    private readonly List<Box> _boxes = new();

    // 생성자에서 맵 데이터를 받아온다.
    public Stage(int[][] mapData)
    {
        _mapData = mapData;

        // 맵 데이터를 순회하며 플레이어와 박스의 위치를 찾는다.
        for (int i = 0; i < _mapData.Length; i++)
        {
            for (int j = 0; j < _mapData[i].Length; j++)
            {
                var position = new Vector2(i, j);
                var tileType = GetTileType(position);

                switch (tileType)
```

```csharp
            {
                // 맵 데이터를 순회하는 도중 플레이어의 위치를 찾으면
                // 플레이어 객체를 생성한다.
                case Tile.PLAYER:
                    _player = new Player(_mapData, position);
                    break;
                // 맵 데이터를 순회하는 도중 박스의 위치를 찾으면
                // 박스 객체를 생성해 리스트에 추가한다.
                case Tile.BOX:
                    _boxes.Add(new Box(_mapData, position));
                    break;
                // 나머지 타일은 초기화할 필요가 없으므로 무시한다.
                case Tile.GOAL:
                case Tile.EMPTY:
                case Tile.WALL:
                    break;
            }
        }
    }
}

// 지정된 위치의 타일 종류를 반환한다.
public int GetTileType(Vector2 position)
{
    return _mapData[position.X][position.Y];
}

// 모든 박스가 골인 타일에 도달했는지 여부를 반환한다.
public bool IsCompleted()
{
    foreach (Box box in _boxes)
    {
        // 박스 중에 단 하나라도 골인 타일에 도달하지 못한 경우
        // false를 반환한다.
        if (box.StandingTileType != Tile.GOAL)
```

```
                {
                    return false;
                }
            }

            // 모든 박스가 골인 타일에 도달한 경우 true를 반환한다.
            return true;
        }

        // 플레이어 객체를 반환한다.
        public Player GetPlayer()
        {
            return _player;
        }

        // 주어진 위치에 존재하는 박스 객체를 반환한다.
        // 존재하지 않는 경우 null을 반환한다.
        public Box GetBoxAt(Vector2 position)
        {
            foreach (Box box in _boxes)
            {
                if (box.Position == position)
                {
                    return box;
                }
            }

            return null;
        }
    }
```

이로써 소코반 게임을 위한 기본적인 틀은 전부 만들어졌다. 마지막으로 플레이어를 이동시키는 부분의 코드를 완성시켜보자.

커맨드 패턴을 사용하지 않고 구현하기

앞에서 만든 코드를 기반으로 플레이어를 이동시키는 코드를 만들어보자. 실행 취소 기능이나 우아한 설계는 잠시 잊어버리고 실행 가능한 코드 작성에 우선 집중하자.

```csharp
public class PlayerMover
{
    private readonly Stage  _stage;
    private readonly Player _player;

    public PlayerMover(Stage stage)
    {
        _stage  = stage;
        _player = stage.GetPlayer();
    }

    public void MovePlayer(Vector2 deltaPosition)
    {
        // 목표 좌표 = 현재 좌표 + 이동 거리
        var nextPosition = _player.Position + deltaPosition;

        // 목표 좌표의 타일 종류를 가져온다.
        var nextTile = _stage.GetTileType(nextPosition);

        // 목표 타일이 벽인 경우 이동하지 않는다.
        if (nextTile == Tile.WALL)
        {
            return;
        }

        // 다음 타일에 박스가 존재하는지 확인한다.
        var box = _stage.GetBoxAt(nextPosition);
```

```
            // 박스가 존재하지 않는 경우 해당 코드는 무시된다.
            if (box != null)
            {
                // 박스의 목표 좌표 = 박스의 현재 좌표 + 이동 거리
                var nextBoxPosition = box.Position + deltaPosition;

                // 박스의 목표 좌표의 타일 종류를 가져온다.
                var nextBoxTile = _stage.GetTileType(nextBoxPosition);

                // 박스의 목표 타일이 벽이거나 다른 박스인 경우 이동하지 않는다.
                if (nextBoxTile == Tile.WALL || nextBoxTile == Tile.BOX)
                    return;

                // 박스가 이동 가능한 경우 박스를 이동시킨다.
                box.Move(deltaPosition);
            }

            // 플레이어를 이동시킨다.
            _player.Move(nextPosition);
        }
    }
```

약간 지저분하긴 하지만 플레이어를 이동시키는 로직을 만들었다. 이제 게임의 생명주기를 관리하는 Game 클래스를 통해 이렇게 만든 코드를 호출하자.

```
public class Game : MonoBehaviour
{
    private Stage _stage;
    private PlayerMover _playerMover;

    // 스크립트 최초 진입 시 게임을 초기화한다.
    public void Start()
    {
```

```csharp
            _stage = new Stage(MapData.Stage1);
            _playerMover = new PlayerMover(_stage);
        }

        // 매 프레임마다 플레이어의 입력을 받아 처리한다.
        public void Update()
        {
            if (Input.GetKeyDown(KeyCode.W))
            {
                _playerMover.MovePlayer(Vector2.Up);
            }
            if (Input.GetKeyDown(KeyCode.S))
            {
                _playerMover.MovePlayer(Vector2.Down);
            }
            if (Input.GetKeyDown(KeyCode.A))
            {
                _playerMover.MovePlayer(Vector2.Left);
            }
            if (Input.GetKeyDown(KeyCode.D))
            {
                _playerMover.MovePlayer(Vector2.Right);
            }

            // 게임 클리어 여부를 확인한다.
            if (_stage.IsCompleted())
            {
                Debug.Log("게임 클리어!");
            }
        }
    }
```

이 코드는 문제없이 잘 작동할 것이다. 여러분이 게임을 출시해서 많은 플레이어를 모았다고 생각해보자. 그러나 게임이 너무 어려워 실행 취소 기능을 구현해달라는 요청을 받았다고 하자. 그럴 때 앞의 코드 구조를 최대한 유지하며 뒤로 가기 기능을 어떻게 구현할 수 있을까? 여기서 커맨드 패턴을 활용할 수 있다. 코드에서 `PlayerMover`가 수행하는 기능을 객체로써 추상화하는 것이다. 모든 순간의 게임 상태를 저장해 불러오는 방법도 있겠지만(이런 패턴은 메멘토 패턴이라고 한다), 모든 이동 기록을 객체로 만들어 순서대로 실행하게 만들 수도 있을 것이다. 명령 자체를 객체화한다는 개념에 유의하며 앞의 코드를 커맨드 패턴으로 바꿔보자.

커맨드 패턴으로 코드 업그레이드

커맨드 패턴의 기본 인터페이스는 다음과 같다.

```csharp
// 커맨드 패턴을 사용하기 위해 ICommand 인터페이스를 정의한다.
public interface ICommand
{
    // 커맨드 패턴의 Execute 메서드는 커맨드를 실행한다. 실행이 성공하면 true를, 실패하면 false를 반환한다.
    bool Execute();

    // 커맨드 패턴의 Undo 메서드는 이동한 플레이어를 원래 위치로 되돌리는 역할을 한다.
    void Undo();
}
```

이러한 인터페이스를 구현해 `PlayerMover` 클래스를 커맨드 패턴으로 업그레이드해보자. 이전 코드와 비교해 어떤 점이 달라졌는지 주목해보자.

```csharp
// PlayerMover를 커맨드 패턴으로 변경했다.
public class MovePlayer : ICommand
{
    private readonly Stage _stage;
    private readonly Vector2 _deltaPosition;
    private readonly Player _player;

    private Box _box = null;

    // 생성자에서는 이동할 플레이어 객체와 이동 거리를 받는다.
    public MovePlayer(Stage stage, Vector2 deltaPosition)
    {
        _stage = stage;
        _deltaPosition = deltaPosition;
        _player = stage.GetPlayer();
    }

    // 커맨드 패턴의 Execute 메서드는 플레이어를 이동시킨다.
    // 위에서 작성한 MovePlayer 메서드의 내용 대부분을 그대로 옮겼다.
    public bool Execute()
    {
        var nextPosition = _player.Position + _deltaPosition;
        var nextTile = _stage.GetTileType(nextPosition);

        if (nextTile == Tile.WALL)
        {
            return false; // 이동 불가능하므로 false를 반환
        }

        // _box에 움직인 박스 정보를 저장해둔다.
        _box = _stage.GetBoxAt(nextPosition);

        if (_box != null)
        {
            var nextBoxPosition = _box.Position + _deltaPosition;
```

```
            var nextBoxTile = _stage.GetTileType(nextBoxPosition);

            if (nextBoxTile == Tile.WALL || nextBoxTile == Tile.BOX)
            {
                return false; // 이동 불가능하므로 false를 반환

                _box.Move(_deltaPosition);
            }

            _player.Move(nextPosition);

        }

        return true; // 이동에 성공했으므로 true를 반환

    }

    public void Undo()
    {
        // 플레이어를 원래 위치로 되돌린다.
        var previousPosition = _player.Position - _deltaPosition;
        _player.Move(previousPosition);

        // 박스가 이동한 경우 박스를 원래 위치로 되돌린다.
        if (_box != null)
        {
            var previousBoxPosition = _box.Position - _deltaPosition;
            _box.Move(previousBoxPosition);
        }
    }
}
```

처음에 작성한 코드에 더해 Execute() 메서드는 실행 결과를 bool 타입으로 반환하게 만들었다. 왜냐하면 이동이 불가능한 경우는 애초에 실행 이력에 저장할

필요가 없기 때문이다.

물론 커맨드 패턴에서 실행 결과에 따른 분기를 구현할 필요는 없다. 하지만 여기서는 애초에 실행되지 않은 행동에 대한 Undo() 메서드 호출을 방지하기 위해 실행 결과를 반환하게 만들었다. 이어서 커맨드의 실행 이력을 관리하는 클래스 Commander를 만들어보자.

```csharp
// 게임 내에서 발생하는 모든 명령을 관리한다.
public class Commander
{
    // 게임 내에서 발생하는 모든 명령 이력을 저장한다.
    private readonly List<ICommand> _commands = new();

    // 명령을 실행한다.
    public void ExecuteCommand(ICommand command)
    {
        // 명령을 실행한다.
        if (command.Execute())
        {
            // 명령이 성공적으로 실행되었다면 이력에 추가한다.
            _commands.Add(command);
        }
    }

    // 마지막으로 실행된 명령을 취소한다.
    public void UndoLastCommand()
    {
        // 실행된 명령이 없는 경우 무시한다.
        if (_commands.Count <= 0)
        {
            return;
        }
```

```
        // 마지막으로 실행된 명령을 가져온다.
        var lastCommand = _commands[_commands.Count - 1];

        // 마지막으로 실행된 명령을 취소한다.
        lastCommand.Undo();

        // 취소된 명령을 이력에서 제거한다.
        _commands.RemoveAt(_commands.Count - 1);
    }
}
```

Commander 클래스는 게임 내에서 실행되는 모든 커맨드의 이력을 관리하며 Undo 기능을 제공한다. 여기 코드에서 Undo는 구현했지만 Redo 기능은 구현하지 않았다. Undo, Redo 기능의 구현이 커맨드 패턴의 핵심도 아닐 뿐더러 지나치게 예제가 복잡해질 수 있기 때문이다.

Redo 패턴의 구현은 여러분에게 과제로 남겨두겠다(Undo 자체를 또 다른 커맨드로 만들면 구현할 수 있을 것이다). 마지막으로 이렇게 만든 커맨드 패턴을 이용해 Game 클래스를 다시 설계해보자.

```
public class Game : MonoBehaviour
{
    private Commander _commander;
    private Stage _stage;

    // 스크립트 최초 진입 시 게임을 초기화한다.
    public void Start()
    {
        _commander = new Commander();
        _stage = new Stage(MapData.Stage1);
```

```
    }

    // 매 프레임마다 플레이어의 입력을 받아 처리한다.
    public void Update()
    {
        ICommand command = null;

        // 명령을 바로 실행하는 대신 ICommand 객체를 생성한다.
        if (Input.GetKeyDown(KeyCode.W))
        {
            command = new MovePlayer(_stage, Vector2.Up);
        }

        if (Input.GetKeyDown(KeyCode.S))
        {
            command = new MovePlayer(_stage, Vector2.Down);
            if (Input.GetKeyDown(KeyCode.A))
            {
                command = new MovePlayer(_stage, Vector2.Left);
            }

            if (Input.GetKeyDown(KeyCode.D))
            {
                command = new MovePlayer(_stage, Vector2.Right);
            }

            // 생성된 명령을 실행한다.
            if (command != null)
            {
                _commander.ExecuteCommand(command);
            }

            // Z를 누를 경우 마지막 명령을 취소한다.
            if (Input.GetKeyDown(KeyCode.Z))
            {
```

```
                _commander.UndoLastCommand();
            }

            // 게임 클리어 여부를 확인한다.
            if (_stage.IsCompleted())
            {
                Debug.Log("게임 클리어!");
            }
        }
    }
}
```

개념 정리

우리는 이번 절을 통해 커맨드 패턴의 개념을 배우고 실제 예제를 통해 게임 개발에 어떻게 적용할 수 있는지 학습했다. 특히 PlayerMover 클래스를 커맨드 패턴으로 업그레이드하는 방법을 다루고 커맨드의 실행 이력을 관리하는 Commander 클래스를 알아보았다.

커맨드 패턴은 요청과 실행을 분리하는 디자인 패턴이다. 즉, 액션을 수행하는 메서드나 함수를 직접 호출하는 대신 요청을 객체로 캡슐화하여 나중에 전달하고 실행할 수 있다. 이를 통해 요청 처리, 액션 취소, 실행 이력 추적 등에 대한 유연성을 높일 수 있다.

우리가 두 번째로 만든 Game 클래스만 봐도 ICommand 인스턴스를 생성하는 부분과 Execute()를 호출하는 코드가 나뉘어져 있다. 이렇게 하면 WSAD 키로 먼저 방향을 선택한 뒤 Enter 키로 이동을 확정하거나 커맨드를 누적시켜 한 번에 실행하는 등 직접 메서드를 호출하는 방법보다 훨씬 유연한 프로그래밍이 가능해진다.

Commander 클래스에서는 실행된 커맨드 목록을 유지하며 새로운 커맨드를 실행하거나 이전 커맨드를 취소하는 메서드를 제공한다. Game 클래스는 직접 움직임 로직을 실행하는 대신, 각 플레이어 액션에 대한 커맨드 객체를 생성하여 커맨드 패턴을 사용하도록 리팩터링했다.

커맨드 패턴은 액션을 객체로 캡슐화함으로써 게임 개발 코드의 유연성과 유지보수성을 높일 수 있는 강력한 디자인 패턴이다. 액션 취소 및 실행 이력 추적이 가능해지므로 게임 개발에 많은 이점이 존재한다. 여기서 실행 취소와 이력 추적이 커맨드 패턴의 핵심이 아니라는 점을 기억해줬으면 한다. 어디까지나 핵심은 '명령'을 객체화한다는 개념에 있고 실행 취소 등의 기능은 명령의 추상화에 따른 덤에 가깝다.

이러한 커맨드 패턴을 제대로 다룬다면 명령 취소, 이력 추적 외에도 작업 대기열, 원격 실행 등 무궁무진하게 활용할 수 있을 것이다.

4.4 안티 패턴

지금까지 우리는 다양한 수학과 물리 지식, 그리고 프로그래밍 패턴에 대해 학습해왔다. 이러한 지식들은 전부 우리가 해야 하거나 할 수 있는 작업에 초점을 맞췄다. 그러나 이 책의 마지막 내용인 '안티 패턴'에서는 우리가 해서는 안 되는, 되도록 하지 말아야 할 것들에 대해 알아본다.

프로그래밍에는 정답도, 오답도 없다. 다만 최선의 방법과 최악의 방법만이 존재할 뿐이다. 프로그래밍을 처음 시도하는 독자라면 이러한 안티 패턴의 사용을 피하도록 상세히 안내할 것이며, 이미 코드 작성 경험이 있는 독자들에게는 자신의 습관을 돌아보는 계기가 될 수 있게 할 것이다.

하지만 결국 프로그래밍에서 가장 중요한 사실은 상황에 맞는 전략을 취해야 한다는 점이다. 프로그래밍에는 정말 예상치 못한 변수가 많아 항상 이러한 규칙들을 지키는 것은 불가능에 가깝다. 무엇이 좋은 코드인지는 코드가 얼마나 자주 호출되는지, 누가 호출하는지, 마감까지 며칠 남았는지, 또는 작성한 지 얼마나 오래되었는지 등 다양한 요인에 따라 바뀔 수 있는 유동적인 개념이라고 생각하면 좋다. 즉, 스스로 충분히 고려해서 작성한 코드라면 다음번 코드를 다시 들여다보기 전까지는 최고의 코드라고 생각해도 좋을 것이다. 따라서 여기서 소개하는 내용은 가이드라인 정도로 이해하고 너무 맹신하지 않기를 바란다. 더 나아가 이 책이 자신만의 가이드라인을 정립해볼 수 있는 계기가 되면 좋겠다.

4.4.1 주석을 지워버려라

주석은 코드에서 직접 실행되지 않고 코드에 대한 설명 등을 적을 수 있는 메모용 기능이다. '//', '/* */', '#' 등 언어마다 표현 방식은 다르지만 거의 모든 프로그래밍 언어에 존재하는 중요한 기능이면서 동시에 필요 없는 기능이기도 하다.

이 책의 앞부분을 착실히 읽고 온 독자라면 거의 모든 예제에서 주석이 사용된 것을 보았을 것이다. 그중에는 자신만의 주석을 꼼꼼히 작성하며 따라온 독자도 많을 것이다. 이런 주석을 지워버리라니 갑자기 무슨 뜬구름 잡는 소리란 말인가!

필자가 말하고 싶은 내용은 이러한 주석을 그냥 모조리 지워버리라는 뜻이 아니다. 당연히 쓰라고 만들어 둔 기능이며 잘 활용하면 그 가치는 무한하다. 하지만 이런 주석을 적재적소에 제대로 활용하지 않는다면 코드의 가독성을 해치기만 할 뿐이다. 주석을 적재적소에 활용한다는 말이 무엇을 의미하는지 직접 예제를 통해 알아보자.

```
// 적을 공격한다.
void Attack(Enemy arg1, Weapon arg2)
{
    // 계산에 사용되는 변수 선언
    var p = arg2.Power;
    var a = arg2.Accuracy;
    var cr = arg2.CriticalRate;
    var cm = arg2.CriticalMultiplier;
    var def = arg1.Defence;
    var h = arg1.Hp;
    var d1 = 0;

    // 1. 명중 여부 확인
    var ra = Random.Range(0f, 1f); // 명중 확률
```

```csharp
if (ra <= a) // 공격이 빗나간 경우
{
    Debug.Log("Miss");
    return;
}

// 2. 대미지 계산
var rcr = Random.Range(0f, 1f); // 치명타 발동 확률
if (rcr <= cr) // 치명타 발동 판정
{
    d1 = p * cm; // 대미지 = 공격력 x 치명타 배수
}
else // 치명타 실패 판정
{
    d1 = p; // 대미지 = 공격력
}

var d2 = d1 - def; // 대미지 = 대미지 - 방어력

// 3. 방어 여부 확인
if (d2 <= 0) // 방어력이 적용된 대미지가 0 이하인 경우 방어 성공
{
    Debug.Log("Blocked");
    return;
}

// 4. 사망 여부 확인
if (h <= d2) // 체력보다 공격력이 높은 경우 사망 판정
{
    arg1.Hp = 0;
    Debug.Log("Killed");
    return;
}

// 5. 대미지 적용
```

```
    arg1.Hp -= d2; // 대미지를 적용
    Debug.Log(d2.ToString());
}
```

이 예제는 의도적으로 가독성이 좋지 않게 만든 코드다. 개선이 필요하나 로직 자체는 큰 문제없이 작동한다. 주석도 잘 달아두어 나중에 코드를 다시 살펴봐도 누구나 이해할 수 있을 것이다. 그러나 나중에 대미지 적용 방식이 바뀌거나 무기별로 계산을 따로 해야 하는 경우 골치가 아파올 것이다.

여러분 실력이라면 앞의 코드를 보기 좋게 바꾸는 것은 일도 아닐 것이다. 객체 지향적 접근법을 활용해 멋진 구조를 만들어낼 수도 있다. 하지만 그럴 때마다 모든 주석의 내용을 같이 업데이트해야 하고 이것이 실수로 이어질 수 있다. 주석은 코드의 작동과는 완전히 무관한 메모용 텍스트에 불과하기 때문이다.

실제로 현업에서도 귀찮다는 이유 때문에 코드의 내용이 완전히 바뀌어도 주석의 내용은 한참 전의 코드를 설명하고 있는 경우가 빈번하게 일어난다. 주석에는 합 연산이라 적혀 있지만 실제 코드는 곱연산을 수행하고 있다면 어느 쪽이 맞는 수식인지 판단할 수 없게 될 것이다. 그럴 바에는 코드 자체가 스스로를 설명하는 방식으로 바꾸는 것이 현명하리라.

주석은 무슨 헛소리를 적어도 작동에는 전혀 지장이 없지만 코드의 거짓말은 버그나 컴파일 에러로 바로 드러나기 때문이다. 그렇다면 어떻게 해야 주석을 줄이며 코드의 내용을 잘 전달할 수 있을까? 이럴 때 적용할 수 있는 간단한 두 가지 원칙은 다음과 같다.

1. 변수 이름을 바꾸자

코드가 책을 읽듯 자연스럽게 읽힌다면 주석도 당연히 필요 없을 것이다. 다음 두 코드를 비교해보자.

코드 1

```
var d2 = d1 - def;    // 대미지 = 대미지 - 방어력
```

코드 2

```
var defencedDamage = damage - defence;
```

코드 1은 변수가 의미하는 바를 이해하기 위해서 주석과 코드를 번갈아 가면서 보아야 할 뿐만 아니라 동일한 변수가 사용되는 모든 위치에서 주석이 필요하므로 불편하다. 반면 코드 2는 적당한 변수 이름을 지어주는 것만으로도 스스로의 역할을 잘 설명하고 있다. 다음의 경우도 살펴보자.

코드 3

```
if (d2 <= 0) // 방어력이 적용된 대미지가 0 이하인 경우 방어 성공
```

코드 4

```
if (IsAttackBlocked(defencedDamage))
```

코드 3의 경우 코드 1과 같은 단점을 갖고 있다. 반면 코드 4는 비교 연산을 메서드로 빼냄으로써 가독성을 향상시켰고(이는 후술한다), 마치 하나의 문장처럼 자연스럽게 읽힌다(If attack is blocked with defenced damage, then…).

이처럼 '이름 짓기'를 잘 활용한다면 코드만으로 쉽게 이해가 되는 좋은 코드를 작성할 수 있을 것이다.

2. 메서드 단위로 나누자

앞의 코드를 보면 대미지를 계산하기 위해 여러 단계를 거치고 있다. 이러한 단계를 통째로 모두 수행하는 대신 개별 메서드로 쪼갠다면 코드 블록을 조합하기도 쉬울 것이며 무엇보다도 읽기 편할 것이다. 대부분의 경우에는 메서드 이름만으로 주석을 대체하기에 충분할 것이다.

이제 이러한 두 가지 방법을 적용해 코드를 개선해보자.

```
// 적을 공격한다.
void Attack(Enemy enemy, Weapon weapon)
{
    // 계산에 사용되는 변수 선언
    var power = weapon.Power;
    var accuracy = weapon.Accuracy;
    var criticalRate = weapon.CriticalRate;
    var criticalMultiplier = weapon.CriticalMultiplier;
    var defence = enemy.Defence;
    var hp = enemy.Hp;

    // 1. 명중 여부 확인
    if (IsAttackMiss(accuracy))
    {
        Debug.Log("Miss");
        return;
    }

    // 2. 대미지 계산
    var criticalDamage = ApplyCriticalDamage(power, criticalRate,
```

```
criticalMultiplier);
    var defencedDamage = ApplyDefencedDamage(criticalDamage, defence);

    // 3. 방어 여부 확인
    if (IsAttackBlocked(defencedDamage))
    {
        Debug.Log("Blocked");
        return;
    }

    // 4. 사망 여부 확인
    if (IsEnemyKilled(hp, defencedDamage))
    {
        enemy.Hp = 0;
        Debug.Log("Killed");
        return;
    }

    // 5. 대미지 적용
    ApplyDamage(enemy, defencedDamage);
}
```

```
// Attack 메서드에서 사용되는 메서드들
bool IsAttackMiss(float accuracy)
{
    var randomAccuracy = Random.Range(0f, 1f);
    if (randomAccuracy <= accuracy)
    {
        return false;
    }
    else
    {
        return true;
```

CHAPTER 4 게임 프로그래밍 방법론

```csharp
        }
    }

    float ApplyCriticalDamage(float damage, float criticalRate, float multiplier)
    {
        var randomCriticalRate = Random.Range(0f, 1f);
        if (randomCriticalRate <= criticalRate)
        {
            return damage * multiplier;
        }
        else
        {
            return damage;
        }
    }

    float ApplyDefencedDamage(float damage, float defence)
    {
        return damage - defence;
    }

    bool IsAttackBlocked(float damage)
    {
        return damage <= 0;
    }

    bool IsEnemyKilled(float hp, float damage)
    {
        return hp <= damage;
    }

    void ApplyDamage(Enemy enemy, float damage)
    {
        enemy.Hp -= damage;
```

```
        Debug.Log(damage.ToString());
}
```

맨 처음 코드의 줄임말을 전부 사람이 읽을 수 있는 단어로 치환하고 각 계산식을 별도의 메서드로 분리했다. 이로 인해 이전 코드보다 전체적인 양은 늘었지만 각 기능별로 분리해서 코드를 한눈에 파악하기 쉬워졌다.

여기서 적절한 이름을 붙여 코드의 가독성이 향상된 사실은 대부분 납득할 만한 사실이지만, 코드를 굳이 메서드 단위로 쪼갠 것에 대해 의문이 드는 독자도 있으리라 생각한다. 여기에는 다음과 같은 몇 가지 이유가 있다.

- **관심사의 분리**: 실제 수식이 들어 있는 부분과 수식을 적용하는 부분을 메서드로 나눴기 때문에 코드를 이해하기 위해 모든 줄을 살펴볼 필요 없이 내 관심사(전체적인 흐름 또는 세부적인 구현)에 해당되는 코드만 살펴볼 수 있다.
- **재사용성**: 다른 코드나 자식 클래스에서 미리 쪼개둔 메서드를 재활용하기 편리해진다.
- **가독성**: 코드의 덩치가 작은 단위로 쪼개졌기 때문에 코드를 이해하려 애쓰지 않고 책처럼 읽는 것만으로도 해당 코드가 무슨 역할을 하는지 쉽게 유추할 수 있다.

그러나 이렇게 고친 코드도 아직 개선할 점이 남아 있다. 앞에서는 대미지 적용 과정을 설명하고자 1부터 5까지 단계를 거쳐 코드의 흐름을 설명하고 있다. 이를 한 번 더 메서드로 감싸 개선하면 다음과 같은 모양이 될 것이다.

```
void Attack(Enemy enemy, Weapon weapon)
{
    // ... 생략

    if (CheckAttackMiss(accuracy)) return;
    var criticalDamage = GetCriticalDamage(power, criticalRate,
```

```
    criticalMultiplier);
        var defencedDamage = GetDefencedDamage(criticalDamage, defence);
        if (CheckAttackBlocked(defencedDamage)) return;
        if (CheckEnemyKilled(hp, defencedDamage, enemy)) return;
        ApplyDamage(enemy, defencedDamage);
    }

    // 각 메서드의 내부 구현은 독자들에게 맡긴다.
```

주석을 사용해 대미지 적용 방법을 설명하는 대신, 이제 메서드 이름을 읽는 것만으로 어떤 순서로 무엇을 하는지 알기 편해졌다. 이처럼 주석이 사용될 만한 부분은 대부분 메서드 단위로 쪼개 적절한 이름을 정해주는 편이 좋다.

단, 기획 문서를 보지 않으면 이해가 어려운 메커니즘이나 수학/물리 공식을 구현하는 코드 등의 경우에는 별도의 주석을 같이 적어주는 편이 바람직하다. 즉, 코드는 구현을 설명하고 주석은 의도를 설명하도록 하자.

4.4.2 문장처럼 자연스럽게 읽히는 코드를 작성하자

검색 능력, 영어 실력과 더불어 프로그래머의 가장 기본적인 소양 중 하나는 '작명'이라고 생각한다. 바로 전 항목에서 다루었듯 읽기 좋은 코드는 불필요한 주석을 달지 않아도 되고 코드의 유지 보수를 용이하게 만든다. 혹은 소스 코드를 타인(혹은 과거의 자신)과의 소통의 도구라는 관점에서 바라보아도 읽기 좋은 코드의 중요성은 강조된다.

프로그래밍 입문서나 온라인에서 쉽게 찾아볼 수 있는 p, a, cr과 같은 축약된 변수 이름에 익숙해진 독자도 많을 것이다. 예전부터 이러한 명명 규칙이 사용되어

왔고 타이핑하기 편하고 짧다는 장점도 있다. 이러한 이름들은 power, accuracy, critical rate와 같은 단어의 줄임말이니 무엇을 뜻하는지만 이해한다면 코드를 해석하는 데 큰 문제가 없을 것이다.

하지만 비슷한 의미를 가지는 변수가 점점 추가되거나 타인 혹은 미래의 내가 코드를 다시 들여다볼 때가 온다면 곧바로 이해할 수 있을까? 물론 주석을 잘 적어두는 것도 좋지만 그럴 바에는 변수 이름을 알아보기 쉬운 것으로 명명하는 편이 훨씬 나을 것이다.

그동안 많은 프로그래머는 화면에 표시 가능한 글자 수 제한이나 일괄 변수명 변경 편의성 등의 역사적 이유로 축약어를 널리 사용해왔으나 소스 코드 편집 툴의 발달로 인해 축약어 사용으로 얻는 이점이 많이 줄어들었다. 실제로 많은 현대적 프로그래밍 언어(C#도 물론 포함된다)에서 축약어 사용을 지양하고 있다. 소스 코드의 양이 조금 늘어나더라도 읽기 좋고 이해하기 쉬운 코드 작성을 권장하고 있는 것이다.

이와 같은 여러 가지 이유로 이번 절에서는 읽기 좋은 코드를 작성하기 위해 지키면 좋은 규칙들을 몇 가지 소개할 것이다. 물론 여기에 정답은 없고 무조건 지켜야 하는 철칙도 없다. 대부분의 상황에서는 HTML을 굳이 HyperTextMarkupLanguage라고 적고 싶진 않을 것이다. 따라서 자신이 작성할 코드의 상황과 스타일에 맞춰 규칙을 적용하면 된다. 물론 가장 중요한 것은 자신이 속한 집단(혹은 개인)의 코드 작성 규칙을 지키는 것이다.

1. 자연스럽게 읽히는 코드를 작성하자

`if (p.stamina > 0)`보다는 `if (player.CanRun())`이 읽기 좋은 것은 분명하다.

2. 줄임말 사용을 지양하자

PMV가 무엇을 의미하는지 외우거나 추측하기 보다는 `PlayerMaxVelocity`를 사용하는 게 좋다.

3. 익숙한 단어를 사용하자

누구도 `LASER`를 `Light Amplification by Stimulated Emission of Radiation`이라고 쓰지 않을 것이며, `Walk` 대신에 `Trudge`를 사용하고 싶어 하지도 않을 것이다.

4. 관습적 표현을 지키자

For 문의 인덱스로 사용되는 i, j, k나 좌표에서의 x, y 또는 물리 공식에서의 F = ma 등 관습적으로 사용되는 경우는 굳이 다른 용어를 쓸 필요가 없다.

5. 동사/명사를 구분하자

메서드는 '동작'으로서 사용되는 동사를, 변수명은 '값'을 나타내는 명사를 사용하는 게 읽기 편하다. `UpdateGold`와 같은 이름은 이미 변경된 금액을 뜻하는지(이 경우 `UpdatedGold` 혹은 `CurrentGold`가 적합), 변경하고 싶은 금액을 뜻하는지(이 경우 `NewMoney` 혹은 `DeltaMoney`가 적합) 알기 어렵기 때문이다.

6. 콜백 메서드는 수동형을 사용하자

콜백 메서드는 소유자가 직접 부르는 것이 아닌 다른 객체가 대리로 호출해주는 메서드이다. 따라서 Hp가 변화할 때 호출되는 메서드 같은 경우에는 `ChangeHp()`보다는 `OnHpChanged()`와 같은 수동형을 사용하는 것이 좋다.

4.4.3 예상 가능한 혹은 예상치 못한 버그에 예외를 사용하자

대부분의 현대 프로그래밍 언어에는 예외^{exception}가 존재한다. 예외란 코드 실행 과정에서 예상되는 혹은 예상치 못한 사건에 대한 일종의 안전장치이다. 이 같은 설명에 의문을 느낀 독자가 분명 있으리라 생각한다. 예상 가능한 사건까지 예외라고 부르는 점이 특히 모순적으로 들리리라. 어떤 의미인지 간단한 예제를 통해 알아보자.

다음 코드는 플레이어의 HP를 감소시키는 메서드로 이루어져 있다.

```
private int _hp = 100;

public void GiveDamage(int damage)
{
    _hp -= damage;
}
```

이 경우 `GiveDamage(200);` 같이 플레이어의 HP를 넘는 대미지를 입힐 경우에는 HP가 음수가 되는 문제가 존재한다. 단순히 damage의 값이 현재 HP를 초과하지 않도록 값을 확인하면 되는 문제지만, 그렇게 해도 예상치 못한 상황은 언제나 발생할 수 있다. 예를 들어 공격 체크가 한 프레임에 두 번 호출이 되는 경우도 있을 수 있다. 이러한 경우 또 다시 플레이어의 HP는 음수가 되어버리고 만다.

물론 게임에서 이러한 음수 체력의 개념을 허용할 수도 있겠지만, 여기서는 음수 HP가 되는 순간 연관된 모든 데이터가 엉망이 되어 절대로 허용해서는 안 되는 중요한 개념이라고 가정해보자. 이럴 때 사용할 수 있는 방법 중 하나가 예외이다.

```csharp
private int _hp = 100;

public void GiveDamage(int damage)
{
    if (damage > _hp)
        throw new InvalidOperationException("Damage는 HP를 초과할 수 없다.");

    _hp -= damage;
}
```

새로 추가된 두 줄에서는 damage가 _hp를 초과하는지 검사하고 해당하는 경우 예외를 발생시키며 그 즉시 메서드의 실행이 중지된다.

```csharp
public void Attack()
{
    GiveDamage(200);

    // 바로 위에서 예외가 발생했기 때문에 해당 메서드는 실행되지 않는다.
    audioSource.Play(audioClip);
}
```

여기서 주목할 점은 예외는 버그와는 비슷하면서도 다른 개념이라는 점이다. 흔히 프로그래머의 의도와 다르게 나타나는 현상을 버그라고 부른다. 여기 예제에서 보자면 음수 HP가 되는 현상이 버그에 해당될 것이다. 예외는 이러한 버그를 제어하는 효과적인 방법 중 하나이다.

즉, 발생되리라 예측 가능하지만 발생 여부를 통제할 수 없는 경우 의도적으로 발생시키는 에러가 예외다. 앞의 예제에서는 직접 예외를 만들어 발생시켰다. 다만

`Attack()` 메서드가 한 프레임에 두 번 불리는 현상은 직접 통제가 불가능하다.

보편적으로 프로그래밍 언어에서 미리 정의되어 있는 대표적인 예외는 다음과 같은 것이 있다.

- null 포인터에 접근하는 경우
- 숫자를 0으로 나누는 경우
- 존재하지 않는 파일에 접근하는 경우
- 배열의 범위를 벗어나는 위치에 접근하려는 경우

예를 들어 크기가 5인 배열의 6번째 요소에 접근했을 때 당장 예외가 발생하지 않고 값을 반환한다면, 일단 프로그램은 실행을 계속하겠지만 의도치 않게 더 큰 버그를 발생시키고 통제 불가능한 상황이 될 것이다. 실제로 이러한 행위를 허용한다면 RAM에 저장된 다음 주소의 값을 가져올 것이다. 하지만 예측이나 통제가 사실상 불가능한 값이기 때문에 의미가 없다. 이러한 상황을 막기 위해서 프로그래밍 언어 설계자들은 0이나 의미 없는 값을 반환하는 대신 예외를 발생시키는 선택을 한 것이다(물론, 그렇지 않은 언어도 있지만 여기서는 게임 프로그래밍에서 일반적으로 사용되는 C#을 기준으로 설명한다).

이러한 사실을 알고 예외를 단순히 짜증 나는 요소라고 생각하지 말고, 예외를 발생시킨 쪽의 의도를 파악해 프로그램을 방어적으로 작성하는 습관을 들여보도록 하자.

4.4.4 예외를 조용히 처리하지 마라

바로 조금 전 우리는 예외에 대해 배웠다. 예외가 한 번 발생하면 이후의 메서드는 실행되지 않고 종료된다. 그렇다고 손 놓고 프로그램이 그 시점에서 종료되게 놔두기만 해서도 안 된다. 이러한 예외를 처리하는 방법으로서 try-catch-finally 구문이 있다.

```
public void Attack()
{
    try
    {
        GiveDamage(200);
        PlaySound("damage.mp3");
    }
    catch (Exception e)
    {
        Debug.LogError(e.Message);
    }
    finally
    {
        Debug.Log("Attack end");
    }
}
```

try 구문에서 예외 발생 가능성이 있는 구문을 실행하고 예외가 발생한 경우 그 즉시 해당되는 catch 구문을 실행한다. 마지막으로 예외 발생 유무와 관계없이 finally 구문을 실행한다.

```
// 위의 예제에서 HP가 200 이상인 경우 다음과 같이 실행될 것이다.
GiveDamage(200); // try
PlaySound("damage.mp3"); // try
Debug.Log("Attack end"); // finally
```

```
// 위의 예제에서 HP가 200 미만인 경우 다음과 같이 실행될 것이다.
GiveDamage(200); // try
Debug.LogError(e.Message); // catch
Debug.Log("Attack end"); // finally
```

여기까지가 try-catch-finally 구문에 대한 설명이다. 여기서 여러분에게 당부하고 싶은 점은 Exception을 통째로 catch하지 말라는 점이다.

설명을 덧붙이자면 모든 종류의 Exception은 부모 Exception 클래스로부터 상속된다. NullReferenceException, InvalidOperationException 등 메서드 실행 도중 발생한 예외가 어떤 종류였든 간에 Exception을 통째로 catch해 버리면 예외 종류에 따른 유연한 대처가 어려워진다. 앞의 코드를 적절히 수정해 보면 다음과 같다.

```
public void Attack()
{
    try
    {
        GiveDamage(200);
        PlaySound("damage.mp3");
    }
    catch (InvalidOperationException e)
    {
        // 대미지가 HP를 초과한 경우
        // 아마도 중복 호출이기 때문에 무시한다.
    }
    catch (FileNotFoundException e)
    {
        // 재생할 효과음 파일이 존재하지 않는 경우
        // 다시 다운로드를 시도한 후 다시 실행하는 등의 대응이 가능하다.
```

```csharp
            RequestDownload("damage.mp3");

            // 중첩 try-catch를 사용하는 대신 새로운 메서드를 만들었다.
            TryPlaySound("damage.mp3");
        }
        finally
        {
            Debug.Log("Attack end");
        }
    }

    // PlaySound와 동일하지만 예외를 발생시키지 않는 오버로드
    public bool TryPlaySound(string fileName)
    {
        try
        {
            PlaySound(fileName);
            return true;
        }
        catch (FileNotFoundException e)
        {
            return false;
        }
    }
```

이제 Exception을 통째로 catch하는 대신 InvalidOperationException과 FileNotFoundException을 따로 catch해줌으로써 각 예외 상황에 맞게 대응하도록 수정했다. 대미지가 HP를 초과한 경우에는 그냥 무시한다든가, 효과음 파일이 없으면 다시 내려받아 실행하는 등의 처리가 가능할 것이다.

당장 예외를 케이스별로 처리할 필요가 없다고 하더라도 Exception으로 뭉뚱그

리는 것보다 어떤 예외가 발생 가능한지 파악하게 만들어두는 관점에서라도 개별 Exception을 catch하는 습관을 들여보도록 하자.

4.4.5 웬만하면 상속 대신 인터페이스를 사용하라

가능하면 부모 클래스의 상속 대신 인터페이스를 사용하도록 하자. 상속과 인터페이스의 차이를 다시 짚어보자면 다음과 같다.

- **상속**: 하위 클래스는 상위 클래스의 일종이다.
- **인터페이스**: 구현 클래스는 인터페이스의 기능을 수행할 수 있다.

즉, '롱소드long sword'라는 객체에 대해 상속 구조로 접근한다면 '오브젝트-아이템-무기-근접 무기-롱소드'의 관계일 것이고, 인터페이스로 접근한다면 '공격 가능, 판매 가능, 장착 가능'과 같을 것이다. 이런 관계는 독립적으로 작용하지만 그렇다고 배타적인 관계는 아니다. 롱소드는 충분히 상속 구조로 만들 수 있고 인터페이스로 설계할 수도 있다. 이러한 롱소드의 예시를 구조화하면 다음과 같다.

```
오브젝트
 - 아이템: 판매 가능
   - 무기: 공격 가능, 장착 가능
     - 근접 무기
       - 롱소드
```

여기서 만든 상속 구조는 전혀 문제가 없어 보인다. 하지만 롱소드를 강화하면 원거리 공격 기능이 추가된다고 하면 어떻게 해야 할까?

롱소드는 이미 근접 무기 클래스를 상속받고 있기 때문에 동시에 원거리 무기 클래스를 상속받게 하면 될 것이다. 하지만 C++ 등의 일부 언어를 제외하면 다중 상속을 문법 단계에서 금지하는 언어가 많다. 게다가 다중 상속에서 발생하는 죽음의 다이아몬드 문제도 존재한다. 이렇듯 모든 설계를 상속만을 이용해서 풀어가게 된다면 예상치 못한 문제를 맞이하게 될 수 있다.

이런 상황에서는 인터페이스를 적절히 섞어서 사용하면 더욱 유연한 프로그램을 설계할 수 있게 된다. 여기서는 다음과 같이 근접 무기를 클래스가 아닌 인터페이스로 바꾸면 문제가 쉽게 해결된다.

```
오브젝트
 - 아이템: 판매 가능
   - 무기: 공격 가능, 장착 가능
     - 롱소드: 근접 무기, 원거리 무기
```

물론 다중 상속이 존재하는 언어라면 근접 무기와 원거리 무기 클래스를 동시에 상속받게 하고 죽음의 다이아몬드 문제를 직접 해결하면 그만이다. 하지만 구조적으로 봤을 때 '롱소드는 근접 무기인 동시에 원거리 무기이다'라는 접근보다는 '롱소드는 근접 무기와 원거리 무기의 역할을 할 수 있다'가 더 깔끔하며 일반적으로 통용되는 논리일 것이다.

만약 장착 불가능한 무기나 판매 불가능한 무기의 존재가 필요한 경우여도 걱정할 필요가 없다. 인터페이스 구현을 아이템이나 무기 클래스에서 롱소드 클래스로 이동하면 그만이다. 이렇듯 인터페이스를 통한 구현은 여러분의 프로그램 구조를 더욱 유연하게 만들어주는 강력한 도구가 된다.

4.4.6 최적화는 지금 하지 마라

게임 개발에서 최적화는 특히 중요하다. 기대하던 신작 게임이 출시된다고 해서 그래픽 카드도 최신형으로 새로 구매하고 예약 주문까지 했는데, 화면이 버벅거리고 렉이 너무 심해 플레이조차 정상적으로 할 수 없다면 당연히 기분이 나쁠 것이다.

따라서 이러한 참사를 막기 위해서라도 게임 프로그래머는 최적화에 신경 써야 마땅하다. 하지만 아이러니하게도 최적화에 너무 초점을 맞추면 출시가 미뤄지거나 소규모 개발 인력으로는 출시조차 하지 못한 채 방치되는 일도 부지기수다. 이런 최적화와 관련된 유명한 격언 하나를 소개하겠다.

> 최적화를 할 때는 다음 두 규칙을 따르라.
> 규칙 1. 하지 말 것.
> 규칙 2. (전문가 한정) 아직 하지 말 것. 즉, 완전히 명백하고
> 최적화되지 않은 해법을 찾을 때까지는 하지 말 것.
>
> M·A·Jackson

간단히 표현하자면 빠른 프로그램보다는 좋은 프로그램을 만들기 위해서 노력하고, 문제가 되는 부분을 확실하게 알면 그때 고치라는 뜻이다.

개발 단계부터 최적화에만 너무 신경 쓰다 보면 가독성, 개발 속도, 협업 등 얻는 것보다 잃는 가치가 더 많다. 또한 모든 기획은 엎어지기 마련이다. 혼자 1인 개발을 한다고 하더라도 기획은 언제든지 바뀌는 것을 감안해야 한다. 그렇다고 해서 코드를 대충 만들어도 된다는 면죄부는 물론 아니다. 여기서 시사하고 싶은 점은 '어차피 버릴 코드니 대충 짜도 괜찮다'가 아니라 '최적화에 너무 신경 쓰다가 다른

중요한 가치를 놓치지 말 것'이다.

따라서 필자는 이런 식으로 프로그램을 만들라고 조언하고 싶다. 일단 최적화는 너무 신경 쓰지 말고 좋은 설계로 구현부터 우선하라. 그러고 나서 나중에 병목이 생긴 부분부터 차근차근 해결하라. 다음 그림이 프로그램 실행 도중의 평균 FPS 라고 해보자. FPS가 높을수록(폭이 넓을수록) 쾌적한 게임을 경험하게 될 것이고 FPS가 낮을수록(폭이 좁을수록) 불쾌한 경험을 하게 될 것이다.

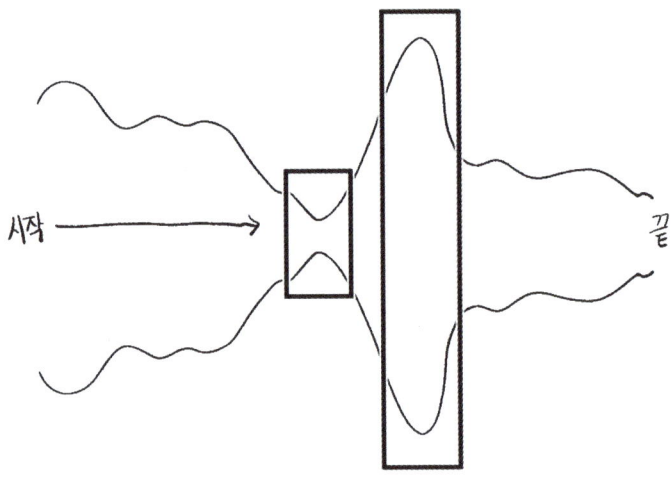

FPS에 따른 게임 경험의 차이

상식적으로 생각해볼 때 게임 플레이 경험을 쾌적하게 만들기 위해서는 폭이 가장 좁은 병목 지점의 성능부터 개선하는 것이 좋다. 이미 충분히 빠른 구간의 성능을 개선해봤자 사용자들은 병목 구간의 불쾌한 경험만으로 게임 전체가 느리다고 느낄 수 있기 때문에 큰 의미가 없다.

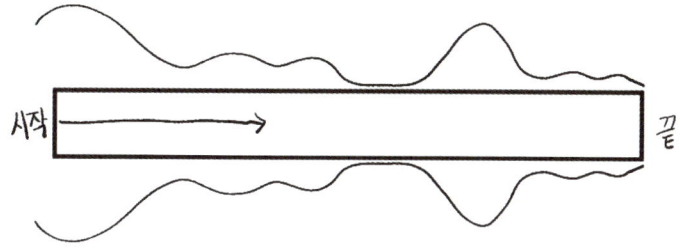

따라서 가장 심한 병목부터 고쳐나가게 된다면 최소한의 노력으로 최대한의 효과를 볼 수 있을 것이다. 굳이 게임 타이틀 화면부터 순서대로 모든 코드의 성능 개선을 할 필요는 없다는 것이다(물론 하면 좋긴 하겠지만).

4.4.7 악취가 나는 코드는 탈취제를 뿌리자

『리팩터링』이라는 책에서 마틴 파울러는 성능이 안 좋은 코드를 흔히 '악취가 나는 코드'라고 표현했다. 악취가 나는 코드는 다음과 같은 특징을 가지고 있다.

- 사람이 읽기 힘들다.
- 중첩된 조건문과 반복문
- 순환 참조
- 동일한 내용이 중복된 코드
- View에 의존하는 로직

이러한 특징을 보며 뜨끔하는 독자들도 분명 있을 것이다. 아니, 이는 누구나 하는 경험이며 필자조차도 자주 저지르는 실수다. 물론 이러한 코드가 프로그램을 통틀어 한 줄도 없이 설계하기란 불가능에 가깝다. 하지만 이를 수정할 수 있어야 하며 중요한 코드라면 가급적 탈취제를 뿌려 악취를 없애는 것이 중요하다.

악취가 나는 코드는 그 자체만으로 유지 보수에 큰 걸림돌이 되며 가만히 놔두다가는 이 코드를 사용하는 다른 코드까지 악취가 전염될 수 있다. 따라서 개발 도중 악취가 나는 코드는 꾸준히 탈취제를 뿌려주도록 하자. 이러한 과정까지 미리 개발 기간에 포함시켜 작업을 계산한다면 더욱 신뢰할 수 있는 개발자가 될 것이다.

4.4.8 서드파티 라이브러리를 조심하자

게임 프로그래밍을 하다 보면 수많은 서드파티 라이브러리를 사용하게 될 것이다. 네트워크나 사운드 재생 라이브러리 같은 저수준 라이브러리부터 인벤토리나 대화 시스템 같은 고수준 라이브러리까지 사용하는 일이 생길 수도 있다.

이러한 라이브러리를 사용할 때는 특히 조심하는 것이 좋다. 이를 사용하는 것만으로 내 프로그램이 다른 사람이 만든 코드에 의존한다는 것이며 이러한 위험도는 고수준 라이브러리일수록 높아진다.

인벤토리 시스템 구현을 위해 서드파티 라이브러리를 이용했다고 해보자. 서드파티 코드를 이용하는 코드가 여기저기 산재해 있는데 나중에 두 칸이나 네 칸을 차지하는 인벤토리 구현으로 변경해야 해서 라이브러리를 교체하게 된다면 관련된 모든 코드를 손봐야 할 것이다.

물론 저수준 라이브러리라도 크게 다를 것은 없다. 사용 중인 라이브러리에 기능이 부족해 교체 작업을 할 경우 라이브러리를 사용하는 모든 코드를 검토해야 하기 때문이다. 지금은 완벽한 솔루션으로 보여도 나중에 바꾸고 싶은 경우가 분명 생기게 마련이다.

이럴 때 미리 라이브러리 코드를 호출하는 중간 계층을 만들어두었다면 중간 계층만 수정하면 그만이다. 이러한 패턴을 어댑터 패턴이라고 한다. 실제로 서드파티 코드를 사용하다 보면 손쉬운 사용법에 그대로 코드를 사용하고 싶은 유혹이 생길 수 있지만 그만큼 나중에 교체하기 어렵다는 점은 감안해야 한다. 물론 모든 외부 코드 사용에 있어 어댑터 패턴을 사용하라는 것은 아니지만, 바뀔 가능성이 있다는 것을 염두에 두며 미리 설계하는 습관을 들이는 것이 바람직하다.

4.4.9 싱글턴 패턴 사용을 주의하자

게임 개발에 있어 싱글턴 패턴은 매우 자주 사용되는 디자인 패턴 중 하나이다. 싱글턴 패턴은 프로그램 내에서 단 하나의 인스턴스만을 보장하며 프로그램 어디에서나 접근할 수 있는 기능을 제공하는 디자인 패턴이다. 여기서 싱글턴 패턴의 핵심은 단 하나의 인스턴스만을 보장한다는 점이지만 많은 개발자가 어디에서나 접근할 수 있다는 점에 현혹되곤 한다.

예를 들어 주인공을 나타내는 플레이어 클래스를 싱글턴 패턴을 이용해 구현했다고 해보자.

```csharp
public class Player
{
    // 플레이어의 체력
    public int Hp { get; set; }

    // 아무 데서나 new Player()를 통해 인스턴스를 생성하지 못하게 방지
    private Player() { }

    // 프로그램의 유일한 플레이어 인스턴스
    private static Player _instance;

    // 프로그램의 모든 곳에서 해당 코드를 통해 Player 인스턴스에 접근 가능하다.
    public static Player GetInstance()
    {
        // 플레이어 인스턴스가 존재한다면 반환, 없다면 새로 만들어서 반환.
        if (_instance == null)
        {
            _instance = new Player();
        }

        return _instance;
    }
}
```

또한 이 코드를 다음과 같이 프로그램 전역에서 사용한다고 가정해보자.

```csharp
public class Monster
{
    public void Attack()
    {
        Player.Hp -= 100;
    }
}
```

이런 구조의 프로그램에서 로컬 멀티플레이어 기능을 추가한다고 해보자. 2분할 화면으로 동시에 파티 게임을 즐길 수 있게 만든다면 이러한 싱글턴 구조는 문제가 된다.

친구의 화면에서 몬스터가 2P를 공격해도 1P 플레이어의 체력이 감소될 것이다. 이를 해결하기 위해 Player1, Player2 클래스로 분할해 각각의 코드를 싱글턴으로 만드는 방법도 있을 것이다. 하지만 4명으로 늘어난다면? 대규모 멀티플레이어 게임으로 만들고 싶다면? 언제까지나 싱글턴 패턴을 고수할 수는 없을 것이다.

즉, 전역 접근이라는 편의성만을 보고 싱글턴 패턴을 사용하는 행위는 경계할 필요가 있다. 물론 완전한 싱글 플레이어 게임이라면 Player 클래스를 싱글턴으로 만드는 것은 문제가 되지 않으며 실제로도 많은 게임이 그렇게 구현되어 있기도 하다.

게임 구조를 설계할 때 인벤토리나 일시 정지 메뉴 같은 부분을 싱글턴으로 짜도 문제는 없지만 항상 확장을 염두에 두는 습관을 들이자. 싱글턴이 아닌 코드를 싱글턴으로 바꾸는 것은 쉽지만 그 반대는 어렵기 때문이다. 입력, 디스플레이, 사운드와 같이 단일 인스턴스가 확실한 경우에만 싱글턴을 이용하도록 하자.

마치며

먼저 이 책을 끝까지 읽어준 모든 분께 진심으로 감사의 말씀을 드리고 싶다. 게임 개발은 창의력을 발휘할 수 있는 흥미로운 분야이지만 그만큼 힘든 과정도 수반된다. 처음에는 간단한 게임을 만들더라도 아이디어를 구체화하고 설계하는 단계부터 코딩, 디자인, 테스트, 버그 수정까지 수많은 과정을 거쳐야 한다. 밤샘 작업과 끊임없는 수정은 물론이고 뜻대로 되지 않아 좌절감을 느낄 때도 많다. 하지만 포기하지 않고 꾸준히 노력한다면 누구든 빛을 발하게 될 것이다.

또한 게임 개발은 끊임없이 배우는 과정이 필요하다. 새로운 기술과 트렌드가 계속 등장하며 게임 엔진과 개발 도구도 항상 발전한다. 따라서 꾸준히 학습하고 새로운 기술을 익히려는 자세가 중요하다. 이러한 노력은 여러분의 게임 개발 실력을 향상하고 더욱 멋진 게임을 만드는 데 큰 도움이 될 것이다. 언제나 배우는 자세를 유지한다면 새로운 도전과 기회가 여러분을 기다리고 있을 것이다.

그리고 게임 개발은 결코 혼자 할 수 있는 일이 아니다. 팀워크와 협업은 매우 중요한 부분이며 다른 사람들과 함께 아이디어를 공유하고 서로의 강점을 꼭 활용해야 한다. 팀원들과 소통하고 협력하여 문제를 해결하고, 서로의 의견을 존중하는 태도는 게임 개발 성공의 중요한 요소이다. 따라서 이 책에서 얻은 지식뿐만 아니라 다양한 사회 경험을 통해 배려심과 협동심 등 사회성을 기르는 과정 또한 필수다.

게임 개발의 길은 쉽지 않지만, 열정을 갖고 노력한다면 분명히 성공적인 게임 개발자가 될 수 있으리라 믿어 의심치 않는다. 끊임없이 배우고 팀워크를 발휘해 함께 성장하는 경험은 게임 개발의 여정을 더욱 풍요롭게 만들어줄 것이다.

앞으로 나아가는 모든 이의 여정을 응원합니다!

찾아보기

숫자
2차원 그래픽   26
3차원 그래픽   30

ㄱ
간선   139
객체   179
객체 지향 프로그래밍   178
계층   59
그라함 스캔   158
그래프   143
기저   51

ㄴ
내적   112
노드   139
느슨한 결합   248

ㄷ
다익스트라 알고리즘   149

다중 상속   210
다형성   198
닷지   87
대칭   95
데코레이터 패턴   224
디자인 패턴   228

ㄹ
라디안   90
로컬 좌표   60
리팩터링   325
링크드 리스트   136

ㅁ
메서드   182

ㅂ
배열   132
버블 정렬   133, 166
버추얼 조이스틱   101

벡터　47
병합 정렬　171
빅오　135

ㅅ

사인　92
삼각함수　95
삽입 정렬　168
상속　190
상태 패턴　264
생성자　187
서드파티　326
선택 정렬　167
선형 공간　48
셀룰러 오토마타　162
스칼라값　67
스택　148
스폰　61
스프라이트　28
시간 복잡도　134
심플 팩토리　243
싱글턴　327

ㅇ

아핀 공간　48
알고리즘　132
예외　315

오버라이딩　200
오버로딩　198
옵저버 패턴　246
외적　115
우선순위 큐　144
원형 충돌 알고리즘　153
월드 좌표　59
위치 벡터　50
은닉화　214
이진 공간 분할법　161
이진 트리　140
인스턴스　185
인터페이스　208

ㅈ

자유낙하　75
전략 패턴　233, 239
전위 순회　140
정규화　68
정점　31
종벡터　49
좌표　44
죽음의 다이아몬드　194
중위 순회　140

ㅊ

최소 비용 신장 트리　164

최적화　323
추상 클래스　203
추상화　180

ㅋ

캡슐화　212
커맨드 패턴　278
코사인　93
콜라이더　77
퀵 정렬　169
크루스칼 알고리즘　165
클래스　181, 184

ㅌ

탄젠트　94
튜플　144
트리　139

ㅍ

팩토리 메서드 패턴　224
표준 기저　55
프로퍼티　182
프림 알고리즘　165
픽셀　43

ㅎ

해시　145
해시 테이블　145
화면　41
회전　87
횡벡터　49
후위 순회　140
힙　144
힙 정렬　173

A

AABB 알고리즘　154
A*(A Star)알고리즘　151
Axis-Aligned Bounding Box　154

B

basis　51
BFS　148
Big-O　135
Binary Space Partitioning　161
binary tree　140
Box Collider 2D　78

C

command　278
constructor　187

Convex Hull   158
Cross Product   115

D
Degree   89
DeltaTime   128
DFS   146
Dot Product   112

E
Easing   118
exception   315

F
FPS   31, 128
FSM   264

G
GDI   41

H
hash   145
hash table   145
heap   144
Hierarchy   59

I
interface   208

L
loose coupling   248

M
Mathf   108
Minimum Spanning Tree   164

N
normalization   68

O
OBB 알고리즘   157
OOP   178
Oriented Bounding Box   157

P
pixel   43

R
Radian   90

찾아보기   **335**

SAT   157

screen   41

Separating Axis Theorem   157

spawn   61

standard basis   55

Swept AABB 알고리즘   155

time complexity   134

Transform   57

tuple   144

UI   33

vector   47